资治通鉴·菁华

〔北宋〕司马光 著 文佩 译释

北京联合出版公司
Beijing United Publishing Co.,Ltd.

图书在版编目（CIP）数据

资治通鉴·菁华 /（北宋）司马光著；文佩译释．—北京：北京联合出版公司，2015.10（2018.9 重印）

（新课标必读丛书）

ISBN 978-7-5502-5933-1

Ⅰ．①资… Ⅱ．①司… ②文… Ⅲ．①中国历史—古代史—编年体—青少年读物 Ⅳ．①K204.3-49

中国版本图书馆 CIP 数据核字（2015）第 191624 号

资治通鉴·菁华

出版统筹：新华先锋
责任编辑：李　伟
封面设计：杨祎妹
版式设计：朱明月

北京联合出版公司出版
（北京市西城区德外大街83号楼9层 100088）
北京市松源印刷有限公司印刷　新华书店经销
字数144千字　620毫米×889毫米　1/16　15印张
2018年9月第2版　2018年9月第2次印刷
ISBN 978-7-5502-5933-1
定价：49.00元

目錄 一

第1章 苏秦连横 / 001

第2章 张仪破坏六国联合 / 005

第3章 田单退燕的连环计 / 008

第4章 毛遂自荐 / 012

第5章 韩信崭露头角 / 015

第6章 攻打赵国的胜利 / 020

第7章 鲸布降汉 / 024

第8章 汉文帝登基 / 029

第9章 张释之轶事 / 032

第10章 景帝疏远梁孝王 / 035

第11章 汉武帝打猎 / 039

第12章 苏武牧羊 / 043

第13章 东汉的反腐倡廉 / 046

第14章 马援将军的生前身后事 / 049

第15章 班超出使西域 / 054

第16章 谦虚谨慎的马太后 / 058

第17章 东汉名士郭泰 / 062

第18章 宦官和外戚的争斗 / 065

第19章 猖狂的宦官 / 070

第20章 西晋灭亡 / 074

第41章　智斗元颢 / 163
第42章　兄弟二人打天下 / 166
第43章　孝庄帝诛杀尔朱荣 / 168
第44章　李世民初建霸业 / 173
第45章　江都叛乱 / 179
第46章　李建成的如意算盘 / 185
第47章　秦王李世民 / 190
第48章　玄武门之变 / 194
第49章　长孙皇后 / 204
第50章　猖狂的男宠 / 208
第51章　女皇去世 / 214
第52章　奇谋 / 217
第53章　书生的对策 / 221
第54章　李克用勤王 / 224
第55章　石敬瑭造反 / 227
第56章　周世宗大败北汉 / 230

第21章 慕容巧用离间计 / 077
第22章 王敦之乱 / 080
第23章 苏峻之乱 / 085
第24章 内忧带来外患 / 091
第25章 厉王苻生的覆灭 / 096
第26章 桓温讨伐前燕 / 098
第27章 慕容垂含恨离国 / 102
第28章 前秦灭前燕 / 108
第29章 桓温废帝 / 112
第30章 淝水之战 / 116
第31章 后燕的建立 / 120
第32章 都城保卫战 / 125
第33章 大逆不道的慕容会 / 130
第34章 围困孝武帝 / 134
第35章 桓玄的胜利 / 137
第36章 贺若弼屡建奇功 / 141
第37章 邢峦上书 / 148
第38章 北魏选官制改革 / 151
第39章 北周国主御驾亲征 / 153
第40章 尔朱荣反胡太后 / 158

第1章　苏秦连横

苏秦，战国时期韩国人，著名的纵横家，主张联合其他国家对抗强大的秦国，为此他四处游说。

燕文公支持他的主张，并提供车马给他，让他可以去游说赵国。

苏秦来到赵国，对赵肃侯说：

现在的局势是，赵国是崤山以东最强的国家，同时也是秦国的心腹之患。秦国之所以没有起兵攻赵，是担心螳螂捕蝉黄雀在后，背后遭受韩、魏两国的算计。但是秦国攻打韩、魏两国很方便，因没有险要的山川做保护，秦国只要占领一些土地，很快就会威胁到这两国的国都。韩国、魏国不是秦国的对手，就会依附秦国，俯首称臣；到那时秦国没有了后顾之忧，马上就会把矛头指向赵国了。

再让我给您分析一下天下的地图吧！各国的土地面积之和是秦国的五倍，各国的兵力恐怕是秦国的十倍，如果六国结成同盟，一致向西，抵抗秦国，一定可以攻破它。现在许多国家害怕秦国的进攻，都想割让土地去讨好秦国，以期将来秦国独霸天下，他们可以加官进爵，享受荣华富贵，却一点儿也不在意各国被秦国欺凌的事情。所以这些人总是夸大秦国的声势来恐吓各国，让各国屈辱割地。大王您可要深思熟虑，再作打算！依我看来，为您自己着想，您不如和韩、魏、齐、楚、燕等友邦联合，共同抵抗秦国。约定各国派出大将、国相在洹水商议大事，各国互换人质，结成同盟，宣誓：“不论秦国攻打哪一个盟国，其他五国都要尽心竭力，出兵相助，要么从后方牵制它的行动，要么直接出兵救援。如有一国不遵守盟约，其他五国就合力攻讨它！”

各国团结一致，对抗秦国。秦国也害怕强敌，就再也不敢派兵出函谷关，觊觎崤山以东各国了。

苏秦的话正合了赵肃侯的心意，他非常高兴，把苏秦当做贵宾，赏赐他许多财物，资助他继续联合其他国家。

这时秦国正在攻打魏国，大将犀首击败四万多的魏军，还活捉了魏将龙贾，攻下雕阴，引兵继续东进。苏秦担心秦兵到了赵国，联合各国的计划就会破灭，想来想去没有出使秦国进行离间的人选，于是就用言语刺激张仪，让他前往秦国。

张仪，魏国人，是苏秦的同学，曾与苏秦一起就读于鬼谷先生门下，学习如何使用政治权术联合、分裂各国。苏秦认为张仪的才能要高于自己。张仪一直郁郁不得志，游说各国却没人认同，现在流落到了楚国，苏秦把他召来赵国，故意羞辱他。张仪非常生气，盘算着现在秦国最强，只有他能挫败赵国，于是决定去游说秦国。苏秦暗地里派人资助张仪，使他能够见到秦王。秦王认为张仪是个人才，很高兴见到他，并对他以礼相待。苏秦派去资助张仪的人，完成任务要回去复命，临走时把真实情况告诉了张仪："苏秦先生担心秦国攻打赵国会使各国联合破秦的计划破产，认为您是操纵秦国的最佳人选，所以对您用了激将法，还派我暗中资助您，这些都是苏秦先生的计谋啊！"张仪感慨道："唉！我任人摆布却没有任何感觉，很明显，我不如苏秦先生。请代我向他拜谢，替我转告，只要他还在赵国，秦国就不去攻打他！"

联合赵国成功，苏秦接着回到韩国，劝说韩宣惠王："韩国，土地方圆九百多里，士兵众多，是盛产强弓、劲弩、利剑的地方。韩国士兵勇猛无比，那种要用双脚踩着才能发射的大型弓箭，连续发射百发以上都没问题。这样的士兵，再配上坚固的盔甲、强劲的弓弩，锋利的宝剑，以一敌百都绰绰有余。如果秦国来袭，大王不战而降，秦国一定会让我们割宜阳、成皋两城给它，那也只是暂时得到满足，以后它还会要割别的地。总有一天，我们将无地可给，那时不给，不但白费了以前讨好时割出去的土地，而且还会埋下祸根。况且，大王土地的数量是有限的，但是秦国的贪欲却没有止境，以我们有限的土地来迎合秦国无限的欲望，什么时候是个尽头？而拥有强大的军队，却不反抗，一仗没打，土地却已经丧失殆尽，这简直是自找苦吃。俗语有云：‘宁愿当鸡头，也不要当牛尾。’大王您贤明通达，白白拥有韩国强大的军队，却落得个只知道追随别人的名声，那时作为您的子民，我都为您感到害羞了！”韩王被苏秦说服，也决定加入联合的队伍。

苏秦又对魏王说：“大王的领地方圆千里，表面上看疆域并不辽阔，实际上魏国村镇房屋非常密集，牲畜都没有地方放牧了。拥有众多的百姓、车马，道路上川流不息，昼夜不停，好似千军万马。我暗自估算，大王您的国家跟楚国不相上下。我听说大王军队规模庞大，武士、苍头军、敢死队各有二十万，仆从有十万、战车六百辆、战马五千匹，即便这样，还是想听从那些胆小怕事的人的意见，放弃抵抗，臣服秦国。我们赵王觉得可惜，所以派我向您建议，各国结成联盟，共同抵抗秦国，望大王您审时度势，当机立断。”就这样，联合抗秦的盟军中又多了一个国家。

苏秦已经成功联合了燕、赵、韩、魏，接着又去游说齐国了。他对齐王说：

齐国地势险要，易守难攻，疆域绵延两千余里，装备精良的士兵几十万，粮食堆积成山。三军精良，再加上郊外二十县的五都之兵，向前进攻，好比利箭离弦，勇猛神速；阵前作战好比雷霆万钧，气势汹汹；解散离去，可比风雨扫过，不着痕迹。有了这样的军队，即使爆发战争，也不用到路途遥远的泰山、清河、渤海一带去征兵。临淄城内有七万户居民，以我看，每户的男子都不少于三人。真的打起仗来，仅临淄城就可征够二十一万兵，都不用麻烦到边远县乡去征兵了。

而且临淄城富庶殷实，百姓安居乐业，居民平时都以斗鸡、赛狗、下棋、踢球为娱乐。临淄的道路上，车水马龙，熙熙攘攘，人们穿的衣服连起来都能做成帷帐，如果众人一同挥汗，就好像下了一场雨。韩国、魏国那么害怕秦国，主要是因为与秦国是左邻右舍，一旦秦国来袭，连十天都支持不了，就要面临生死存亡的关头。如果韩国、魏国侥幸打败了秦国，自己也会元气大伤，无力坚守边境；如果败给秦国，那么马上就要面临国破家亡的危机。韩国、魏国进退维谷，所以对秦国作战才会十分慎重，宁愿屈服忍让。但是如果秦国来攻齐国，情况就不一样了。秦国要长途跋涉，越过韩国、魏国，经过卫国阳晋之路，再跨过亢父的险隘，这一路道路狭窄，崎岖难行，骑兵和车辆都很难并行，可以说是，一夫当关，万夫莫开。就算秦国想率兵长驱直入，也要顾虑背后的韩、魏两国，害怕他们趁机占便宜，所以它看似不可一世，实际上顾虑重重，只是在虚张声势而不敢贸然发动对齐国的进攻。显而易见，秦国是危害不到齐国的。而你们却因为被他们的声势吓倒，看不到秦国对齐国的无可奈何，一味地要向秦屈服，齐国群臣在这一点上非常失策。现在如果您愿意听从我的建议，那么齐国可以不用卑躬屈膝地臣服秦国，而是成为一个名副其实的强国，因此我希望大王您好好地分析一下利弊，考虑我的建议！

齐王也被说服了。

最后，苏秦又来到了六国中最强大的楚国，劝楚威王道：

楚国，方圆六千余里，装备齐全的军队数百万，战车千辆，战马万匹，存粮十年都吃不完，有了这些资本就可以称霸天下，强国的地位毋庸置疑。唯一能和秦国抗衡的只有楚国了，所以秦国才会把您看成心腹大患。两国处于不能两立的地位，此消彼长，楚强则秦弱，秦强则楚弱。现在我为大王着想，不如和其他各国联合，从而使秦国孤立。只要大王您表明态度，愿意联合抗秦，我可以说服崤山以东各国常年给您进贡，然后让他们把江山社稷、祖先宗庙都托付给您，以后练兵整军，统一听从您的调遣。由此可见，联合结盟，则各国都带着自己的土地物产前来归附您，那楚国就是霸主；横向亲秦，则楚国要把自己的土地割出去，讨好秦国，表示臣服。这两种选择一个使您可以升到天上的云霄之间，一个会让您坠入地下的九层深渊，大王您将作何选择呢？

听了这些话，楚王也决定联合抗秦。

于是，苏秦的奔走游说，终于促成了六国的联合。苏秦当仁不让，成为六国联盟的纵约长，兼任六国的国相。他联合成功，向北回赵国复命时，车马随从成群，简直就是一个王君的气势。

第 2 章　张仪破坏六国联合

秦惠王想用秦武关以外的地方，换楚国黔中之地，于是派人通知楚怀王。楚王嫉恨张仪曾经蒙骗楚国，说："我不想换地，但黔中之地可以给你，我要用张仪来换。"张仪并不害怕，还请求秦王同意。秦王问："楚国恨不得杀了你，为什么还要去？"张仪说："现在天下的局势是秦强楚弱，有大王您在，估计楚国不敢把我怎么样。而且楚王的宠臣靳尚和我关系密切，靳尚现在又侍奉着楚王最疼爱的姬妾郑袖，楚王对郑袖是言听计从。"

张仪欣然前往楚国，刚到就被楚王下到狱中，准备处死。靳尚对郑袖说："秦王对张仪非常器重，不愿失去他，想用上庸等六个县及美女来赎回他。大王看重土地，又敬怕秦国，肯定会答应秦国的条件，秦国美女来了，您恐怕就要被冷落了。"郑袖哪能容忍这样的事情，于是天天地在楚王面前苦苦哀求："当年张仪那样做，也不过是尽为人臣子的本分。现在张仪深受秦王宠信，如果被杀了，秦国怎么肯善罢甘休。您还是让我们母子二人先迁居江南，免得以后要落到秦国手里，任人宰割。”于是，张仪有惊无险，被赦免后还得到了丰厚的赠礼。

张仪劝说楚王道：

秦国强如猛虎，现在各国要联合起来对付秦国，那简直就是把羊赶到一起去进攻猛虎，羊再多，也不会是猛虎的对手。现在大王您不肯向秦国屈服，如果秦国一怒之下，逼迫韩、魏两国联合攻楚，楚国可就岌岌可危了。如果秦国在西部巴、蜀两地，准备战船，征用粮草，沿岷江顺流而下，战船可日行五百里，十天之内就会兵临武关。惊动了武关，人人自危，由此以东的各城都要修护城墙，准备防守，黔中、巫郡就不再受大王您控制了。如果秦国兴师动众攻出武关，那么楚国就会失去北部的屏障，秦兵再南攻楚国，三个月内就能决定楚国的存亡，而各国要来救援，楚国至少要等上半年。无视强秦的威胁，只期盼着那些弱国危难之时来救援，大王您现在的做法很让人担心啊！如果大王能真心诚意听我劝告的话，我可以说服秦国与楚国结为永久的兄弟之邦，绝不互相攻掠。

楚王并不是真心想用黔中之地来交换张仪，于是答应了张仪，退出抗秦联盟，就把他放了。

张仪便来到韩国，劝说韩王：

韩国地理条件恶劣，物产单一，所产粮食不是豆子而是杂麦，国库内的存粮也不够两年，国家的军队也不过就二十万人，可是，秦国一百多万装备精良的士兵。崤山以东的人娇气，要披上盔甲才可以参战，而秦国人骁勇善战，个个都赤膊上阵，就能左手提人头，右手夹俘虏。秦国用的都是孟贲、乌获这样的大力士，让他们进攻那些困兽犹斗的弱国，正像把鸟蛋压在千钧重石下，有哪一个能逃脱灭亡？大王您不肯臣服秦国，若秦国大举进兵占踞宜阳，扼守成皋，到时候大王您的国家分裂，您也要面临宫殿、园苑被人占有的悲惨境地了。我是为大王着想，劝您与秦国交好，联合进攻楚国，这样既可以把灾祸引向别处，又可以讨好秦国，一举两得，没有比这更好的主意了！

于是，韩王也决定退出抗秦联盟。

张仪回到秦国，报告此行的成果，秦王大加赞赏，将六个城邑封赏给他，还赐他武信君的爵位。

张仪继续向东，游说齐王。他对齐王说："劝您加入抗秦联盟的人，一定会对您说：'三晋（主要指山西）是齐国的天然屏障，土地广袤，人口众多，而且良兵强将数不胜数，哪怕有一百个秦国，也奈何不了齐国。'大王您也总是忽略实际情况，盲目相信这种说法。现实是秦、楚两国已经通婚，结为互不侵犯的兄弟之国；韩国把宜阳献给秦国；魏国的河外之地归入秦国版图；赵王为了讨好秦王，也亲自前去拜见，并割让河间讨好秦国。大王若冥顽不化，一旦秦国驱使韩国、魏国的军队攻打齐国南部，再逼迫赵兵全部出动，渡清河，直奔博关。齐国现在的心腹地带，临淄、即墨等可能就要换主人了。国家面临严重危难，到时候您再想讨好秦国，就来不及了！"齐王也被张仪说服，采纳了他的建议。

齐国被说服，张仪又向西来到赵国。他对赵王说：

各国联合抵抗秦国，是大王您带的头儿，使得秦兵十五年出不了函谷关侵犯各国。崤山以东广泛传扬大王的威望，这使我们秦国时刻处于忧患之中，于是不断地完善军队装备，演习军阵，储备粮草，从来不敢放松警惕，时刻防备着，大王您来兴师问罪。现在我们秦国托您的福，已将巴、蜀、汉中收入囊中，包围两周，军队抵达白马津。我们秦国此行不惜跋山涉水，是因为对赵国怀恨在心不是一天两天的事了。现在秦国有一支军队驻扎在渑池，已经是败甲残兵不成样子。我们想要渡过黄河，越过漳水，进据番吾，到邯郸城下来和您相会。希望用古时甲子会战形式，重演武王伐纣的故事。为此，特别派使臣我来通知您一声。现在秦、楚已经结为兄弟之邦，互不侵犯，韩、魏两国俯首称臣，齐国也将盛产鱼盐的海滨之地献给了秦国，这就像赵国的右臂被砍断了。没有了右臂还要和别人争斗，失去同党的支持，孤军奋战，想要不灭亡，可能吗？如果秦国分兵三路，齐国一路渡过清河，在邯郸之东驻军，扼守午道；韩、魏军队一路进军河外，驻扎成皋；本国一路驻扎渑池。四国约定联合攻赵，事成之后，赵国的土地四国平分。到时候您可有把握抵抗得住？大王我为您着想，建议您去亲自面见秦王，结下盟约，使两国能够长期友好共处。

赵王被张仪吓到，接受了他的意见。

接下来就到了张仪的最后一站，燕国。他对燕王说："如今赵王想要把河间献给秦国讨好秦王，他现在已经在路上了。大王您再不行动，向秦国示好，秦国就会进军云中、九原，让赵国进攻燕国，您就会失去易水、长城了！况且，现在齐国、赵国就像秦国的附属一样，哪里敢和秦国兵戎相向。如果大王您臣服于秦国，齐国、赵国就威胁不到您了。"燕王赶紧请张仪带上恒山脚下的五个城献给秦国，表示愿意求和。

张仪破坏抗秦联盟成功，回国报告，还没回到咸阳，就传来了秦惠王去世的消息。秦武王继位，武王还没继位时就讨厌张仪，他一即王位，那些嫉妒张仪的群臣就在武王面前诽谤张仪。各国听说现在的秦王并不信任张仪，就推翻了对秦国的许诺，决定再次联合抗秦。

第 3 章　田单退燕的连环计

燕国攻打齐国安平时，田单只是临淄市的一个小官，当时他正在城中。他料到安平将不保，于是计划了如何逃跑，预先让族人用铁把车轴头包好。安平被攻破时，人们争相逃跑，混乱中碰撞，许多人的车轴碰断，使得车辆无法前进，因此被燕军俘虏。可是田单一族因为提前做了准备，用铁皮包裹车轴，从而顺利逃到了即墨。

当时，燕军将军乐毅带领燕军一连攻下齐国数城，占领了他们大部分地区，仅有莒城、即墨还未攻陷。于是，要集中攻打这两城，他把右军、前军集中起来包围莒城，左军、后军就被集中去包围即墨。即墨大夫为护城阵亡。即墨当地的有识之士说："安平被攻陷时，田单想出以铁皮包车轴的办法，从而使族人能够幸免于难，可见田单足智多谋，懂得用兵打仗之事。"于是城中百姓拥立他为守将，带领人们抵御燕军。

一年后，乐毅和这两城还是处于相持的状态。后来，乐毅下令军队撤退暂停围攻，在城外九里的地方修筑营垒驻扎，并对燕军说："不要抓捕从城中出来的百姓，如有生活特别困苦的，我们还要给予帮助，让他们像以前一样做各自的事情，这样才能让我们新占地区的人民安心。"三年过去了，两城还是没有攻下。燕国有嫉妒乐毅的小人，便在燕昭王面前挑拨说："乐毅智慧、谋略胜于常人，当初刚刚率军攻打齐国时，一鼓作气攻下七十余城。现在剩下的两座城，他不是不能攻下，三年不攻，而是他想凭借原来积累的威望收服齐国人心，好让自己南面称王。如今齐国人对他已经心服，他还没采取行动，只是顾虑到妻子、儿子还在燕国。况且齐国美女如云，早晚他连妻子都不顾了。大王您可要早早地有所防备啊！"

听罢此言，燕昭王下令摆下盛大酒宴，当众斥责说此话的人道：

我的先辈倡导全国对贤明人才以礼相待，并不是为了抢占更多的土地留给子孙。他何其不幸，遇到一个缺少德行的继承人，不能使燕国更加壮大，国内人民也怨愤不断，齐国无道，落井下石，在我们国家动乱时，残害先王。我执掌王位以后，每每想到这些便痛心疾首，所以我要广纳贤才，招揽有识之士，来壮大我国，以求报仇，为达此志，我愿和助我成功的人分享燕国大权。现在，乐毅先生连破齐国数城，毁了齐国宗庙，已经为我报了旧仇。齐国是乐先生率军打下的，本来就应归他所有，不该归燕国所有。如果乐先生执掌齐国，齐、燕两国平起平坐，互通友好，共同抵御其他各国的侵犯，这是燕国之福，也是我的心愿啊！你竟敢从中挑拨！

于是，燕昭王处决了那个人，并以君王妻子和儿子的标准赏赐了乐毅的妻子和儿子，还准备了君王的车驾乘马，及属车上百辆，由宰相侍奉着，送到乐毅那里，让乐毅当齐王。乐毅诚惶诚恐，磕头如捣蒜，一再辞谢，并写下辞书，要誓死效忠燕王。自此，乐毅的德义令齐国人深深折服，他的信誉也让各国畏惧，其他国家没有敢再图谋侵犯燕国的。

没等到这两城攻陷，燕昭王便去世了。继位的燕惠王从当太子时，就和乐毅不和。田单得知后，想出用反间计离间乐毅和燕惠王的主意。于是派人到燕国散布说："齐国已经没有君主，现在只差两座城就被完全占领了。乐毅又不被燕国新王宠信，他担心被新王杀害而不敢回国。他现在虽然声称要攻打齐国，实际是想自己在齐国称王。因为没有齐国人肯归附，他才暂时不攻打即墨，他这样做是为了等待时机，举行大事。现在齐国人最怕的是，燕王派别人来攻打即墨，那样即墨就支持不下去了。"燕惠王本来就不信任乐毅，听了谣言，更加怀疑他，于是将乐毅召回，派骑劫代替他担任大将军。乐毅知道燕王将他换走是别有居心，于是逃奔赵国去了。乐毅战功卓越，又忠于燕国，却被驱逐，燕军将士都愤愤不平，从此军队内部有了分歧。

田单离间计成功。为了迷惑敌军，他让城中人先在庭院里祭祀祖先，然后再吃饭，祭祀的饭菜引来四处飞鸟。燕军远远看到成群的飞鸟在城中盘旋，很是惊讶。田单便借机让人散布说："天神将派军师下界，帮助我们抵抗燕国。”有个士兵说：“我可以做神师吗？”说罢起身便走。田单急忙离座追回他，让他面东高坐，奉为神师。士兵说：“我犯上欺主了。”田单忙悄声嘱咐：“这件事不要让别人知道。”于是，将他奉为神师，所有发布的号令，都说是神师之命。田单又令人散布说：“如果燕军让割了鼻子的齐国俘虏当前导，那即墨一定会被攻破，这是我最怕的了！”燕国的将领听说，果然照着做。城中守兵看到那些被割了鼻子的齐国人，对燕军非常痛恨，而且害怕被俘割鼻，下定决心，坚守不降。田单觉得火候还不到，再度使出反间计，说：“如果燕军毁了城外齐国人的坟墓，让他们心寒，以至不想再抵抗就糟了，真是让人担心。”燕军又中计，挖了城外所有的坟墓，并将死尸焚毁。齐国人从城上远远看见燕军焚毁他们的坟墓，都非常悲痛，继而怒气倍增，争先恐后请求出战，杀敌报仇。

田单看时候已到，这时的齐军斗志昂扬，一定会拼命死战。于是带领士卒拿起板、锹一起修筑城墙，自己的妻妾也被编进军队，还把全部的食品都分发了出去，犒劳将士。他下令全副武装的盔甲兵在城下潜伏，只让老弱妇孺登城守卫。同时派人去向燕军投降，燕军听说他们要投降，都欢呼雀跃。为了麻痹燕军，田单又让即墨城的富豪，把在城中募集的一千镒金银，送给燕军大将，说：“我们一定会投降，请不要抢劫掠夺我们的财物！”燕国将军更加高兴，欣然应允。燕军看齐国大势已去，更加放松了戒备。田单却在积极准备回击燕军，他搜罗了一千多头牛，将大红绸衣给它们披上，身上画上五彩天龙花纹，把锋利的尖刀绑在牛角上，而将灌好油脂的苇草绑在牛尾巴上。当晚，趁着夜色，齐军点燃牛尾，再把牛从预先凿好的几十个城墙洞中赶出去，牛群后面尾随着五千名壮士。牛尾被火燎烧灼痛，一千多头牛都疯了一样，奔向燕军大营。燕军完全没有防备，而且天黑混乱，他们只能看到牛身上有天龙花纹，碰到的非死即伤。加上锣鼓齐鸣，呐喊助威，敲击铜器的声音铺天盖地而来，响声惊天动地。燕军无从分辨，惊恐万分，早就忘记抵抗，纷纷逃跑了。混乱中，燕军大将骑劫被齐军杀死。齐军对逃亡的燕军紧追不舍，并收复了那些曾经被燕国占领的城邑。田单乘胜追击，军队日益壮大，所到之处，燕军望风而逃。一直把燕军打退到黄河边，齐国失去的七十几座城都失而复得。

于是，田单到莒城把齐襄王迎回国都临淄，田单被封为安平君。

第 4 章　毛遂自荐

秦国任王陵为将，攻打赵国都城邯郸，几次进攻后，没有占到任何便宜。于是秦王加派军队去支援王陵。邯郸人民顽强抵抗，王陵还是没能打胜仗，还损失了五校。双方相持不下，这时先前生病的武安君白起身体痊愈，秦王就想让他代替总打败仗的王陵。白起却推辞说："邯郸的确是很难攻打的，而且其他各国的救兵一天就能到了。他们对秦国已经积怨很深，所以早就摩拳擦掌要和秦国来个了断。长平一战，秦国虽然大获全胜，但我们自己也损失惨重，内部力量空虚，还要跋山涉水，舟车劳顿的去攻打邯郸。这时只要赵国不放弃抵抗，各国在外围接应进攻，对秦军内外夹击，秦军大败是肯定的。"亲自下令不能奏效，秦王又让应侯范雎去做说客。白起以生病为借口，非常坚决地推辞，就是不肯去。秦王无奈，只好先让王龁去代替王陵。

平原君赵胜受赵王之命去楚国求救。赵胜门下食客众多，他打算挑选二十个文武双全的人一起前往。但挑来挑去只挑出十九个，剩下一个总也找不到合适的人选。这时有个叫毛遂的求见赵胜，并请求让自己一同前往。赵胜说："才能卓越的人的思想行为，就好比放在口袋中的锥子，一定会脱颖而出，戳破口袋，露出锥尖。可是先生来到我赵胜门下已经三年，从来没有人称赞过你，也没有让人称道的作为，这说明先生没有过人之处，我们这次前往有重任在身，先生还是留下吧！”毛遂说道：“我只是没有机会施展才华，今天才有机会，往口袋里放而已！如果早被放进去的话，我早就锋芒毕露了，露出个锥尖算什么！”于是平原君赵胜同意带毛遂同行，其他十九个人都觉得他自不量力，相互嘲笑他。

赵胜来到楚国后，向楚王一再重申联合抗秦是多么的必要，从太阳升起时的早晨一直谈到中午，楚王还是没有下定决心出兵。毛遂见楚王如此犹豫不决，便手按宝剑走到平原君和楚王面前，对平原君说：“为什么一定要联合抗秦，‘利’、‘害’对比，早就可以说清楚，作出决定！但是现在，为什么从日出谈到中午还不能决断呢？”楚王很生气，斥责毛遂道：“你是哪儿来的，还不赶快退下，我和你的主人说话，哪有你说话的份儿？”

毛遂并没有害怕退缩，反而按着剑又上前几步说：

楚国人多势众，大王你有所仰仗，所以才能斥责我。但是现在我手中有剑，我们两个的距离不足十步，楚国再多的人您也依靠不上，您的性命就在我手中！您为什么当着我主人的面喝斥我？我毛遂听说商朝的开国君主汤王，最初只有七十里地方，但最终却能君临天下；周文王创业之初也只有一百里土地，却能建立周朝，使诸侯臣服。难道他们是靠着仗势欺人做到的吗？其实，也不过是顺应局势的发展，奋起抗争，从不退缩而已。现在楚国国土面积达五千里，武器精良将士众多，凭着这些资本就可以称雄天下了！楚国如此强大，哪个国家能够抵挡？白起，不过是个不足挂齿的小人物，带着几万兵，就不可一世地与楚国交战，一战时您损失鄢、郢两城，再战夷陵都放火烧了，三战毁了楚国宗庙，侮辱你的祖先了。这样不共戴天的大仇，百世难解，大王您不觉得难为情，赵国都替您羞愧。现在我们主张联合抗秦，实际是在为楚国报仇，不是为了赵国啊！这种情况下，您还要当着我的主人的面，呵斥我？

毛遂持剑相逼，楚王奈何不了他，只好说：“没错没错，先生指教得对，我愿意用我全国的力量与赵国联合抗秦。”

毛遂便说：“现在能确定联合的事情了吗？”楚王说：“能确定了。”于是，毛遂让楚王的左右随从取来鸡、狗、马的鲜血，他把装着血的铜盘跪举到楚王面前说：“为了表示诚意，请大王歃血为盟，其次是我的主人，然后是我毛遂。”就这样楚赵的抗秦同盟在大殿上订立了下来。这时毛遂志得意满，又左手持铜盘，右手招呼随行的十九人说：“你们也一起在堂下歃血宣誓吧！到最后，你们只是跟进跟出，还是别人办成了事情。”与楚国订立盟约后，平原君赵胜回到赵国，感叹道：“以后，我再不敢妄称能识别天下人才了！”于是毛遂被奉为上等宾客。

同盟已订，楚王便行动起来，派春申君黄歇率军解救赵国危难。同时，大将晋鄙也统兵十万被魏王派来救赵。秦王派人恐吓魏王说：“赵国我是迟早都会攻下的，其他各国有谁胆敢来救赵国，他就是我灭了赵国后，调动大军进攻的下一个目标！”魏王害怕了，赶紧派人去阻止晋鄙前进，让他先在邺城驻扎坚守，口头上说是来救赵，实则两边观望，做个墙头草。魏王害怕秦国，暗地里让将军新垣衍潜入邯郸，想让平原君说服赵王，和他一起尊秦王为帝，好让他罢兵。这件事被齐国人士鲁仲连知道了，当时他正好在邯郸，便去找新垣衍说：“秦国，是个不在乎礼仪伦常而穷兵黩武的国家。让这样的国家凌驾于各国之上，统一天下，我鲁仲连宁愿跳东海去死，也绝不做它的臣民！况且，秦王称帝，危害无穷，只是魏国还没有看到而已，我将让秦王把魏王煮成肉酱。” 新垣衍很不高兴，问他：“秦王怎会听你的呢？”

鲁仲连说：

我所言不虚，听我慢慢说来。当年商纣王朝廷里有三公：九侯、鄂侯、文王。九侯有个长相漂亮的女儿，他知道纣王好美色，便把女儿献给纣王，没想到纣王厌恶她，还迁怒九侯，把他剁成了肉酱。鄂侯尽全力为九侯开解，大喊冤枉，所以纣王也降罪给他，把他做成肉干；周文王听说后，只是叹息了一下，也被纣王关押在牖里的仓库达一百天，想置他于死地。现在的秦国，拥有强大的军事力量，是不可一世的大国，魏国是和他平起平坐的大国。两国都各自称王，实力雄厚。为什么看到秦国打了一次胜仗，就怕了他，想任由他发号施令，让他称帝，反而让自己成为别人的鱼肉、任人宰割的境地呢？如果秦王真的平灭各国，统一天下，就将执行天子的权利，各国就得听他的号令，各国君主的大臣也将被更换。到时候，他就会让他器重的人取代他看不起的人的职位，他宠爱的人代替他憎恨的人的职位，还会把秦国的女子和惯说坏话的妾姬，指令婚配给各国君主，时刻陪伴着他们。设想大梁宫殿之中都是这样的人，魏王像以前一样，泰然处之吗？而将军你还能保住在君主面前的旧日恩宠吗？

新垣衍听完心惊胆颤，起身连拜两拜说：“我有眼不识泰山，今天才知道先生是天下的高明之士啊！我马上告辞回国，尊秦为帝的话绝不再提了。”

第 5 章　韩信崭露头角

韩信是淮阴人。他出身在贫苦人家，没有被人称颂的德行，不能靠推选得到一官半职，经商做买卖也不会。早年，他身无长计，又不会谋生，常常吃别人家的闲饭，大多数人都厌恶他。

有一天，韩信在城下钓鱼，有位老太太在水边漂洗丝绵，看他饿了，就去取来饭给他吃。韩信很感激她，对老太太说：“您的一饭之恩，我会铭记在心，将来一定予以厚报！”老太太有些生气，说：“你堂堂七尺男儿都养活不了自己！我不过是可怜你，才给你饭吃，又不是要贪图你的回报！”当时，淮阴县有些以杀猪为生的屠户，其中有个青年很鄙视他，侮辱韩信道：“你只是看上去身形魁梧，平常又喜欢佩刀带剑，其实却是个像老鼠一样胆小的人。”接着还得寸进尺，当众羞辱他说：“如果你韩信真的有胆量，就拿刀来刺我；如果承认怕死，就从我的胯下爬过去！”韩信仔细打量了那青年一会儿，决定忍一时之辱，便俯下身子，匍匐在地，真的从他的胯下爬了过去。市井之人都嘲笑他，认为他太过懦弱。

后来，项梁起义，渡过淮河北上。韩信去投奔他，留在项梁部下，却一直没能有所作为。项梁失败后，韩信便归属项羽，担任郎中一职。韩信为了能得到重用，多次向项羽献计献策，项羽都弃之不用。汉王刘邦进入蜀中，韩信见在楚军中不能施展抱负，便逃离楚军归顺了汉王，做个小官，主要负责接待宾客，还是默默无闻。后来韩信犯了死罪，有十三个人和他犯的是同一个案子，都已斩首，轮到韩信时，他抬头张望，正好看见滕公夏侯婴，便大喊道：“汉王不是想夺取天下吗？为什么要将有用的人杀了？”滕公觉得这个人语出惊人，又见他长得高大威猛，就把他放了，没有处斩，后来和他交谈，又非常喜欢他，很快就把韩信推荐给汉王。于是汉王让韩信担任治粟都尉的官职，但还是没有发现他有什么异于常人之处。

丞相萧何曾多次与韩信谈话，他觉得此人非同凡响。后来汉王大军到达南郑，将士们因长年征战在外，都唱起了思念家乡的歌谣，人心思归，中途有许多人逃跑。韩信想萧何等人肯定已经多次向汉王荐举过他，看来汉王无意重用自己，留在这里也不会有什么作为，也逃跑了。萧何得知韩信也逃走了，等不及和汉王说一声，就亲自去追赶他了。别人不明就里，便向汉王报告说："丞相萧何逃跑了。"刘邦震怒，茫然若失，就好像没了左膀右臂一样。

没想到一两天后，刘邦又看见萧何前来拜见。他又生气又好笑，骂萧何道："你怎么逃跑了呢？"萧何说："我哪里敢逃跑哇，只是去追赶逃跑的人了。"汉王问道："你去追谁了？"萧何道："韩信。"汉王又骂道："逃跑的将领们不计其数，你都不去追，偏要追韩信，想骗谁啊！"萧何说："千军易得，良将难求。韩信就是那种天下无双的杰出人才。如果大王您只想在汉中称王，自然没有韩信的用武之地；但是如果您想一统天下，除了韩信，就没有人能与您共图大业了。现在只看您如何抉择了！"汉王说："老待在汉中呢，就会忧郁沉闷，不是长久之计，我也是想要继续向东发展的！"萧何道："既然如此，如果您能重用韩信，韩信就会留下为您效劳，如果不能委以重任，早晚他还是要逃走的。"汉王说："看在你的面子上，我就让他担任将军一职吧。"萧何摇头道："只是做将军，是留不住韩信的。"汉王道："那让他担任大将军怎么样呢？"萧何说："太好了。"于是汉王便把韩信诏来，授给他官职。萧何建议道："大王您傲慢无礼惯了，大将军是多么重要的官职，您却呼来喝去，像招呼小孩子一样，所以韩信才要离开啊。为了表示要诚心重用，授给他官职，应选在良辰吉日，然后进行斋戒，准备好拜将的坛台和广场，举行完备的授职仪式，这样才行啊。"汉王答应按萧何说的做。众将领听说，要准备举行大将军的授职仪式，非常高兴，都以为大将军会是自己。可等到举行仪式时，看到竟然是韩信，全都惊讶不已。

大将军的授职仪式结束后，汉王就座，对韩信道："丞相多次向我称赞您的才能，对于现在的形势，不知您有何指教啊？"一番谦让之后，韩信乘势问汉王道："如今要向东进发，去争夺天下，项羽才是您的对手，对吗？”汉王说：“没错。”韩信又道：“大王您自己看来，与项羽相比，在勇猛、强悍、仁爱、刚强等方面，谁更胜一筹呢？”沉默许久后，汉王说：“我比不上他。”

韩信连拜两拜，赞许道：

我韩信也认为项羽在这些方面要比您强些。但是，我曾经在项羽手下任职，让我来给您分析一下他的为人吧：项羽勇猛有余，怒斥呼喝时，上千的人没人敢动一下，可是气量不足，有德才的将领并不能从他那得到重用。这只是空有匹夫之勇罢了。对待那些不相关的人，项羽会非常恭敬慈爱，说话也很温和，如果有人生病，他会留下眼泪，非常疼惜，把自己的东西分给病人吃；但当他的手下立了功，应该赏封爵位时，印都刻好了，他还捏在手里把玩，等棱角都磨去了，还舍不得授给人家。这就是人们常说的妇人之仁啊。项羽以武力称霸天下，诸侯已经臣服，他却建都彭城而不是占据关中；他背信弃义，不顾与义帝怀王的约定，分封自己的亲信和偏爱的将领为王，对此诸侯已经非常不满；他还让诸侯国的将相为王，而驱逐原来的诸侯国国王，又把义帝驱逐到江南；他的军队每到一处，就烧杀抢掠，没有地方不遭残害毁灭；老百姓都不是真心归顺他，只不过是屈服于他的淫威罢了。这样看来，他虽然名义上还是霸主，实际上却已经外强中干，失尽人心，所以他是很容易由强转弱的。现在如果大王您能反其道而行之，知人善任，将天下英勇善战的人才都收为己用，那不就所向无敌了！有功之臣得到城邑的封赏，谁不心悦诚服呢！用正义的军事去讨伐无道，顺从思念家乡的东归将士们，那我们岂不是攻无不克，战无不胜了吗？况且现在占据秦地的三个人都是秦朝过去的将领，数年来，他们一直带领秦朝的子弟作战，被杀和逃亡的不计其数；后来他们又欺瞒自己的部下，向诸侯军投降，结果他们抵达新安时，项羽诈骗了他们而且活埋了二十多万秦军降兵，只有章邯、司马欣、董翳幸免于难。秦地的父老兄弟们对这三个人恨得咬牙切齿。现今项羽刚愎自用，不考虑现实情况，将此三人强行分封到秦地为王，秦地的百姓哪有拥护他们的。大王您当初进入武关时，对百姓秋毫无犯，还废除了秦朝的苛政，与百姓约法三章，秦地的百姓都希望您能在关中称王。况且按照原来的约定，大王您在关中称王是顺理成章的事情，关中的百姓也都知道这一点。您本应在关中称王却去了汉中，秦地的百姓对此没有不怨恨的，日夜盼望您能回去。现在大王您要向东进发，只要发布一道征讨的文书，三秦之地就可以平定了。

这番话正合刘邦心意，他大喜过望，大有相见恨晚的感觉。刘邦喜得良将，马上就行动起来，按照韩信的计策，给众将领分派任务。他让萧何留下收取巴、蜀两郡的租税，以便为军队提供粮草。

八月，汉王从故道出来，领兵攻打雍王章邯。在陈仓两军交战，章邯支持不住，兵败逃跑，后来停下来，两军再度交战，章邯还是败下阵来，逃往废丘。汉王平定了雍地，随即东进咸阳。在废丘，雍王章邯被刘邦率军包围住了，刘邦便派遣将领们去攻夺其他各地。塞王司马欣、翟王董翳相继投降，他们的地盘被刘邦设置为渭南、河上、上郡。前方战况良好，刘邦便派将军薛欧、王吸领兵从武关出发，去和王陵的军队会合，迎接刘邦的父亲和妻子吕雉，吕雉就是后来的吕后了。项羽听说刘邦东进，急忙出兵阻拦，两军在阳夏相持，于是，汉军无法继续前进。

沛人王陵，早先住在南阳时，曾聚集了几千党徒，到这时，他也带领部队归属了汉王。项羽想招降王陵，便抓了王陵的母亲，等王陵派出的使者来到项羽的军营后，就让王陵的母亲向东而坐。王陵母亲为使者送行时，老泪纵横，私下里说："希望您把我的意思转达给王陵，告诉他：汉王为人宽厚大度，要好好事奉他，他才是能取得天下的人。我已是行将就木之人，不要因为顾虑我而产生异心，对使者您我愿以死相送！”说完就拔剑自刎了。项羽非常生气，连死人都不放过，残忍地将王陵的母亲煮了。

第6章　攻打赵国的胜利

公元205年，冬季，十月，刘邦派韩信向东攻赵，后来又让张耳率几万士兵来协助韩信。赵王赵歇和成安君陈余得到消息后，马上在井陉口招兵买马，集结部队，组成了号称有二十万的大军。

广武君李左车分析韩信军队的情况后，向成安君建议道：“韩信、张耳一路战无不胜，乘势东来，现在士气高昂，正是锐不可当的时候。但这次他们是离开本国，兴军远征，我听说：‘军队在前，军粮却在千里之外，士兵就会有挨饿的危险；要吃饭时，才要拾柴来生火做饭，军队就会饿着肚子前进。’如今井陉这条路，崎岖难行，车辆不能同时前进，骑兵无法列队而行，队伍行进过程中，断断续续，前后拉开几百里。照这样看来，军队的补给一定落在了军队的大后方。希望您让我带领一个三万人的突击队，抄小路突袭敌方，截断他们的辎重粮草，而您在城里深挖战壕，把城墙修高，坚守阵地，决不出战。这样一来，他们无仗可打前进不了，向后退，又无路可走，置身野外也抢不到什么东西，军队就断了补给。用不了十天，韩信、张耳肯定会人头落地，头颅献于您的帐前；如果不这样的话，恐怕我们将来都要成为他们的俘虏了。”但陈馀自认为是正义之师，应光明正大地迎战，不屑于这样做，于是说：“我军有二十万，韩信只有几万人，我众敌寡，而且他们长途跋涉而来，已经疲惫不堪，在我军优势如此明显的情况下，还要我们退而不战，岂不让各诸侯小看，以为我胆怯，那他们以后就会随便来攻打我了。”

韩信派人暗中打听，得知广武君的计策没被采纳，暗自庆幸。于是便毫无顾忌地率军径直前进，一直到离井陉口三十里处，才停下来安营扎寨。到半夜时分，韩信挑选了轻骑兵两千名，让他们每人手拿一面红旗出发，走小路上山，隐蔽好，以便观察赵军的动静。临行时韩信交代他们说："今夜两军交战，我军会故意败逃，那时赵军肯定会倾巢出动，追赶我们。你们的任务就是，趁这个机会迅速冲入赵军营垒，把他们的旗帜都拔掉，插满我们汉军的红旗。"随后还让副将把一些吃的分发给将士们，并宣称："今天打败赵军后，全军大摆筵席！"众将领们都假意应承着"好啊，好啊"，其实根本不相信。然后韩信召集了将领们，分析道："现在的有利地形被赵军占据着，他们想着我军行进途中遇到艰难险阻，会自动撤军，所以除非看到我军大张旗鼓地进攻，否则是不会轻易出兵攻打我们的先头部队的。"随后韩信便派出了一万人的先锋部队，在敌军对面的河岸上，摆开阵势。赵军远远看见，都笑话韩信自绝后路，把阵布在只能前进不能后退的地方。

天刚放亮的时候，韩信扬起大将军的旗帜，敲响战鼓，将军队列于阵前，向赵军宣战。赵军营门洞开，出营应战，双方激战了很久，没能分出胜负。这时，韩信和张耳假装抵挡不住，丢旗弃鼓，逃往河边的阵营。赵军以为韩信真的败了，果然倾巢出动，争抢汉军抛下的旗鼓，对韩信紧追不舍。河边部队打开营门将韩信、张耳迎进去后，又和赵军战在一处。韩信、张耳与河边军队汇合后，全军都奋不顾身，勇猛作战，赵军苦战无法取胜。而当赵军全军出动追逐韩信，抢夺战利品时，先前藏在山上的两千骑兵的突击队，马上行动起来，以迅雷不及掩耳之势进入赵军营地，将赵军的所有旗帜都拔掉，换上了汉军的两千面红旗。赵军见久攻不下，无法抓获韩信等人，便不想恋战，退回营地，却惊愕地发现自己的营垒中插满了汉军的红旗。士兵们以为汉军已经占领他们的营地，擒获了赵王的全部将领，都惊慌失措，于是大乱，四散奔逃。赵军乱成一团，赵将为了遏止士兵逃跑，不停地斩杀逃兵，但是溃败的形势已无法挽回。河岸的汉军与赵军军营的汉军，遥相呼应，对赵军前后夹击，赵军大败，陈馀被杀，赵王赵歇也被活捉。

大败赵军，汉军完胜，将领们都向韩信祝贺，将敌人的首级和俘虏献上。本来大家心中都有疑问，便趁势问韩信道：“兵法上说：‘排兵布阵，有山时，要右边和背面靠山；面水时，前面和左边临水。’而这次您却反其道而行之，在水岸边布阵，还说‘等到打败赵军后要大宴全军’，当时，我们都非常不以为然，但是竟然真的取胜了，这又是什么战术呢？”韩信说：“兵法上是有这种战术的，只不过你们没有注意到！它不是说‘陷入绝境时，为了生存，才会使出全部力量’吗？况且我所率领将士并没受过正规的军队训练，这就是人们所说的，‘将毫无战斗力的平民百姓，驱赶着去作战’，所以一定要切断他们的后路，不给逃生留有余地，使他们明白要想生存，必须使出全部力量，拼命死战；倘若给他们留下退路，面对训练有素的赵军，他们早就逃跑了，还会去冲锋陷阵吗！”将领们恍然大悟，都心悦诚服地说：“有道理！您的谋略我们无人能及呀！”

赵军溃败后，广武君李左车逃走。韩信仰慕他的才能，悬赏千金，只求能活捉此人。没过多久，李左车就被绑送到韩信帐前。韩信立刻上前，为他松绑，让他向东而坐，就像对待老师一样恭敬。接着他谦恭地向李左车请教道：“我想要攻打北边的燕国，征伐东边的齐国，还望您能明示，我该怎么做才能取得胜利？”李左车推辞说：“我只是个战败亡国的俘虏，哪里有指导您谋划大事的资格啊！”韩信道：“我听说：百里奚在虞国时，虞国灭亡了；而他来到秦国，却使秦国达到了称霸天下的强盛，难道是因为他在在虞国时愚蠢，而在秦国时却聪明吗？众所周知，关键在于国君是否能够重用他，能不能接受他的建议。

如果成安君陈馀采纳了您的计策，那即便是我韩信这样善战的人，也早就成为赵军的阶下囚啦。就是因为他没有接受您的意见，我才有机会能够侍奉在您身边，聆听您的教诲啊。现在我是全心全意地向您请教，还希望您不要拒我于千里之外。”

韩信的诚意打动了李左车。于是他说：“您一路走来，渡过西河，灭掉魏国，俘虏了魏王，活捉了国相夏说；趋兵井陉口，不到一个早上就打垮了赵军的二十万人马，杀了成安君，立下赫赫战功。现在您名震天下，深受世人景仰。农民们被您的声威震慑，都放下农具停止田间劳作，只希望跟随您到军队里来，穿好的吃好的，竖起耳朵，亦步亦趋地听从您的指挥，这是您用兵的长处。但是连年的战乱已经使百姓苦不堪言，士兵也非常疲惫，倦怠战争了，让这样一群人上战场，恐怕很难再有建树了。现在您正是要调动这样一支疲乏困顿的军队，去驻扎在燕国防守坚固的城池下，到时候燕军拒不应战，汉军想打打不了，攻城又攻不下，军队的虚实就会暴露，士气也会越来越弱，这样相持不下，时间久了，军粮很快就会被耗尽。况且到时候齐国看到，连这样弱小的燕国都不肯屈服，自己强于燕国，当然要据守边境，逞一时之强。燕、齐两国都与汉军对峙，战局僵持，使得刘邦和项羽双方也难分胜负，这就是您用兵的短处了。我听说，真正懂得用兵之人，从不拿自己的短处去攻击别人的长处，而是拿自己的长处去攻击比人的短处。”

韩信非常信服，继续问道：“既然是这样，我能做些什么呢？”李左车答道：“以我看来，您不如先不要着急出兵，给士兵们留出休息调整的时间，趁这个机会，巩固对赵国的统治，并安抚当地百姓。百姓安定了，为了感谢汉军，就会常常有人送牛肉美酒来，宴请犒劳众将士。等休整的差不多了，再将部队向北移动，声势浩大地前往燕国，然后派遣一个能言善辩的说客，拿着书信去燕国，向燕王夸大自己的实力，炫耀自己的长处，燕王肯定会被吓到，不敢不从。等燕国顺服了，汉军就可借着声势，向东威胁齐国。这种情况下，即使再聪明的人，也想不出办法替齐国解困了。这样，就可以定天下大局了。本来军队行动之前就应该先虚张声势，迷惑敌军的，我这里就是运用的这个道理。”韩信说：“有道理啊。”

韩信立即按照李左车的计策行动起来，军队休息了一段时间后，马上派使者出使燕国，燕国果然立即归降了。为了稳定赵国，韩信派人向汉王刘邦请求封张耳为赵王，刘邦答应了。汉军占领赵国后，楚国屡次派军渡过黄河攻击赵国，张耳、韩信往来救援赵国时，又顺势拿下了所有经过的赵国的城邑，然后还调兵遣将去增援汉王。

第7章　鲸布降汉

汉王刘邦派使者劝九江王鲸布降汉，谒者随何带领数人来到黥布处。鲸布故意让太宰去接待他，自己一连三天都不露面。随何空等三天后，对太宰说：“九江王肯定觉得楚国强大，汉国弱小，怕楚王误会您要投降汉军，所以不肯接见我。而我也的确是为了这件事才来求见九江王的。假如他肯接见我，听我的分析，说得有理，就切中了大王的心意；说得不对，他大可把我们二十人当众斩首，也足以向世人表明，九江王不会投靠汉王，而是要与楚王交好的立场了。”太宰把这些话转达给了黥布。

黥布还是召见了随何。随何说：“汉王派我带着书信恭敬地来求见您，是想解开我们私下里的一些疑惑，敢问大王您和楚王到底是什么关系？”黥布道：“楚王面南而坐，我是事奉他的臣子。”

随何说：

大王您与楚王项羽本是地位相等的同列诸侯，现在您却甘愿向他称臣，肯定是觉得楚国强大，背靠大树好乘凉，投靠它，九江国就有靠山了。当初，项王攻打齐国时，楚军背负着沉重的墙板和筑杵去修筑营墙，还要在阵前奋勇拼杀。既然你已经甘心做他的臣子，不是应该调动全九江的兵力，亲自出马率领他们去援助楚军，为他们打先锋吗？可您却只调拨了四千人去支援楚军。真心事奉他人的臣子，难道都是这样敷衍了事的吗？后来项王还没离开齐地率军返回，汉王就攻入彭城时，您身为臣子，也并没有带着九江国的一兵一卒抢渡淮河，奔赴彭城来攻打汉军，却拥兵万人，在淮河的另外一边袖手旁观，等着看人家的胜负。您把江山社稷都托付给了人家，难道还要这样不负责任地对待他吗？实际上，您只是名义上要依附楚国，沾他强大声势的光，心里还是想独立自主，以我看来，这种做法并不可取！您不肯背弃楚国，不过是觉得汉国弱小，不能依靠罢了。实际上，楚国的军队看似强大，但是项羽违背盟约又杀害义帝，因此遭天下人唾弃，已经背上了不仁不义的恶名，失尽了人心。而汉王与其他诸侯联合，率领军队回来镇守成皋、荥阳。我们将壕沟挖深，把城墙加固，边防要塞都有军队把守，并且我们有蜀和汉中的粮食做补给。楚军要返回来攻打荥阳、成皋，就必须深入梁地八九百里，而梁地是反楚的，所以他们不得不让那些老弱残兵，从千里之外运来粮食。汉军的策略却是，只坚守不出战。这么一来，楚军攻城攻不下来，后退又脱不了身，旷日持久，必支持不住，所以说楚军是靠不住的。如果楚军战胜了汉军，楚王便会转而攻打其他诸侯，各诸侯为了自己的安危，也会相互救援，来抵抗他。那样的话，楚军的强盛，反而激起了全天下的军队来反抗他。所以显而易见，就天下的形势而言，楚国是不如汉国的。现在汉国处于万无一失的地位，您不与之结好，却要把九江国的命运托付给走向灭亡的楚国，这种做法实在是让人困惑不解。我也了解九江国的兵力不足以消灭楚军，但是如果您叛离楚国，并起兵攻打他的话，项王势必留下来迎战，您只要拖住他几个月，汉王就有了时间，夺取天下就稳操胜券了。所以我请求您下定决心，归附汉国。大功告成时，汉王一定会划分一块土地给您，作为封赏，更何况九江国也还是您自己的啊。

随何说得头头是道，黥布便说：“那就恭敬不如从命了。”于是，私下里向随何许诺，要叛楚归汉，只是一时还不敢大肆张扬。

这时楚国的使者还住在九江的客舍中，鲸布来见他。就在使者便督促鲸布快点发兵援楚时，随何直接闯进客舍，在楚使者上面的座位就坐，说：“九江王已经归附汉国，楚国有什资格征调他的军队？”随何的意外出现，使黥布大吃一惊。鲸布还没反应过来时，楚国使者已经起身马上要走了。随何乘势建议说：“事情到了这个地步，已无可挽回了，何不杀掉楚使者，不让他回去报信，而您就马上归附汉王，与汉军并肩战斗。”黥布已没有选择的余地，只好说：“您说怎么办就怎么办吧。”于是鲸布杀掉了楚国使者，并就此起兵攻打楚国。

鲸布杀楚国使者，起兵叛离，项王非常气愤，派项声、龙且攻打九江国。几个月后，九江国的军队支撑不下去了，黥布便想带着军队逃奔汉国。鲸布担心会遭到楚军的截杀，于是和随何一起从小路逃归了汉国。

十二月，九江王黥布来到了汉军驻地。汉王刘邦坐在床边，一边洗脚，一边召见鲸布。黥布没想到会受此大辱，怒火中烧，很后悔来到这里，甚至想要自杀。见完汉王，鲸布进入为他安排的客舍，看到房间的陈设、饮食、侍从官员都与汉王的住所相同，又觉得受到了礼遇，喜出望外，于是派使者去打探九江国的消息。楚王攻陷九江后，派项伯收编了九江军。黥布的妻子儿女都遭到杀害，但是黥布的一些旧友和宠爱的臣僚，还尚存不少，黥布的使者找到他们，带领着几千人回汉王处了。汉王随即增派了军队给黥布，会合黥布的军队一起在成皋驻扎。

汉军的运粮通道屡遭楚军偷袭，致使军中粮食短缺。汉王便想着如何才能削弱楚国的实力，并就这个问题来征求郦食其的建议。郦食其说：“当初商汤讨伐夏桀时，把杞国分封给夏桀王的后裔；周武王攻打商纣，将宋国分封给商纣王的子孙。如今秦朝侵伐各诸侯国，各国被灭后，使诸侯的后代失去了生存的地方。陛下这时如果能重新分封六国的后裔，那现在的六国君臣、百姓一定都会感恩戴德，那时谁不向往您的风范，仰慕您的仁义，甘愿做您的臣民呢？如此您高尚的德义便会受到广泛的传颂，陛下面南称帝，君临天下不就是顺理成章的事情了吗，楚王也必定佩服您的胸襟，对您肃然起敬，整理衣冠前来朝拜了。”汉王说：“不错！你赶快去刻制印玺，带上它们去出使各国。”

郦食其还没准备好起程，张良从外面回来，进见汉王。当时，汉王正在吃饭，说道：“子房，你来！有人给我出了个主意，可以削弱楚国的实力。”于是，汉王把郦食其的话都告诉了张良，说：“你觉得怎么样？”张良道：“为陛下出此计策的是什么人？按他说的这样做，陛下您就难以完成统一天下的大业了！”汉王急忙说：“这话从何说起呢？”

张良答道：

我请求借您面前的筷子一用，来指画一下目前的形势：从前商汤、周武王封立夏桀、商纣王的后裔，是因为自己有十足的把握，掌控住他们的生死大权。而如今项羽的生死存亡，是陛下您能够决定的吗？封立六国国君后代不可行，这是理由之一。进入殷商都城的周武王，在里门对商纣王时的贤人商容的德行进行表彰，并将被囚禁的箕子释放了，还翻修比干的坟墓。而陛下您现在能够这样做吗？这是封立六国后代不可行的理由之二。周武王打到纣王后，曾经将商纣王巨桥粮仓的粮食发放给人民，把鹿台府库的金钱散播给贫苦百姓。陛下现在您可以这么做吗？这是封立六国后代不可行的理由之三。殷商灭亡后，周武王为了向天下人表示不再兴兵作战，将战车废弃，改成乘坐的车，兵器也都倒置封存起来。如今陛下能这样做吗？这是封立六国后代不可行的理由之四。周武王得到天下后，为了不再驱用战马，把战马都放养到华山的南面，让它们休息。如今陛下能这样做吗？这是封立六国后代不可行的理由之五。运输粮草辎重的牛也都被放牧到桃林的北面，以表示不再用它们。如今陛下能够这样做吗？这是封立六国后代不可行的理由之六。那些追随您的士子，远离自己的父母兄弟，抛弃祖宗的基业，离开自己的老友和熟悉的环境，而愿意跟随陛下您转战奔波，为的是能建功立业，获得一点点自己的封地。倘若您今天真的重新封立六国国君的后裔，那些士子就没有理由在跟随您出生入死，一定会各自回到原来的地方，侍奉他们的君主，陪伴他们的父母妻儿，找寻他们的旧友和自己根基所在的故土，那时候，陛下您孤家寡人还怎么去夺取天下呢？这是封立六国后代不可行的理由之七。况且现在楚国是唯一的大国，还没有能超越它的，我们有什么优势，使复立的六国后代臣服于汉，而不是重又屈从强大的楚国呢？这是封立六国后代不可行的理由之八。如果那位宾客的计策真的被实施的话，陛下可不就完不成统一天下的大事了吗！

汉王听了这番话如梦初醒，把嘴里嚼着的东西吐出来，骂道：“这个书呆子，差点儿坏了老子的大事！”饭也不吃了，马上让人把那些印玺都销毁了。

第 8 章　汉文帝登基

平定吕氏之乱后，诸位大臣聚在一起，暗地商量说：“现在的少帝和梁王、淮阳王、恒山王，都不是孝惠帝的亲生骨肉。当年吕后阴谋设计，强取别人的儿子，并杀了他们的生母，将他们收养在后宫中，让孝惠帝认他们做儿子。以便能立为继承人和诸侯王，加强吕氏的力量。现在，吕氏一族已灭，但当初吕氏培养的那些人，马上就长大了。一旦这些人掌握了实权，被灭族的恐怕就是我们了！现在不如从诸侯王选一个贤明的人，立为皇帝。”有人说：“齐王，是高祖皇帝孙子中的老大，可让他接任帝位。”其他大臣都说：“吕氏之祸，就是因为外戚强横，差点就颠覆了高祖皇帝辛苦打下的江山，摧残了无数有功之臣。现在齐王的舅舅驷钧，暴虐专横，简直就是衣冠禽兽，如果齐王当了皇帝，驷钧一族就会接替吕氏，成为第二代专权的外戚。在高帝在世诸子中，以代王的年龄最长，而且他为人宽厚仁慈，注重孝道，他的母亲太后薄氏一家也谨慎温良，对朝政没有野心。代王的仁爱孝顺名闻天下，又年龄最长，立他为帝明正言顺！”于是，大臣们共同议定要将代王拥立为帝，并派人送密信，召代王入京。

代王不知所为何事，便征询左右亲信大臣的意见。郎中令张武等人说：“朝廷内的大臣都是跟随高帝打下江山的大将，精通军事，老奸巨猾。这些人其实都不满足于已有的权位，只是受到高帝、吕太后的权威的震慑，才不敢造次。现在，他们刚刚血洗京师，将诸吕赶尽杀绝，这时却声称要迎接大王，还是不要轻易相信的好。大王您不妨假称有病辞谢，不去长安，在此静观局势的变化。”

中尉宋昌并不同意他的说法，反驳道：

你们的意见都不足取。当年，秦丧失政权，群雄四起，争夺天子之位。各路诸侯、豪杰，有谁不以为自己是可以问鼎天下的人，在这数以万计的人当中，是刘氏征服了各路英雄，最后面南称帝，取得了天下。由此，天下人不敢再奢求帝位，这是其一。高祖皇帝将刘氏子弟分封到各地为诸侯王，封地纵横交错，刘氏王族遍布天下，使得天下之大，莫非王土，率土之滨，莫非王臣，天下尽在掌握之中，宗族的基础就像磐石样的稳固，天下谁不信服它的强大？这是其二。秦朝时，百姓受苛政所累，民生凋敝，汉朝建立后，废除了那些苛政，简化了法令，并推行德政，给百姓休息，安心从事农业生产的时间，使他们过上了日思夜想的安居乐业的生活，因此受到百姓拥戴，很难动摇，这是其三。就算是吕太后，能独掌大权专制朝政，将吕氏三人封立为王，然而，太尉仅持一个符节，在北军中振臂一呼，军士不还是全都奋起，拥护刘氏，叛离诸吕，最终消灭了吕氏的外戚之祸。由此可见，刘氏的帝位，是上天授予的，人的力量是争夺不来的。现在，就算大臣们另有图谋，也没有百姓归顺于他，他们的党羽又各有心思，很难统一！况且，朝廷内有朱虚侯、东牟侯这样维护刘氏的宗室大臣，外面有吴、楚、淮阳、琅邪、齐、代等强大的宗室诸国，谅那些大臣也未必敢心存邪念。如今各诸侯王中，只有淮南王与大王是高帝的皇子。大王您又年长，天下人对您的贤圣仁孝有口皆碑。所以以我看来大臣们是要顺应天下人的心意，迎接大王接任皇帝之位。大王不必担心！

代王和太后商议这件事，也没有个结果。于是，去术士那里卜问凶吉，结果是“大横”，解释的辞令说：“横线一直到头，气势很强，我做天王，能够将夏启的事业光大发扬。”代王说：“本来我就是诸侯王了，还做什么王？”占卜的人解释说：“这里所说的天王，是指天子。”于是，代王派太后之弟薄昭去拜见绛侯，探听情况。绛侯等人便向薄昭表明，召代王进京的本意是，要迎接他接任帝位。薄昭回来报告代王说：“大臣们的确是要迎立您为皇帝，不必再怀疑了。”代王笑着对宋昌说：“你的推测果然是正确的。”

于是，代王决定赶赴京师。他让宋昌做自己的陪乘，同车而行，后面跟着张武等六人乘坐的官府驿车，一起来到长安。一行人走到高陵县时，暂时停下来休整，代王让宋昌先骑马到长安去探听动静。宋昌到渭桥时，丞相及以下百官就都来迎接了。宋昌便回来报告，代王这才驱车赶往渭桥。群臣见到代王，都跪拜进见，以臣子自称，代王下车还礼。太尉周勃来到近前说：“希望能和您单独谈谈。”宋昌回答说：“如果您要说共事，那就没什么好避讳的；如果您要说私事，我们大王没有什么私情要很您谈。”太尉这才跪下，呈上御玺和天子专用的符，请代王接任帝位，代王并没马上答应，辞谢说：“这件事等到了国官邸再商量吧。”

闰九月的二十九日，代王刘恒进入都城长安，由朝廷群臣护送着，落脚在长安的代国官邸。丞相陈平等人又一次跪倒，启奏说：“刘弘等人并不是孝惠帝的亲生儿子，没有资格侍奉宗庙，坐天子之位。大王您是高祖皇帝的年长之子，理应继承皇统。我们恭请您，登基做皇帝！”代王以宾主之礼，面西而坐，谦逊地辞谢了三次，群臣坚持，代王又面南而坐以君臣之仪，辞谢了两次，于是，答应即皇帝位。群臣此时就已经按朝见皇帝的礼仪和官位的高低顺序排列，分两侧排班侍立。

东牟侯刘兴居说：“诛除吕氏之祸时，我没有立功，现在请圣上允许我前去为您清理皇宫。”于是他和太仆汝阴侯滕公夏侯婴一起进入皇宫，逼近少帝说：“您并不是刘氏的后代，皇帝之位不是您能坐的！”接着，刘兴居转身命令左右的卫士，放下兵器退出皇宫，有几个卫士并不服从命令，宦者令张释便告诉他们高帝之子代王被立为皇帝，要把少帝请出皇宫，他们也就放下了兵器。滕公夏侯婴下令将少帝送出宫外。少帝很害怕，问：“你们要把我送到哪里去？”滕公说：“把您安置到皇宫外面。”于是把他安顿在少府的官衙中。

然后，刘兴居和夏侯婴按照天子的规格安排车驾，来到代王官邸，迎候代王入主皇宫。他们报告说：“皇宫已清理完毕。”当晚，代王来到未央宫。在端门处，有十个人手持兵器守卫，他们阻拦说：“宫中是天子居住的地方，您要干什么，竟要深夜入宫！”代王派人去告诉太尉周勃，周勃来后，便将有关废立皇帝的事通知他们，这十个人都放下兵器离开了，代王便住进了未央宫。住进皇宫的同时，宋昌就被封为卫将军，统领南军和北军；张武被任命为郎中令，负责掌管殿中事务。梁王、淮阳王、恒山王和少帝都在自己的住处被杀死他们。颁发完任职令，文帝会到未央宫前殿就坐，当即草拟诏书，宣布大赦天下。

第 9 章　张释之轶事

张释之，南阳人，连任十年骑郎都没有得到升迁的机会，他对仕途失去信心，已经打算告老还乡了。这时，袁盎欣赏张释之的德才，就将他推荐给汉文帝。张释之因此被升为谒者仆射。

有一天，文帝带着张释之等人，去视察禁苑中养虎的虎圈。文帝叫来禁苑的主管，询问禁苑中各种禽兽的登记数目，一连问了十多种，主管全都答不上来，就有些仓惶失措，左右观望。站立于一旁的虎圈啬夫替他解围，回答了文帝的问题。文帝见虎圈啬夫对答如流，便想考察他的才能，于是询问禁苑中禽兽登记的情况，问题都十分细致，虎圈啬夫随问随答，并没有被难倒。文帝说：“官吏应该是这样的才对啊！禁苑主管不值得信赖。”于是，文帝下诏，命张释之去将啬夫升为管理禁苑的主管。

张释之没有马上领旨，而是走到文帝跟前，说：“陛下在您看来绛侯周勃是个怎样的人？”文帝回答说：“是个令人尊敬的长者。”张释之又问：“那东阳侯张相如呢？”文帝答：“也是长者。”张释之说：“绛侯周勃、东阳侯张相如这样的长者，在论事时都有对答不上来的时候，却让人们学习这个啬夫的伶牙俐齿吗！秦王朝喜欢重用那些善于口诛笔伐的人，于是官场上形成了以敏捷苛察比较高低的不良风气。他们的言论往往涂有外在浮夸的形式，却缺乏实际的内容。这样的言论充斥朝廷，使得皇帝闭目塞听，了解不到朝政的过失，国家走上了土崩瓦解的末路。现在因为啬夫善于言辞上的对答，陛下就破格提拔他。我只怕天下人得知此事后，便都争先恐后地学他的样子，去练习口辩之术以博得提升的机会，却忽视真才实能的学习。到时候上行下效，比影随景，下层小官响应声得更快。作为君主，一言一行不可不十分谨慎啊！”文帝说：“您说得对啊！”于是啬夫没能升官。文帝返回皇宫时，令张释之在车里陪乘。车辆缓缓而行，一路上文帝向张释之询问秦朝政治的弊端，张释之都直接地予以回答。那天文帝回到宫中后，就将张释之升为公车令。

没过多久，太子和梁王同乘一辆车入朝，经过司马门时，二人本应下车以示恭敬，但这二人并未下车，径直驾车去了大殿门口。但是，张释之并没因为是皇帝的孩子，就放任他们，他追上太子和梁王，不准他们二人进入殿门，并弹劾二位王子说“过公门而不下车，是为大不敬”。这件事薄太后也知道了，文帝脱掉皇冠向太后赔礼，承认自己教子不严，请太后见谅。于是薄太后派了专人传诏，赦免了太子和梁王的不敬之罪，这二人才进了殿门。这件事，是文帝惊奇地发现张释之竟有这样的胆识，并更加赏识他，又将他升为中大夫。不久，他便被任命为中郎将。

文帝带领群臣巡视霸陵，对群臣说：“嗟乎！我的陵墓是用北山岩石做的外壳，间隙中填满了切碎的麻絮，又用漆将它们粘合在一起，坚固的就像一个整体，恐怕没有人能打开了！”左右近侍都唯唯诺诺，说：“是啊！是啊！”这时，只有张释之又发表不同意见，说：“假若里面放些奇珍异宝，勾起了人们的贪欲，就算用熔化的金属把整个南山封起来，也照样有人能打开；假若里面没有这些东西，就算连石墩都没有，也不必担忧有人要去打开它啊！”文帝称赞他说得好，不人云亦云。

张释之担任廷尉期间。有一次，文帝出行，车驾经过中渭桥时，从桥下跑出一个人，使皇帝驾车的马匹受了惊，从而惊了圣驾。文帝很生气，令骑士去追捕那人，并将他送交廷尉治罪。张释之将处置意见向文帝报告：“这个人违犯了皇帝出行，闲杂人等避让的规定，应当处以金钱上的惩罚。”文帝见判得如此轻，发怒道：“这个人直接使我乘的车的马受惊，幸亏这匹马脾性温和，要是换了其他的马，我早就受伤了！可廷尉为什么只简单地判他罚钱？”张释之解释说：“律令，制定了是用来规范天下所有人的。这件案子依据现在的法律，就是这样定罪，如果按照个人意愿，随意加罪重判，法律在人民心中就会丧失威信。如果在马匹受惊之际，皇上就命人将他杀死，也就算了。可廷尉在天下人心目中又是公正严明的典范，现在陛下既然已把他交给廷尉，廷尉当然要依法办事，如果有所倾斜，那么天下人用法就没有了轻重的标准，百姓将无所适从了！还请陛下深思。”文帝考虑了好一会儿，终于还是说：“廷尉判决的有理。”

那之后不久，高祖庙中神位前的玉环被盗，那个贼人被捕。汉文帝龙颜大怒，将他交给廷尉治罪。判案意见下来后，张释之奏报：按照我朝“偷盗宗庙服御器物”的律条，判处案犯当众斩首。汉文帝又大怒：“这个人如此大逆不道，连先帝的器物都敢偷盗！我把他交给廷尉审判，是要将他全族都诛灭；而你却依法只判他一个人的死罪，这和我恭敬地侍奉先祖的本意是相违背的。”张释之见皇帝如此愤怒，摘下官帽，磕头谢罪说：“依照律法这样判，已经足够。况且，就算是同样的罪名，根据情节逆顺程度不同都可以区别轻重。今天这个人因为偷盗宗庙器物的罪名就被灭族，如果某天，有个人因为愚昧无知，从高祖的长陵上取走了一捧土，陛下还有什么更重的惩罚加罪给他呢？”于是，考虑之后，向太后说明了情况，按照张释之的意见判了那个人的刑。

第 10 章　景帝疏远梁孝王

梁孝王和汉景帝都为窦太后所生，因为是一奶同胞的兄弟，两人关系十分亲密。在平定吴、楚叛乱的过程中，梁王又立了大功，景帝与他不分你我，将只有天子才能使用的族旗赐予他。并且他出行都是按皇帝的规格，跟随着成千上万的车辆马匹，出行称“跸”，返回称“警”，道路要戒严，禁止行人来往。羊胜、公孙诡是梁孝王的心腹，他让公孙诡担任中尉。但是羊胜和公孙诡两人心术不正，总出些怪异诡谲的主意，他们怂恿梁孝王争取让汉景帝立他为继承人。窦太后偏爱梁王，当初废黜栗太子的时候，就想让梁王成为景帝的继承人。有一次，窦太后和景帝宴饮，趁着景帝喝了酒便对景帝说：“你乘坐大驾和安车出入时，让梁王跟随在你的左右。”景帝本是跪坐在席上的，这时便挺直身体，回答说：“行啊。”酒后，景帝想起这件事觉得似有不妥，便向大臣们征询意见。大臣袁盎等人反对道：“这样不行。春秋时期宋国君主宋宣公将王位传给弟弟而不传给儿子，导致了影响五代人的祸乱。小的地方怀有妇人之仁，就会伤害到大义，所以《春秋》才把大义奉为主宰。”这话传到太后的耳朵里，她也自觉理亏，也就先把梁王继承帝位的事放在一边了。后来，梁王又上书给景帝：“希望您赐给个地方，以便容得下我的车辆通过，我让梁国自己的士兵修筑一条甬道，方便我能直达太后居住的长乐宫，朝见太后。”袁盎等大臣都建议景帝，不要答应梁王的要求。

梁王的请求被驳回，因此对袁盎和参与议论的大臣怀恨在心。羊胜、公孙诡给他出主意，于是梁王派了刺客，杀了袁盎和其他的十多个大臣。虽然没有抓到刺客，但是景帝估计这件事肯定与梁王有关，便根据线索，追查刺客，果然查出是梁王派来的。景帝想要彻查此案，于是派田叔、吕季主前往梁国逮捕公孙诡和羊胜。公孙诡和羊胜得到消息后，便躲藏在梁王的后宫之中。朝廷前后派了十多批使臣来到梁国，对梁国的官员严加责问。迫于朝廷的压力，梁相轩丘豹和内史韩安国等梁国官员，进行了为期一个多月的全国性大搜捕，但是仍然找不到公孙诡和羊胜的踪迹。

后来，韩安国得到消息，称公孙诡和羊胜藏在梁王宫中，便进入王宫去见梁王。他哭着对梁王说：“身为臣子，看到自己的君主蒙受耻辱，应该为他而死。大王身边缺少贤良的大臣辅佐，所以才会发生今天这样的事情。现在如果还是抓不到羊胜、公孙诡，你就赐我一死，让我就此与您永别吧！”梁王说：“没到这个地步吧！”韩安国见梁王还不醒悟，泪如泉涌，说：“大王您自己估计是您与皇上的关系更亲，还是被废黜的栗太子临江王与皇上更亲？”梁王说：“我当然比不了临江王。”韩安国接着说：“临江王与皇上血脉相连，是皇上的至亲，还曾是太子，不也是就因为说错一句话，就被废黜，贬为临江王，后来又出了修宫侵占围墙的事，便不得不在中尉府自杀。这是为什么呢？皇上作为天下人的榜样，承担治理天下的重责，终究能因私废公。现在大王您被分封到梁地为王，负责管理一方，却因为受到奸臣妖言的蛊惑，而要对抗皇上的禁令，向尊严的法律挑战，是何其的危险。现在是因为太后疼爱您，皇上不忍让太后伤心，才没有按国法来惩办您。太后也因为担心您的安危，终日以泪洗面，期盼大王能改过自新，到现在这种状况了，您还执迷不悟。万一太后即刻离开人世，大王您还有的依靠吗？”没等韩安国把话说完，梁王已是泪流满面，于是向他赔罪说：“我知道错了，现在就把羊胜和公孙诡交出来。”梁王命令羊胜、公孙诡自行了断后，交出了他们的尸体。这件事使景帝对梁王心生怨恨。

这件事证据确凿，梁王也害怕了。就想找个皇上宠信的人给自己说些好话。此时后宫之中，王皇后得宠，梁王就派邹阳到长安，去见王皇后的哥哥王信。邹阳对王信说：“现在后宫之中，您的妹妹最得宠，没人能比得上，可是您的行为却有些不太讲道理，遭人诟病的地方。如今袁盎被杀一事已经水落石出，如果皇上要追究到底，依照律法梁王应被处死。可是太后疼爱梁王是尽人皆知的事情，梁王被斩，太后的怒火无处发泄，就一定会迁怒贵臣，这时如果有人向太后进言说您的不是，我可就为您担心了。”王信说：“那我该怎么办呢？”邹阳说：“如果您能劝得皇上不再深究此事，放梁王一条生路的话，一定能得到太后的赏识。您想，到时候你救了梁王一命，太后从内心深处一定对您感恩戴德，也会因此宠爱您的妹妹，这样她就可以受到太后和皇上的双重宠幸，你们家的地位不就像金子筑成的城池一样，牢不可摧了吗。你可以拿舜当例子劝皇上说，舜的弟弟象曾经一心只想杀死舜，可等到舜做了天子，却并没有杀害象，还把有卑分封给他。仁义的人不会对自己的弟弟暗藏怒火，都是以德报怨的。就是因为这样，舜才被后代人称赞。皇上听了这番道理，也许就能宽恕梁王的事，不处置了。”王信说：“行。”于是，他找了个机会，入宫见景帝，并说了邹阳所教的道理，景帝听后，稍微有些释怀，也不那么恼怒梁王了。

此时的太后因为担心梁王的事，茶饭不思，整日哭泣不止，景帝为此忧心忡忡。田叔等人已经查办完梁王的事，返回长安了，在霸昌厩，田叔一把火烧毁了在梁国办案取得的全部证词，然后空着手来见景帝。景帝问："梁王可曾犯罪？"田叔答说："他犯的是死罪。"景帝心惊，问："那他的罪证呢？"田叔说："关于梁王的罪证，陛下就不要过问了。"景帝不解，问："为什么？"田叔说："如果把罪证公之于众，却不杀梁王，汉朝的法律就如同虚设；如果依法处死梁王，太后又会吃不下东西，睡不好觉，陛下您也会因此烦心。"景帝觉得他说得非常对，不是不再过问罪证的事情，还让田叔等人去拜见太后告诉她："梁王对这件事毫不知情，都是他的宠臣羊胜、公孙诡之流在幕后操纵的，现在这些人都已伏法，梁王没有受到牵连。"听到这些话太后总算放下心来，立即坐起来吃饭，情绪也好了很多。

梁王得知景帝已经不追究了，便乘机上书请求朝见景帝。他到达函谷关时，茅兰建议梁王，先带着两名骑士做随从，乘坐着普通的布车入关，藏在长公主那里。朝廷派使臣来迎接梁王，却在关外只看见随从的车骑，梁王已不知所踪。回来报告后，太后哭着说："皇帝还是把我儿子给杀了！"景帝也很担忧，害怕梁王遇害。就在这时，梁王趴在刑具上，来到皇宫门前，自称有罪，请求处置。梁王安然无恙，太后、景帝喜出望外，三人见面，不觉泪流满面，由此唤起了往日的骨肉手足之情，于是梁王的随从官员也都被召入关内。但是，这件事加大了景帝与梁王之间的隔阂，景帝疏远了他，再也没有和他同坐一辆车出入。倒是田叔的才能因此事被景帝认可，被提升做了鲁国的国相。

第 11 章　汉武帝打猎

汉武帝从即位之初，就知道人才的重要性，所以他广招贤士，选拔出博学多才的人，破格重用。天下士人受此政策的吸引，都纷纷向朝廷上书，各抒己见，大胆议论国家政事的得失，一时间数以千计的人毛遂自荐，标榜自己是那种德才兼备的人。武帝乐于见到这种局面，以便能从中选拔杰出的人才，委以重任。第一个被提拔人是庄助，后来又陆续招致了吴人朱买臣、赵人吾丘寿王、蜀人司马相如、平原人东方朔、吴人枚皋、济南人终军等，这些人都成了武帝的左右亲信。武帝经常让他选拔的那些人与朝廷大臣舌战。往往皇帝身边的中朝官与丞相等外朝官形成两派，他们运用文辞，讲求儒家经义的学问、道理来相互驳斥，刁难，外朝大臣们总是被驳得无言以对。但是，武帝并不是对他们不加选择的胡乱任用。像司马相如只是以擅长辞赋写作，东方朔、枚皋喜欢用幽默嘲讽的言辞侃侃而谈，说些没有根据的论点，武帝虽然经常赏赐财物给他们，却仅把他们当供人娱乐的演艺之人来收养，并不让他们参与国事朝政的处理。其实，东方朔善于察颜观色，揣度圣意，他经常能抓准时机，直言劝谏，对朝政还是发挥了一定好的作用的。

这一年，武帝开始乔装打扮，经常暗中离宫外出。他出行范围广泛，北到池阳县，西到黄山宫，南到长杨宫打猎，东去宜春宫游乐。武帝经常在夜晚时出宫打猎。有一次，他和会骑马射箭的左右亲随约好，在殿门前会和，他自称平阳侯，带着亲随们趁着天黑出宫，天快亮时，来到了终南山脚下，便开始策马狂奔，射杀鹿、野猪、狐狸、野兔等动物，马儿践踏了许多的农田庄稼，招来百姓大声怒骂。县令想要将这批人抓捕入狱，他们便出示了天子专用的物品，证明自己身份特殊，县令这才放了他们。

还有一次，晚上时，武帝一行人来到柏谷。因为天色已晚，便去旅店投宿，并向旅店的主人要酒喝，主人说："酒没有，尿倒是有！"而且，旅店的主人看武帝他们人多势众，怀疑他们是强盗，便召集了一些强壮的青年后生，想要伺机收拾他们。但是店主的妻子观察武帝的言行举止，体态容貌，觉得此人非比寻常，想阻止丈夫，劝他说："今天的来客不是一般人，而且他们也是有备而来，想要收拾他们恐怕没那么容易。"丈夫根本听不进她的劝告，她就劝丈夫喝酒，等他喝的酩酊大醉的时候，就把他捆绑起来。店主的妻子遣散了召集来的青年后生，然后就杀鸡做饭款待客人。武帝返回宫中的第二天，召那位妇人觐见，给了她丰厚的赏赐，并任命她的丈夫做羽林郎。后来，武帝为了方便出巡，就设立了秘密更衣休息的地方，从宣曲宫向南以共有十二处，长杨宫、五柞宫等就作为夜间投宿的宫殿。

武帝经常出行，因为道路遥远觉得身体疲惫，而且还会祸害到百姓，就想出了一个主意。他派太中大夫吾丘寿王统计登记，阿城以南、以东以及宜春以西这一带的土地面积和价格，想把这一块和终南山连成一片，把它修建成上林苑。同时，武帝下诏，命中尉、左右内史，把所属各县的荒田数量上报，准备把这些荒田分给那些失去土地的百姓，作为补偿。吾丘寿王办理完了武帝交代的事情，回来报告，武帝高兴地对他连声称赞。

吾丘寿王报告时，东方朔正在武帝身边，他直言不讳地提出意见说：

终南山是长安的天然屏障。汉朝离开了三河之地建国，将都城建在霸水、产水之西，泾河、渭河之南，因为这就是天下人所说的像大海一般富饶的陆上之地，秦王朝凭借着它丰富的物产打败西戎，兼并了崤山以东的地区。这一带山中出产的玉、石、金、银、铜、铁、优质木材等，是各种手工业的重要原料，百姓获得收入的源泉。田地中又盛产稻、梨、栗、桑、麻、竹箭等物品，并且适宜于种植芋头，再加上水中的许多青蛙和鱼类，可以给人们提供食物，使得人人温饱家家富足，不必担心会遭受饥寒交迫之苦。所以酆水与镐水之间的土地，以肥沃闻名，每亩土地可值一斤黄金。现在要将这片土地划入上林苑，那池沼湖泽就不载能为百姓提供财利来源，肥沃土地被占有人民的生活将失去依靠。对上而言，百姓的收入减少，也直接导致了国家财政收入的减少；对下而言，农桑生产将遭到破坏，这是其一。森林野地面积增大，从而扩大了狐狸、野兔、虎、狼等野兽的活动范围，势必要毁坏百姓的坟墓，拆毁百姓的房屋，腾出地方，这样一来，幼小的孩童都因为怀恋故土而郁郁寡欢，老人们更是要离开赖以生存的土地，恋恋不舍，悲伤流泪，致使百姓离心，这是其二。开拓土地，营建上林苑，周围要修建围墙做为护栏，就一定会挖些深沟大河之类的东西。您在苑中骑着马来回奔驰，驾着车互相追逐时，也许一个不留神就会伤到自己。为了得到一天射猎的乐趣，却让尊贵无比的天子去涉险犯难，也实在不值得，这是其三。当年商纣王硬要修建内有九市的豪华宫殿，结果导致诸侯背叛；楚灵王执意筑起奢侈的章华台，使得楚国百姓四散逃走，秦始皇固执地兴造阿房宫，于是群雄并起，天下大乱。我只是身份卑微又愚钝的臣仆，在这里冒犯天颜，说些违背陛下的旨意的话，实在是罪该万死！

武帝将东方朔任命为太中大夫，并授他给事中的官衔，赐他一百斤黄金以示对他敢于直谏的勇气的奖励。但是，武帝并没有改变主意，仍然按照吾丘寿王所奏报的规模，大兴土木，营建了上林苑。

武帝还喜欢亲自骑马去捕杀熊和野猪，追击野兽。

司马相如写了一封奏疏劝谏说：

有这样一种说法，类型相同的东西也会因才能不同而有所差异。所以提到大力士，人们就会想到乌获，说到行动敏捷便要提起庆忌，论勇猛无敌，就不得不归于孟贲和夏育。以我浅薄的见识看来，这种人类当中，这种情况的确存在，其实野兽也同此理。现在陛下喜欢寻求刺激，以身犯险，亲自射杀猛兽。万一某天突然遇到一只野蛮凶猛的动物，被陛下围困，陷入无路可逃的绝境，便会拼命地冲撞陛下的随从车辆，情况危急之下，陛下的车辆来不及调转方向，人有好的办法也来不及施展，那时候，就算有像有像乌获、逢蒙那样的超群技艺，也没有时间使出来，就连枯树朽木也能挡住车辆，成为祸害了。这种情况，无异于胡人和越人的军队突然出现在京城，而羌人和夷人已经逼近陛下的车辆了，是多么危险啊！就算是已经做好了完全的准备，确定没有祸害，然而也不应该让这种环境接近陛下啊。更何况陛下平时出行都要清道戒严之后，在宽阔平坦的马路上，车辆奔驰于道路的正中间出发，就算这样谨慎，还经常会有像驾着马匹的铁勒折断，或是车轮突然脱出这样的意外发生，更何况策马在茂密的荒草间穿梭，从丘陵废墟上越过，心里只想着前面即将捕获的猎物，而完全没有预防意外的意识和准备，野兽对陛下形成的危害是显而易见的。皇帝您肩负天下，有万乘之尊的地位，却这样看轻自身的安全，只乐于在潜伏着危险的娱乐活动中寻求刺激，以我看来陛下这样做并不可取。一般情况下，头脑聪明的人在问题还没有萌芽时，就能预见到它的存在，睿智的人能发现还没有完全形成的灾祸，提前采取措施避开它。本来，灾祸大多就都是隐藏在人们注意不到的细小的地方，而发生在让人容易马虎大意的环节上。所以俗语有云：‘如果家中积累着千金的家产，就不要靠着堂屋的边缘坐。’这句话说的是小事，却蕴涵着大道理。

武帝对他说的这番话倒是很认同。

第 12 章　苏武牧羊

西汉天汉元年，苏武奉皇帝之命，手持汉朝的符节出使匈奴。匈奴贵族扣留了他，为了让他投降，威逼利诱，用尽各种办法，苏武都不为所动。匈奴一怒之下，将他放逐北海边去牧羊，并声称什么时候公羊下崽了，才让他回国。

苏武被放逐到北海边以后，没有粮食供应，饿了，就挖野鼠洞，吃鼠洞里的草籽。汉朝的符节他从不离手，晚上睡觉时，他就抱在怀里；白天，他就拿在手里放羊，由于长时间的风吹日晒，节杖上的毛缨都脱落了。

李陵是苏武在汉朝时的同僚，两人同为侍中。后来，李陵投降了匈奴，自惭形秽，不敢去见苏武。苏武来北海牧羊已经很长时间了，单于派李陵来北海边劝降。当晚，以乐队助兴，设宴招待苏武。

李陵对苏武说："我们两个同朝为官，单于听说我与你一向情谊深厚，所以让我来劝你归顺他，单于愿意虚心地听从你的指教。无论如何，汉朝你是回不去来了，何苦在这荒无人烟的地方，自己忍受煎熬。你的坚贞不屈，只有天地可鉴，人又有谁看到呢！你的两个兄弟，都已因罪自杀；我来北海时听说，你母亲也已不幸辞世；你的夫人还年轻，已经改嫁了；只剩下两个妹妹、两个女儿、一个儿子，况且已经过了十几年，不知道他们是否还在人世。人的一生，短暂的就好像是早晨的露水一般，你又何必花这么多时间让自己受苦！当初，我刚投降匈奴时，精神委靡不振，觉得快要发疯了，想道自己辜负汉朝就不能原谅，老母也被我连累，遭受牢狱之苦。这种不愿归降匈奴的心情，我的体会比你更深！况且这么多年过去，皇上也已经年迈，常常是朝令夕改，变化无常。无罪的大臣都有数十家被抄杀满门，你就算回去，也不知道能不能安然无事，何苦还要坚持呢！”

苏武说：“我父子本都是平庸之辈，全仰仗皇上的栽培，才能够位列公卿，身居高位，与列侯、将军同朝议事，使我们兄弟有机会亲近皇上。所以我立志就算是肝脑涂地，也要报答皇上的恩德。如今有机会以死来回报皇上，哪怕是身首异处，放到汤锅里烹煮，也是我心甘情愿的！作为一个臣子侍奉君王，就好像儿子孝顺父亲一般，儿子为父亲而死，死而无憾。你还是不要劝我了。”李陵见苏武坚持，没再说什么，两人欢饮数日，李陵还想再试一试，又劝道：“子卿你再听我一句劝吧。”苏武拦下他，说：“早就料到，这次必死无疑了，心中并没有什么畏惧。如果大王你硬要我苏武投降，那我们两人的欢聚就到此为止，索性让我死在你的面前！”苏武的一片赤诚，让李陵非常感慨，长叹道：“唉！你是真正的义士！我与卫律辜负朝廷，罪过上通于天！”不觉落下泪来。于是李陵无功而返，告别苏武离去时，送了数十头牛羊给苏武。

后来，汉武帝去世，李陵又来到北海边告诉苏武。一连数月，苏武每天早晚面向南方失声痛哭，甚至吐血。又过了一段时间，壶衍单于即位，他的其母阏氏行为不正，使得国内分崩离析，他便常常担心，汉军会趁他们国内混乱时，前来袭击，卫律给单于出主意，与汉朝和亲。汉朝派人出使匈奴，要求放苏武等人回国，匈奴不想放人，便称苏武已死。后来又有汉使来到匈奴，常惠偷偷来找汉使，教他对单于说：“汉天子在上林苑打猎时，射下一只大雁，谁知这只雁脚上系着一块绸缎，上面写着，苏武等人还活着，现在在某湖泽之地。”汉使得知苏武等尚在人世，大喜，并按常惠教的去责问单于。单于大吃一惊，四下环顾，没料到竟有这样的事情，不得不向汉使道歉说：“苏武确实还没有死。”

匈奴要向汉朝求和，这才把苏武、马宏等人放了。汉朝先前曾派光禄大夫王忠出使西域各国，马宏是王忠的副使。出使途中，遭到匈奴军队的拦截，王忠战死，马宏被俘。他也誓死不肯投降匈奴。借着这次机会，匈奴将苏武、马宏二人放回，是想向汉朝表达他们的诚心和善意。

苏武终于得以回归汉朝，李陵也很替他高兴，于是，摆设酒筵替他祝贺。李陵对他说："你不辱使命，如今终于能够返回祖国。现在匈奴人人称赞你持戒不屈的气节，等你回到汉朝更是劳苦功高，即使是史书上记载，被人画了画像留传的人，也比不了你的功绩。想当初，我虽然并不聪明又胆小，但是，春秋时期，曹刿劫持齐桓公，迫使他归还土地的壮举，也是我一直崇尚的，假如汉朝当年能宽恕我的罪过，放过我的老母，我也愿意忍辱负重，效仿曹刿伺机而动。谁知我全家竟惨遭灭门，使我承受了当世最残酷的杀戮，汉朝如此待我，我还有什么好顾念的呢！如今已时过境迁，我还和你说这些，也不过是想让你知道我的心罢了！"说得动情，李陵已是泪流满面，苏武与他就此别过。

当年跟随苏武出使匈奴的汉朝官员和随从，除去已经投降的和去世的，现在还剩九个人。单于将他们召集到一起，让他们和苏武一同回汉朝。苏武一行人回到了长安，汉昭帝封苏武为典属国，享受中二千石的品秩，同时赏给他钱二百万、公田二顷、住宅一所，以示嘉奖。苏武还享有用牛、羊、猪各一头，以最隆重的仪式祭拜汉武帝陵庙的特殊待遇。苏武出使匈奴，被扣留了十九年，去的时侯，正值意气风发的壮年；回来时，头发、胡须已经全都白了。霍光、上官桀和李陵是很好的朋友。他们见苏武回来了，就想劝李陵也回来，所以特派李陵的旧友陇西人任立政等三人前往匈奴。李陵对他们说："要回去很容易，但我已投降匈奴，屈辱过一次了，现在回去，只是再次自取其辱！"于是终老于匈奴。

第 13 章　东汉的反腐倡廉

东汉顺帝时，朝廷专门派遣了一批官员到各州郡去进行视察。这些人包括侍中河内人杜乔、周举，代理光禄大夫周栩、冯羡，魏郡人栾巴、张纲、郭遵、刘班。他们这次下到地方是有任务的，对于那些德行优良和尽忠职守的地方官吏要予以表扬。更重要的是检举贪赃枉法之徒，俸禄在二千石以上的官吏像是刺史、郡太守等，如被发现就要将他们的罪行列在奏表之上，通过驿站快马加鞭地送报朝廷；县令、县长及以下的地方小吏，朝廷的这些特派专员就有权利将他们就地逮捕法办。

杜乔等接到命令后，便各自出发到各州郡去了。只有张纲不但不走，还故意把车轮埋在洛阳城的都亭里，他愤愤不平地说："如今豺狼横行当道，不去抓捕，却要去抓些狐狸吗？"于是他呈上一封弹劾的奏章，写道："大将军梁冀和河南尹梁不疑，是蒙受皇恩的外戚。皇上给他们把辅佐朝政的重任交付他们，他们不但不严于律己，反而仗着手握重权毫无顾忌地贪赃，穷奢极欲。现在我将他欺上瞒下，搜刮钱财的十五件大事列举出来，身为臣子对这些事都是深恶痛绝的。"梁氏当时权倾朝野，这封奏章呈上去后，整个京都洛阳都震惊了。因为后宫之中，梁皇后正大受宠幸，梁氏家族便气焰嚣张，任意安插自己的亲戚担任要职，使得姓梁的遍布朝野，势力强大。所以顺帝也知道张纲说得都对，但形势所迫，他不能采纳张纲的建议。

杜乔到兖州后，发现称泰山郡太守李固治理得当，于是向朝廷表彰他，说他政绩天下第一。于是，李固被顺帝征召到京都洛阳，升他为将作大匠，留任京师。八位派往地方的使者，都履行职责，将贪官污吏的罪行送往朝廷，但那些被弹劾的地方官吏，多数是外戚梁冀和宦官的亲友和同党。皇亲和宦官往往是有着千丝万缕的联系，而互相庇护的，因此所有的弹劾案都被束之高阁，那些被弹劾的人也是逍遥法外。这种情况令侍御史、河南人种非常痛恨，于是他再次进行举报。廷尉吴雄和将作大匠李固也上书要求说："应该对八位使者指控的地方官吏，迅速给予惩处。"顺帝这才重新把八位使者的弹劾奏章拿出来，交付给有关部门，命令他们对这些人审查定罪。

张纲弹劾梁冀，于是梁冀对他怀恨在心，总想找个机会来陷害他。当时，广陵郡有个叫张婴的盗贼首领，他在扬州、徐州一带作乱已有十多年，历任郡太守到此对他都束手无策。于是，梁冀就想这是个陷害他的好机会，便让张纲担任广陵郡太守。以前的广陵郡太守都知道当地有张婴这个盗贼，到任时，就请求朝廷多派兵马以便镇压盗贼，而张纲去任职却乘着一车只身前往。到了广陵，张纲就直接来到张婴山寨的大门，要求与张婴面谈。张婴不知道他葫芦里卖的什么药，大吃一惊，急忙让手下把营门关紧。张纲就守在门外，把跟他前来的其他官吏和百姓都打发走了，身边只留下十几个亲信。然后他写了一封信给张婴，请他出来见面。张纲的诚恳打动了张婴，于是张婴出营，两人相见。

张纲请张婴坐在上座，对他说："过去历任郡太守，多数是贪婪和残暴之徒，使得你们这些百姓生活困苦，心怀愤怒，以致聚众起兵。这的确是郡太守的罪过，然而你们聚众作乱也是不符合大义的。当今圣上心怀仁慈，决断英明，不想以暴制暴，而是准备施以恩德，让叛乱的人放下武器，安居乐业。我受皇上所托来到这里，是替朝廷赐给你们封爵和官位，让你们能够荣耀门楣，朝廷是不会对你们施加刑罚的，转祸为福就在今天了。如果朝廷这样招安你们，还不肯归附的话，天子震怒，到时候将荆州、扬州、兖州、豫州的大军都征调过来，军队像云一样集合，你们恐怕就要身首异处，后代灭绝了。这两种选择的利害关系，请你慎重考虑一下。”张婴听后，落泪说：“我们只是空有蛮力的草莽之人，自己没有门路上通朝廷，忍受不了剥削迫害，才聚集在一起，只求能生存下去，就像鱼游在烹调食物的锅中，自己也知道这不是长久之计，但为了能苟且偷生也顾不了那么多了。今日听了您的开导，对我们而言犹如再生啊。”张婴就此决定归降，告辞回营。第二天，张婴将部众一万余人和妻子儿女的手臂捆绑在背后，率领他们前来向张纲投降。然后，张纲一个人驾着车到张婴的营垒中，和众人大摆筵席，痛快饮酒。酒席散后，他便让张婴的部众随意去他们愿意投奔的地方。张婴的住宅、田地都是张纲亲自为他打理的，他还推荐、任用张婴的子孙当地方官吏。人们对张纲心悦诚服，当地政治清明，一团和气。朝廷审核政绩，张纲应当被封为侯爵，但由于受到梁冀的阻挠，使他没能得到应有的封赏。张纲任广陵郡太守一年后去世。张婴等五百余人，都身穿丧服为他举哀，并一路护送他的灵柩回家乡犍为，替他筑成坟墓。顺帝下诏，封张纲的儿子张续为郎中，并赏赐钱一百万。

当时，俸禄为二千石官吏的官吏中，被表彰的有才能和政绩的，包括洛阳令任峻、冀州刺史京兆尹人苏章、胶东国相陈留人吴。任峻是唯一一个称职的洛阳令，他能够知人善任，使文武官吏各尽其才，官员破案神速，民间也不再畏惧官吏。任峻执法严明，一丝不苟，他对百姓的震慑超过王涣，然而在传播礼文仪节、政治教化方面就不如王涣了。苏章是冀州刺史，他在辖区巡视，查出他的一位故人当时的清河郡太守，有贪赃枉法的罪行。于是他请这位太守喝酒，两个人开怀畅饮，相谈甚欢。太守以为老友既然宴请他了，肯定会顾念往日情谊，替他遮盖罪行，高兴地说：“别人头上只有一个天，唯独我有两个天在保护我！”苏章却说：“今晚，我苏孺文和老友畅饮，是我们的私情；

明天，我是冀州刺史，调查案情，就要依法办事。”于是第二天便检举了他并给他判了罪，全州肃然起敬。后来苏章想要打击权贵，因此忤逆了皇帝的旨意，被免去官职。吴出是胶东国国相，他崇尚宽容爱民，行事简约，欺骗他的百姓都会觉得于心不忍。有一位叫孙性的乡啬夫，私自挪用百姓的赋敛，拿那些钱给自己的父亲买了件衣服。父亲拿到衣服，没有感动，反而生气地说：“你有这样慈爱的长官，你怎么能欺骗他？”便催着自己的儿子自首认罪。孙性羞愧难当，怀着忐忑不安的心情，拿着衣服，回官府认罪去了。吴出屏退左右，问他这是怎么回事，孙性说明原委，还把父亲的话，也全都告诉了吴出。吴出没有怪他，反而还称赞了他。他把衣服送给孙性的父亲，并让他回家向父亲道谢。

第 14 章　马援将军的生前身后事

建武二十四年（公元 48 年），南方武陵五溪蛮夷部族发生暴动。六十二岁的马援向光武帝请战，带兵出征，讨伐蛮夷。

建武二十五年（公元 49 年）的春天，马援率军队到达临乡。蛮兵突然进攻，马援带兵出击，打败了蛮兵，杀死、俘虏共二千多人。

很久以前，马援生病，在家中卧床休息。虎贲中郎将梁松去探望他。梁松拜见马援时，在床前向马援行礼。但是，马援并没有回礼。马援的儿子们看到父亲这样，感到非常奇怪。梁松走了以后，他们问马援：“父亲，梁松是驸马，又身居高位。很多官员都对他毕恭毕敬，礼让三分。可是，梁松向您行礼后，您却没有还礼。为什么您敢这样对待他？”马援答道：“我和梁松的父亲是好朋友。即便梁松的身份再尊贵，但是在长辈面前，他又岂能不讲辈分呢？”

马严和马敦是马援的侄子。两人都喜欢结交侠义之士，平时还喜欢随便发表议论。马援在交趾时，专门写了一封信，告诫他们。信中说：“在听到别人的过失时，我希望你们像听到父母的名字那样，只能听不能说出来。我平生最痛恨的事，就是有人随便评论他人，肆意议论朝政和时事。如果子孙后辈中，有人有这样的行为，那么我宁愿去死，也不想听到这样的事。我非常敬重山都的县长龙伯高。因为他为人敦厚，做事周到严谨，对人谦恭，生活俭朴，威严又公正廉洁。我希望你们能向他学习。越骑司马杜季良生性豪爽，为人仗义，处处为朋友着想。他经常为他人的忧虑而忧愁，以他人快乐作为自己快乐。他父亲去世的时候，附近郡县的朋友都前来吊丧。虽然，我也十分敬重杜季良。但是，我不希望你们像他那样。即使你们做不成龙伯高那样的人，也能成为一个恭谨的人。就像老百姓说的：‘即便画不成大雁，也还能像鸭子’。如果你们学做杜季良，一旦学不好，就变成了一个轻浮的人。那样就印证了‘画虎不成反类犬’的俗语了。”

恰好，一个杜季良的仇人向光武帝上书，状告杜季良。奏章中说：“杜季良此人行为轻浮，到处拉拢人心。马援将军身在千里之外，仍不忘写信回家，告诫自己的子侄，不许同杜季良交往。而窦固和梁松不仅和杜季良来往密切，还支持他的所作所为，在一旁煽风点火。这实在是扰乱国家，败坏纲纪的举动。”

光武帝看完奏章后，召见窦固和梁松。光武帝拿出马援的书信和指控杜季良的奏折，向二人质问此事。二人慌忙叩头认错，直至血流满面，才免于获罪。光武帝下令，免除了杜季良的官职，龙伯高则升任零陵太守。这件事后，梁松对马援非常憎恨。

后来，马援带领讨伐蛮夷的大军走到下隽时，有两条路可以进入蛮夷的地界。一条路是走壶头。这条路虽然距离近，但水深莫测，非常凶险。另一条路走充县。这条道路很平坦，但是运送补给的线路会延长。马援认为走充县是在浪费时间，而且会消耗过多的军粮。所以马援主张进军壶头，这样可以直插蛮夷军队的咽喉，也可以很快攻破充县。耿舒则提议走充县。一时间，两人的意见难以统一，只得上报朝廷。最终，光武帝同意了马援的进军路线。于是，大军向壶头进发。

蛮夷士兵已经占据了高处，在险要的地方也安排重兵把守。由于水流太急，大军的舰船无法向上游前行。

当时正是天气最热的时候，很多士兵得了瘟疫，不治身亡。马援也没能幸免。于是，大军只能在河岸附近驻扎下来。马援命令士兵们在岸边的山崖上开凿洞穴，用以栖身避暑。站在高处的蛮夷士兵时常会敲锣打鼓，大声呐喊。每到这时，马援就会拖着病体，步履蹒跚地到处去察看，瞭望敌情。看到这样的情形，身边的随从都被马援的精神感染，无不感动落泪。

但是，耿舒写了一封信给自己的哥哥，好畤侯耿弇。他在信中说："当初，我在奏折中，就向皇帝陛下建议大军先攻打充县。那样虽然会给粮草运输增加困难，但毕竟道路通畅，易于数万大军的行进。现在，大军被困在壶头，官兵士气抑郁低落。加上军中瘟疫爆发，很多士兵都快病死了。这样的情况，实在是让人心痛不已！当初在临乡的时候，蛮兵毫无征兆的出现在大军面前。如果当时能在夜里突袭蛮军，肯定可以一举消灭他们。但是，马援到达一个地方，就要在那里稍作停留，像一个西域的商人。结果，错失了战机，这就是他失败的原因。如今，天气炎热，军队染上了瘟疫，情况和我之前预想的一样。"

耿弇收到弟弟的来信后，立刻上报朝廷。光武帝随即任命梁松为监军，就此事前去问询马援，并监管马援的部队。

碰巧此时，马援病逝。于是，梁松借机诬陷马援。光武帝愤怒之下，撤销了马援新息侯的爵位。

马援在交趾时，发现薏苡仁有抵御瘴气、使身轻体健的功效。所以，经常食用。在班师回朝的时候，他还载了一车薏苡仁回来。马援死后，有人以此诬告马援，说当时车上装的都是上等的珍珠和犀牛角。这让光武帝对马援愈发愤恨。

看到这种情形，马援的妻子儿女惊恐不安。他们只得将马援的棺柩草草葬在了城西，没敢把他运回祖坟安葬。马援生前的朋友和门客中，没有一个人前来吊丧。

马援的妻子和马严用草绳把自己捆绑起来，一起到皇宫前，向光武帝请罪。光武帝让他们看了梁松的奏折。直到这时，马援的家人才弄清楚马援的罪名。他们知道马援是蒙受了天大冤枉。于是，先后六次向光武帝上书，申诉冤情，言辞哀伤凄切。

云阳的前任县令朱勃也上书光武帝，为马援鸣冤。

奏章中说：

我认识的马援将军，在西州时，就敬仰皇上的英明仁义。为陛下经营陇、冀两地，他历经艰难险阻，九死一生。马援此人谋略出众，多如泉涌。他行动迅速灵活，出兵攻无不克，战无不胜。当年，出兵讨伐先零羌时，他的小腿曾经被飞箭射穿。他奉命征讨交趾时，抱着必死的决心，与妻儿诀别。后来，又带兵南征，迅速攻陷临乡。此次大军出征，已经立有战功。只是功业未成，马援却已经重病身亡。虽然，出征的官兵染上了瘟疫，但马援并没有置身事外，仍然和将士们一样。战争中，有人因持久作战而获胜，也有人急于求成，因速战而失败。长驱直入敌境作战，这未必是正确的做法。但是，不深入作战也未必是错误的。凭心而论，哪个人愿意长时间待在随时可能丧命的地方？二十二年来，马援为朝廷四处征战。北面，出塞到过大漠。南方，渡江到过海边。现在，他染上瘟疫，病死在军营里。又被人诬陷，毁了一世的英名，爵位被夺，封地失传。老百姓不知道他犯了什么过错，天下人不明白他的罪名。他的家人只能关紧自己家的门窗，无法将他送进祖坟安葬。一时间，窜出这么多对马援的怨恨和不满，这让马氏家族惶恐不安，惊慌失措。死去的人，无法为自己辩解。活着的人，也不能为他鸣冤。这让臣感到无比悲痛！英明的君主善于运用赏罚制度。曾经，高祖给陈平四万斤黄金，让他去离间楚军，却从来不过问这些黄金的去处，又怎么会怀疑军中钱粮花销的账目呢？臣恳请陛下，让公卿们来判定马援的功与过，由他们来决定能否恢复他的爵位。以此让百姓心安，不再议论此事。

光武帝看了朱勃的奏章后，对马援的愤恨有所缓解。

很早以前，朱勃十二岁的时候，已经能熟练的背诵《诗经》、《书经》，言谈举止，温文尔雅。他经常会去拜访马援的兄长马况。那时，马援才刚开始念书。看到朱勃小小年纪就有如此学识，马援觉得自己不如他，心中很失落。马况察觉到了马援的异常，亲自给马援倒了一杯酒，安慰他说："不要怕他。朱勃这是小器早成，他的才智也就到此为止了。最终，你的学识会高过他，不要泄气。"朱勃未满二十岁时，就被推荐做了渭城的代理县令。可是，直到马援做了新息侯的时候，朱勃仍然只是个县令。后来，马援虽然身居高位，时常会看在旧日的情分上关照朱勃。但马援内心又鄙视朱勃，有时还会怠慢、侮辱他。朱勃对马援的态度反而愈发亲近。马援遭人诬陷的时候，只有朱勃善始善终，始终如一，为马援伸冤。

马援死后，光武帝让宗均担任马援大军的监军一职。当时，军中半数以上的将士们都死于瘟疫。蛮军当时的处境也不好，饥困交加。

于是，宗均召集军中的将领，商议说："我们大军远道而来，如今军中瘟疫肆虐，已经不具备和蛮军战斗的能力了。我打算假传圣旨，招降蛮军，众位将军以为如何？"众将领听后，都跪在地上，没有人敢回应。宗均看到这种情况，说："将在外，君命有所不受。当前事关国家安全，我应当能独断专行。"

随后，宗均让伏波司马吕种出任沅陵的代理县长，并命令他带着伪造的圣旨，前往敌营，招降蛮军。自己则率领士兵跟在吕种的后面。

宗均此举，使蛮军恐慌不已。十月，蛮军士兵杀死了自己的首领，投降汉军。宗均占领了蛮军的大营，命令蛮夷士兵返回各自归属的郡县，还任命了一些地方的官员。武陵蛮夷叛乱就此平定。随后，宗均率军，班师回朝。

在回京的路上，宗均向光武帝上书，自我弹劾，坦承假传圣旨的罪行。光武帝不但没有责罚他，反而派人前去迎接，并赏赐金银财物，以示嘉奖。另外，光武帝还准许他在经过家乡时，去祖坟祭扫。

第 15 章　班超出使西域

东汉明帝永平十六年，即公元 73 年的春天，明帝下令，分别派遣祭肜和度辽将军吴棠统领羌人、胡人和南匈奴单于的一万一千名骑兵，从高阙塞出兵。窦固和耿忠带领一万二千名骑兵，从酒泉塞出发。耿秉和秦彭率一万骑兵，出张掖居延塞。来苗和文穆则率领一万一千骑兵，出平城塞。汉军兵分四路，向北匈奴进发。

窦固和耿忠负责攻击北匈奴的呼衍王。两人带兵直抵天山，杀敌一千多人。随后，又带兵追击，到达蒲类海，占领伊吾卢地区。窦固和耿忠在此处设置了宜禾都尉，并留下一部分将士，在伊吾卢城开荒屯田。

耿秉和秦彭一路军队，横穿六百里沙漠，追击北匈奴的匈林王。两人率军追至三木楼山后，才带兵返回。

来苗和文穆率军到达匈河岸边，北匈奴部众不堪一击，四散逃跑。

二人毫无斩获，无功而返。

祭肜与同行的南匈奴左贤王关系不好。他们从高阙塞出发，走了九百多里后，攻占一座山丘。南匈奴左贤王对祭肜撒谎，说此山就是涿邪山。结果，祭肜这路兵马找不到北匈奴的军队，只得下令班师回朝。

回朝后，有大臣弹劾祭肜和吴棠二人，认为他们畏敌不前，率军逗留，无功而返。祭肜随即获罪，被革职入狱。不久，他被赦免出狱。祭肜因痛恨自己被小人蒙骗，没能立下军功，出狱后，便一病不起。没过几天，祭肜就吐血而亡了。临终前，祭肜对儿子说："朝廷待我不薄，但是，我没能完成朝廷赋予的使命，未立寸功。如今，我就是死了，心怀悔恨。道义所在，无功不受禄。所以，我死了以后，你要把我的那些赏赐，全部登记在册，然后上缴朝廷。你要投身行伍，到军中，为国效命沙场，以遂我的心愿。"

祭肜去世后，他的儿子祭逢呈上奏章，向明帝陈述了祭肜的遗言。此时，明帝正要重新启用祭肜。听了祭逢的陈述后，明帝万分震惊，叹息不已。

自此以后，每次乌桓、鲜卑部落的使者到京城进贡朝贺，都要到祭肜的墓前，大声痛哭，祭拜一番。为了祭奠祭肜，辽东官员和民众还建立了祠庙，四季都举行祭祀。

在这次征讨北匈奴的战役中，只有窦固那路大军立有军功，窦固因此加官进爵。

奉窦固的命令，副司马班超与从事郭恂出使西域。班超首先到达鄯善国。鄯善王非常尊敬班超。接待时，礼节也非常周到。但是，没过多久，鄯善王的态度发生了变化，忽然变得非常冷淡和疏远。

班超对手下的人说："你们有没有感觉鄯善王对我们的态度发生了变化？"

众人说："应该没有什么其他的原因。胡人就是这样，做什么事都不持久。”

班超想了想，又说：“一定是匈奴的使者来鄯善了。这让鄯善王犹豫不定，不知道该亲近哪方。善于观察的人，能在事情还没发生前就有所察觉。何况现在事态已经如此明显，我岂能看不出来！”

于是，班超找来鄯善的侍者，假装已经知道了实情，若无其事地问他：“匈奴的使者已经来了几天了，不知道他们现在在哪儿啊？”

侍者听了，大吃一惊，只好如实回答：“他们三天前到的，住在离这里三十里远的地方。”

班超把侍者关押了起来。随后，他召集了全部三十六名手下，让所有人坐在一起，一同喝酒。等到喝到酣畅淋漓的时候，班超慷慨激昂地对众人说：“我们远离故土，来到西域，为的是建立功勋。现在，北匈奴使者刚来了三天，鄯善王就改变了态度，对我们冷淡，不讲礼节了。如果鄯善王为了讨好北匈奴，把我们抓起来交给那些使者。那我们岂不是就要留在异国他乡，变成豺狼口中的食物了吗？我想征求在座各位的意见，现在我们应该怎么办？”

大家一听，都表示：“如今，我们深处险境，一切听从司马的安排，愿与您同生死！”

班超听到众人的回答后，说道：“俗话说‘不入虎穴，焉得虎子。’当前，唯一可行的办法，就是午夜的时候，用火攻击匈奴使者。这种情况下，他们不清楚我们到底有多少的人，必然会惊慌失措。如此一来，我们就可以趁机除去他们。一旦没有了匈奴使者，鄯善王就只能与我们合作，其他的事情自然就好办了。”

大家听后，有些犹豫，说：“这件事应当和郭恂商量后，再做决定。”

班超听闻此言，非常生气，说：“生死成败就在今晚。郭恂只是一名文官。如果他知道我们的打算后，因为害怕而泄露了计划，那岂不是坏了我们的大事。人要是死的无声无息，那还算是英雄好汉吗！”

众人一听此言，同声说：“好！”

于是，入夜后，班超带着所有随从，直奔北匈奴使者的住处。碰巧当时刮起大风，班超让十几个人藏到匈奴使者营房的后面。这些人手中，都拿着战鼓。班超和他们约定，一旦见到火光，就一同大声呐喊着擂鼓。其他人则隐蔽在大门的两边，手中都拿着各式兵器。

而后，班超顺风点火。火乘风势。瞬间，匈奴人的住所周围火光一片，战鼓阵阵，杀声四起。匈奴人见状，惊魂不定，纷纷夺门而出。班超带领众人，顺势杀了过去。最终，北匈奴的使团中，约有一百多人被火烧死，另有三十几人被斩杀。其中，班超亲自杀了三名匈奴人。

第二天天亮后，班超带领众人返回住所。班超把夜袭匈奴营地的事情告诉了郭恂。郭恂听后，先是大为震惊，而后脸色一变，显露出有些失望的神情。班超看出了郭恂的想法，随即举起手，对他说：“虽然你没有参与昨晚的行动，但是，我怎么会把你抛到一边，独自居功呢！”郭恂听到班超这么说，才面露喜色。

而后，班超拜见鄯善王，将匈奴使者的首级拿给他看。鄯善王大惊失色。朝野上下惊恐不已。班超把汉朝的政策和恩德告诉了鄯善王，并极力安抚他。班超对他说：“希望鄯善国与北匈奴之间，从此不再有交往。”鄯善王对着班超叩头，说：“鄯善国愿向汉朝称臣，从此再无二心。”他还把自己的儿子作为人质，送往汉朝。

班超从西域归来后，向窦固汇报了此行的经过。窦固听后，非常高兴。他向朝廷详细呈报了班超的功绩，并请求朝廷选派使者，再次前往西域。明帝下旨告诉窦固，说：“既然有班超这样的人才，为什么还要另外选派其他人呢？朕任命班超担任军司马一职，再次出使，前往西域。”

窦固本打算为班超增加随从人员，跟随他前往于阗国。但是，班超却对窦固说：“这次前往于阗，路途遥远，而且于阗是西域的大国。

随从众多，目的是为了显示我大汉朝的强大。但是，万一有不测发生，人多反倒会带来别的麻烦。”所以，他坚持只带领之前跟随自己的三十六名随从。

当时，在西域南道，于阗王广德的实力最强。但是，于阗仍在匈奴的势力范围之内，受匈奴的监护。班超到达该国后，于阗王对班超非常冷淡。

于阗国信奉巫术。有位巫师对于阗王广德说：“天神发怒了，质问我们，为什么要向汉朝称臣？汉朝的使团中有一匹黑唇的黄马，赶快把那匹马找来，我要把它作为献给天神的祭品。”

于是，于阗王广德让宰相私来比向班超索要那匹马。班超早就暗中打探清楚了情况，随即答应了请求。班超提出要求，必须由巫师本人亲自来取马。不一会儿，巫师果然亲自来了。班超上前，一刀砍下了巫师的脑袋。同行的私来比也被班超抓了起来，抽了数百皮鞭。班超把巫师的头颅送还给广德，并谴责他的行为。于阗王早就听说过班超在鄯善国的事迹，如今看到巫师的首级，惊恐不安。他立刻杀了匈奴的使者，向班超表示臣服。班超为了安抚于阗国朝野上下，赏赐给他们很多财物。

至此，西域各国向汉朝称臣，纷纷送出王子作为人质，前往汉朝。西域和汉朝的关系在中断了六十五年后，通过班超的出使，再次恢复了交往。

第 16 章　谦虚谨慎的马太后

公元 77 年，汉章帝已经即位，做了两年的皇帝了。

这年的春天，汉章帝想对自己的几位舅舅，进行封赏。但是，这个想法遭到了马太后的反对。恰巧当时天气干旱，有人借机向汉章帝上书，说没有封赏外戚正是造成天气干旱的原因。所以，相关部门随即向皇帝请求，按照以往的惯例赐赏外戚。

后来，马太后就此事，专门颁布旨意。

诏书中说：

那些建议封赏外戚的人，是为了给自己谋求好处，所做的献媚之举。以前，王氏家族中，曾经有五个人在同一天被封为侯爵。但是当时，天气并没有下雨的迹象，而是漫天黄沙。过去的历朝历代，只要外戚权势过重，必定影响朝政，无法长久。所以，先帝在世时，对外戚的安排十分谨慎，始终没有让自己的舅舅担任重要的职位。先帝曾经说：'朕的儿子绝不可与先帝的儿子相比。'现在，为什么有人非要让马家与昔日的阴家相比呢！何况，阴家的卫尉阴兴，被天下人称颂。他待人接物，像蘧伯玉那样恭敬有礼。皇宫中的使臣刚到门前，阴兴急忙上前迎接，连鞋都顾不上穿。即便是性格刚强的新阳侯阴就，虽然有时会略失礼节，但是谋略过人，朝野上下无人可比。原鹿贞侯阴识，则是忠诚勇敢，有诚信的人。阴家的这三位出类拔萃，都是为人臣子中的佼佼者。有谁能与之相比！马家差远了，根本无法与阴家相比。我没有什么才能，因此日夜难安，时常担心自己的行为会损害先朝制定的法规。我昼夜不停地告诫自己，不放过任何一个细微的错误。

但是，我的家人们不断地犯错，触犯法律。例如办丧事时，修筑高大的坟墓。他们的行为有过失，又没有马上察觉，不能及时改正错误。这些都表明，没有人听从我说过的话。而我的耳朵和眼睛早就被蒙蔽了。

我作为一国之母，只敢穿着粗丝制成的衣服，日常饮食不敢要求味美香甜，从不使用香薰的饰物。身边的随从也只允许穿着普通帛布制成的衣服。我这样做的目的，就是要为天下人，起到一个表率的作用。我原以为，我的行为能让娘家人自我检讨，进而反思自己的所作所为。

没想到，他们对此视若无睹，竟然笑着说：‘太后一直都是这样节俭’。前一阵子，我从濯龙门经过，看到前往马家拜访的人络绎不绝，门前车水马龙。家中的奴仆穿着统一，都是绿色单衣，衣领衣袖白净如雪。我回头看看自己车夫的着装，相差太多，根本无法与之相比。对于马家的种种行为，我并没有加以谴责。只是每年都减少开销，希望这样能让他们自我反省，心生愧疚。但是，他们对此毫无觉察，依旧放任自己，从未有过忧国忧民的意识。人们常说，最了解臣子的人，就是君王。何况他们还是我的家人！我不能对上辜负先帝的一番苦心，对下损害前人的德行。难道要让前朝外戚乱政的灾祸，再次重演吗！

马太后坚决不允许封赏自己的家人。

汉章帝读了太后的懿旨，不停地叹息，再次向马太后请求：“舅父封侯，就像皇子封王一样，是自汉朝建立以来，就存在的惯例，是定制。即便太后对此有谦让之心，为什么单单让朕无法封赏三位舅父呢！何况卫尉马廖年事已高，城门校尉马防和越骑校尉马光都有重病在身。一旦他们突然离世，朕会因此而抱憾终身。所以，应当尽快封赏，不能再拖延了。”

太后回答道：“对于此事，我考虑再三，才做出决定。我这样做并不是阻止皇上施恩于外戚，只是能让国家和马家都受益。我怎么可能为了博取好名声，而让皇上遭受外戚的怨恨呢？以前，窦太后打算封赏王皇后的哥哥。丞相周亚夫就曾经进言：‘高祖规定，没有军功的人，不允许封侯。’建武中兴时期的阴家和郭家，人才辈出，战功累累。可是，马家的人从来没有为国家立有军功，怎么能和那样的家族相提并论呢！我曾经仔细观察过那些拥有多个官爵的富贵之家。官爵的重叠，就像树木在一年之中多次结果一样，必然会损伤它的根基。何况，人们想能够拥有爵位，也只是希望祭祀祖先时，能呈上丰足的供品，日常生活中，能丰衣足食罢了。现在，我娘家的祭祀所需物品，都有太官负责供给。平日里的吃穿用度，则是由御府提供。难道这样还不够吗？非要拥有自己的封地才可以吗？这个决定是我反复考虑过的，你就不要再有异议了！

子女孝顺父母，最好的行为就是让父母安心。当前，国内天灾不断，粮食的价格数倍上涨。我对此忧心忡忡，日夜难安。皇帝您不考虑民生大计，却以外戚封赏为先，还就此事上违背我的意愿，争执不休！我性格刚强，性子又急，气不顺，就会引发气痛之症。儿子未成年时，应当听从父母的教诲。成人之后，就应该以自己的意愿来行事。你现在已经是皇帝了，为人君主，自然可以按照自己的想法做事。只是因为你还在三年的服丧期，又是关于我娘家的事，我才这样独断决定。假如从此风调雨顺，边境安宁，那以后你可以完全依照自己的想法做决定，我绝不再干涉政事，只管含饴弄孙，颐养天年就好。”

听了太后的这番话，汉章帝最终打消了封赏外戚的念头。

太后曾经下诏书给三位辅政大臣：“如果马氏家族及其姻亲中，有扰乱、干预地方政事的，要依法处置，然后上报。”太后的母亲下葬后，陵墓的封土有点儿高，太后就此提出异议，卫尉马廖等人随即降低了封土的高度。对待家族中行为谦恭正直的人，太后总是好言相待，还会赏赐钱物，甚至官位。但是，如果有人犯了错，即便是很小的错误，太后也会神情严肃的加以训斥。太后还将那些穿着华服、不遵纪守法的亲族，直接从皇亲名册中除名，遣返回老家。广平王刘羡、钜鹿王刘恭和乐成王刘党，衣着简朴，车马上也没有金银类的装饰品。太后从汉章帝那里得知了三人的情况后，分别赏赐每人五百万钱。由于太后的教导和言传身教，不管是皇族还是外戚都以俭朴谦虚为荣。外戚家族的谨言慎行，甚至超过了明帝在世的时候。

太后还曾开设纺织屋，在濯龙园里种桑养蚕，并以此作为娱乐，经常前去查看。太后时常和汉章帝就国家大事，进行探讨。她还向小皇子讲述自己的经历，并传授《论语》等儒家的经书的知识。太后每天都过得和睦欢洽。

第 17 章　东汉名士郭泰

公元 164 年，二月，乡侯黄琼病逝，终年七十九岁。下葬时，前来吊丧的四方知名人士，竟有六七千人之多。

当年，黄琼还在家中讲授经书时，徐稚经常登门拜访，请教问题。后来，黄琼身居高位后，徐稚就不再和黄琼来往了。听到黄琼去世的消息，徐稚来到墓前吊丧。他把酒洒在地上，以此祭奠黄琼。徐稚失声痛哭一番后，转身离去。前来吊丧的名士们都不认识他，就问主持丧事的人。他回答说："之前，确实来过一名儒生。他的哭声非常悲痛，衣服很粗糙，穿得也比较单薄。但是，我没能记住他的名字。"众人纷纷说："那肯定是徐稚。"

随后，众人让善于言辞的茅容，骑快马去追赶徐稚。茅容追到徐稚后，买了酒和下酒菜，请徐稚与自己一同享用。茅容向他询问相关国家大事时，徐稚一言不发。茅容转而谈论起农事，徐稚这才和他交流。

茅容回来后，把自己与徐稚交谈的情况，告诉了众人。其中一个人说："孔子说过'如果遇到可以沟通的人，却不和他交谈，未免会失礼于人。'如此说来，徐稚岂不是失礼于人了。"

郭泰说："不能这样说。徐稚这个人，为人很清高。饥饿时，从不轻易接受他人馈赠的食物。寒冷时，也不会把别人的衣服随便穿在身上。他既然接受了茅容的邀请，一起吃肉喝酒。这就表明，他对茅容贤能已经有所了解。至于，他不回答有关国家大事的问题，大概是因为在这方面，我们可以赶得上他的智慧。但是，他故作愚昧，却是我们赶不上的。”

郭泰非常善于辩论，而且学识渊博。他刚到洛阳求学时，很多人都不知道他是谁。但是，符融见过他后，对他赞不绝口，随即向河南尹李膺推荐了郭泰。李膺见到他后，说：“我见过很多读书人。但是像您这样的人，我还是第一次遇到。您非常聪明，而且悟性很好，心思缜密，举止高雅。在当今国内，估计能与您相提并论的人不多。”随后，李膺和郭泰结为了好友。郭泰因此而名震京城。等到郭泰从洛阳返回家乡时，许多官员和士绅以及儒生前来送别。在黄河渡口，送别的车子足有数千辆之多。李膺亲自送郭泰渡河。看着船上的二人，送行的宾客都认为两人的风采，堪比神仙。

郭泰特别善于识别人的本性。他喜欢教导和奖励读书人。他也很喜欢周游四方，足迹遍布各个郡县。郭泰和茅容第一次相见时，茅容已经四十多岁了。当时，茅容和一起干农活的同伴在树下避雨。其他人都随意的坐在地上，只有茅容一个人，坐的非常端正。郭泰正好路过这里，看到这样的情景，十分惊讶。随即向茅容请求借宿一晚。第二天，茅容杀了一只鸡，作为食材。郭泰以为茅容这是为自己准备的饭菜。结果，茅容将半只鸡分给了自己的母亲，剩余的半只鸡则收起来，放进橱柜里。自己与客人一同吃简单的饭菜。

郭泰对茅容说：“你的贤德已经远远高于常人。我招待客人时，还会减少父母的用度。而你的行为却恰恰相反。你真是值得我结交的朋友啊！”郭泰随即起身，向他行礼，并劝茅容要多读书学习。最终，茅容成为了一个德行很高的人。

孟敏在太原郡居住时，肩上扛的瓦罐，一不小心掉在了地上。可他一眼也不看，就离开了。郭泰对他的举动非常好奇，就问他为什么？孟敏答道：“瓦罐掉在地上，已经碎了，再看它又有什么用呢？”郭泰由此认定孟敏的决断能力非常强，便和他攀谈起来。郭泰了解到孟敏的性情和天赋后，就极力劝说他到外地求学。后来，孟敏成为当时一个非常有名的人。

由于家境贫寒，申屠蟠经常要出门去做油漆工，贴补家用。庾乘年少的时候，曾在县衙内做过看门人。但是，郭泰见到他们时，从不轻视，总是另眼相待。后来，二人都成了当时的知名人士。还有人多人，出身卑微，都因为受到郭泰引荐和鼓励，最终成就非凡。

有一名陈国少年，名叫魏昭。他对郭泰说："找一位能讲授经书的老师很容易。但是，一位能传授做人道理的老师却是可遇不可求的。我愿意侍奉您，为您打扫房间和庭院，只求能跟在您的身边学习。"郭泰答应了他的请求。

有一次，郭泰因为身体不舒服，就让魏昭煮粥给自己喝。煮好后，魏昭把粥端给郭泰。郭泰却大声呵斥他，说："你为长辈煮粥，心中不存敬意，这粥我没办法喝。"说罢，便把粥碗摔到地上。魏昭重新煮粥，煮好后，再次端给郭泰。郭泰再一次喝斥了他。一连三次，魏昭对待郭泰的态度和脸色没有任何的改变。于是，郭泰对他说："一开始，我只看得到你的表面。现在，我看到你的内心了！"随后，便把魏昭当做自己的好友一样看待。

左原曾是郡学的学生，因为做了违反法律的事，被郡学开除。郭泰遇见他后，特意准备饭菜和酒水招待他，安慰他说："很早以前，颜涿聚本是梁甫地区的一名盗贼，后来却成为了齐国的大忠臣。段干木原是晋国的一名商人，后来变成了魏国有名的贤德之人。像蘧瑗、颜回这样的人还会犯过错，跟何况是其他人呢？你要反省自己的行为，查找自身的过错，千万不能心存怨恨。"左原在耐心听取了他的劝导后才离开。有人借机讽郭泰，说他与恶人交往。郭泰说："对于不仁的人，如果过度的厌恶他，只会让他犯下更大的错。"

后来，左原没能消除心中的怨恨，召集了一些自己的朋友，准备报复郡学里的学生。刚好这天，郭泰也在郡学。左原觉得自己辜负郭泰对自己的劝导，惭愧不已。于是，左原转身走了。这件事传开后，大家都十分佩服郭泰。

曾经有人问范滂：“郭泰是个怎样的人？”

范滂回答：“他隐居山林，却不离开双亲。他做人坚贞，但是不脱离世俗。天子不能强迫他做臣子。诸侯迫使他与自己成为朋友。我只知道这些，除此以外的，我就不知道了。”

第18章　宦官和外戚的争斗

窦妙是东汉桓帝的皇后。后来，桓帝去世，年幼的灵帝即位，窦妙被尊为太后，临朝主持朝政。起初，在册封皇后这件事上，陈蕃曾经尽力帮助过她，所以窦太后信任陈蕃，就把大小政事全都交给他处理。陈蕃和窦武同心协力，辅佐朝政，征召贤才，后来天下闻名的李膺、杜密、尹勋、刘瑜等人，都应召进入朝廷，参与朝廷政事。天下的士人，早就盼着太平盛世，看到如今政治清明，就好像看到了希望，无不翘首企盼。

然而，灵帝的奶妈赵娆跟女尚书们，日夜守候在窦太后的身边，使别人不能接近她。这些人和中常侍曹节、王甫等人互相勾结，极尽巧言令色之能事，讨好窦太后。窦太后被他们蒙蔽，多次颁布封爵拜官诏书。陈蕃、窦武对这些人深恶痛绝。有一次，文武百官在朝堂上议事，陈蕃私下对窦武说：“先帝在世时，曹节、王甫等人，就败坏朝纲，扰乱天下。今天如果不将他们除掉，将来他们形成气候，就更难下手。”窦武对此非常赞同。陈蕃高兴地推开桌子站起身来。尚书令尹勋等人也有此意，于是，窦武便把他们找来，商定除去宦官势力的计策。

正好，这时天象有变，出现日食。陈蕃对窦武说：“汉宣帝时，萧望之中正耿直，却困在一个宦官石显手里，何况今天有数十个石显这样的人！我已经八十岁了，只想帮助将军铲除祸根。现在天象变异，出现日食，正可抓住这个机会，将这些宦官除去。”

于是，窦武禀告太后说：“旧日的典章制度规定，黄门、常侍是负责宫廷门户和财务管理的职务，只在宫内供职。可是，现在他们却登堂入室，参与朝廷政事，掌握朝政重权，让自己的家人子弟，充斥朝野，专门乱使权利，聚敛钱财。为了肃清朝政，臣认为应当把他们全部杀掉。”

窦太后听闻此言，大吃一惊，说：“按照汉朝建立以来的典章制度，世代都有宦官。只要杀死那些有罪的宦官就可以了，怎么可以把全部的宦官都除掉呢？”

当时，任中常侍的管霸，有才能，也有谋略。他在禁宫中，经常独断专行。窦武向窦太后请求，准许把管霸先抓起来，随后处死了中常侍苏康等人。后来，窦武多次请求除去曹节等人。但是，窦太后一直犹豫不定，拿不准主意，事情就这样被拖延了下来。

陈蕃上书说：“现在洛阳的民心浮动，街头巷尾都在传言，说侯览、曹节、公乘昕、王甫、郑飒等人扰乱朝政。依附他们的人，便能加官进爵。和他们做对的人，则会遭到陷害。当前，朝堂上的文武百官，只知道保住自己的荣华富贵，畏惧权势，像水流中的浮木一样，左右徘徊不定。如果不能尽快除去这些人，日后必定会发生灾祸，进而危害国家。臣请求太后将这份奏章，公之于众，让全天下的佞臣都知道我对他们的痛恨。”

窦太后没有采纳他的建议。

这个月，天象显示，金星深入太微星座，侵犯房宿上将星。侍中刘瑜精通天文，他认为这样的天象，是不祥之兆。于是，刘瑜上奏窦太后，说："此天象不吉利，会对将相不利。太后应当关闭宫门，提防身边有奸人作乱，请尽早防范。"与此同时，刘瑜还写信给窦武和陈蕃，提醒说，星辰错乱，恐怕会对朝中大臣不利，应当尽快确定计划，采取行动。

于是，窦武和陈蕃让朱寓担任司隶校尉的职务，虞祁任洛阳县令。窦武上奏，罢免了黄门令魏彪，让自己的亲信小黄门山冰接替魏彪的职务。随后，窦武弹劾长乐尚书郑飒，并把他抓了起来，送进了北寺监狱。陈蕃对窦武说："这群家伙，抓住后就应该立刻杀掉，还要留着审问吗？"窦武没有听从陈蕃的建议，他让山冰、尹勋和侍御史祝一起审问郑飒。郑飒在自己罪行的供辞中，牵涉到了曹节和王甫。尹勋和山冰依据这份口供，上奏窦太后，准许将曹节等人抓捕归案。两人把这份奏章交给了刘瑜，由他呈递给太后。

九月初七，这天刚好是窦武的假日。窦武离开皇宫，回家住宿。负责奏章的主管太监知道这个消息后，告诉了长乐五官史朱瑀。朱瑀偷偷拆看了窦武的奏折。他看完奏章后，气得破口大骂："那些放任自己的宦官，罪有应得，理当被杀。但是我们这些老老实实的人有什么错？为什么连我们也要被灭族？"随后，他在宫中大声喊道："窦武和陈蕃大逆不道，竟然奏请皇太后，要废黜皇帝！"

于是，朱瑀迅速召集了长乐从官史共普、张亮和几个与自己亲近的年轻宦官，共十七人，歃血盟誓，决定联合起来杀掉窦武等人。

曹节听闻消息后，慌忙跑到灵帝面前，对他说："陛下，情况紧急，请您快尽赶到德阳前殿去。曹节让奶妈在灵帝的身旁保护，并教灵帝拔出佩剑，做出兴奋杀敌的样子。随后，曹节将符信收好，让人关闭了宫门。他拿刀威逼尚书台的官员写下诏书，让王甫担任黄门令。

曹节让王甫带着诏书前往北寺监狱，去抓捕尹勋和山冰二人。山冰怀疑诏书是假的，坚决不接受，最后被王甫所杀。接着，王甫又杀了尹勋，救出了郑飒。

随后，王甫带领卫兵匆匆赶回皇宫，夺了皇帝的玉玺，劫持了窦太后。他又命令中谒者关闭宫门，看守南宫，切断了连接北宫的复道。而后，王甫又让郑飒等人持诏书，带领皇宫中的侍御史和谒者，去抓捕窦武等人。

窦武不接受诏书，只身跑到了步兵校尉军营。他和侄儿，步兵校尉窦绍一起，杀了传旨的宦官。窦武随即召集了北军五校尉营数千名将士，屯兵于都亭下。窦武对将士们说："现在，黄门和中常侍的宦官，谋反叛乱，尽力平叛者，事后必封侯重赏。"

陈蕃听到宦官谋反的消息，连忙领着自己的下属、学生和门客八十多人，手持刀剑，直闯承明门。一行人来到尚书台门前，陈蕃振臂高呼："窦武大将军赤胆忠心，一心为国。如今是宦官犯上作乱，怎么反而诬陷窦武将军大逆不道？"

这时，王甫正好走出来，听到陈蕃的话，怒斥他道："先帝刚去世没多久，陵墓还没修好。窦武能有什么功劳？他们父子三人同时封侯，家中竟然聚敛了上万的资产。身为朝廷官员，却有如此行为，这难道不是无道之举吗？你作为宰相，与官员相互勾结，私下结党，你还想去哪儿捉拿叛贼？"说罢，王甫就命令一旁的卫兵上前抓捕陈蕃。陈蕃拔出剑，神情严肃，言辞犀利地驳斥王甫。最终，陈蕃还是被士兵抓住，关进了北寺监狱。

在狱中，一名黄门的小太监，用脚踩着陈蕃，得意洋洋地说："老不死的东西，现在没办法裁减我们的人数，克扣我们的俸禄了吧？"当天，陈蕃在狱中被宦官折磨致死。

此时，碰巧护匈奴中郎将张奂，奉命返回京城。曹节等人认为，张奂刚回到京城，不了解事情的内情。于是，曹节假传圣旨，让周靖升任行车骑将军，并命令周靖和张奂一起，带领五校尉营剩余的士兵，追捕窦武。

天微微亮的时候，王甫带着一千多名羽林军和虎贲武士，从朱雀掖门出来，与张奂会合后，一起到达皇宫正门，与窦武对峙。此时，王甫手下的士兵多于窦武的部队，占了上风。他让手下向窦武的士兵喊话："你们是皇帝的卫队，指责是保卫皇宫的安全，为什么要追随窦武谋反？先投降的人有重赏！"

北军五营校尉府的官兵，对宫中的宦官素来有所畏惧。听到这样的喊话，陆续有士兵投降了王甫。到了吃早饭的时候，窦武手下的几千名士兵几乎跑光了。窦武和窦绍万般无奈之下，只好逃走。但是有好几路官兵，对他们围追堵截。最终，两人都自杀身亡。窦武和窦绍的首级被砍下来后，挂在洛阳的都亭，以示众人。

随后，窦武的亲族、姻戚和宾客被大肆搜捕，全部被杀，无一幸免。侍中刘瑜和屯骑校尉冯述，则是被灭了全族。虎贲中郎将刘淑和前尚书魏郎，被宦官诬陷，是窦武的同党。结果，二人自尽身亡。窦太后被迁入南宫居住。窦氏家族的其他人被流放到日南郡。文武百官中，凡是与陈蕃、窦武有关联的官员，一律被罢官，从此不再录用。

议郎巴肃曾经参与过窦武的计划，但是曹节等人不知道此事。因此，巴肃只是被罢了官。后来，曹节发现巴肃参与过密谋，立刻下令追捕他。巴肃得知消息后，自己到了县衙。县令将巴肃领到后院，打算留下官印，与巴肃一同逃走。巴肃对县令说："做臣子的，不敢隐藏自己的谋略，有了过错也不会逃避刑责。既然我当初没有隐藏自己的谋略，那今天又怎么会逃避刑罚呢？"不久，巴肃被杀。

朱震是陈蕃的朋友。陈蕃死后，朱震收殓并安葬了他。朱震还偷偷地把陈蕃的儿子陈逸藏了起来。后来，被人发现，朱震全家男女老幼都被抓入牢中。朱震经受了严刑拷打，致死也没有透露陈逸的下落。陈逸因此得以活命。窦武府中的胡腾，因安葬了窦武的尸体，并为他发丧，受到了终身不得做官的处罚。窦武的孙子窦辅，当时才两岁。胡腾让他冒充自己的儿子。而后，跟随张敞逃到了零陵郡境内，保全了性命。

后来，张奂在政变中有功，被封侯爵，担任大司农的职务。但是，张奂在了解政变的详情后，对自己中了曹节等人的奸计，懊恼不已，坚决不接受爵位。

这次政变后，曹节、朱瑀、共普、张亮等人被封为侯爵，王甫做了中常侍，仍旧掌管黄门令。士大夫们看到宦官得志，对此十分愤恨，但也没什么办法。至此以后，汉灵帝变成了宦官手中的傀儡。宦官完全掌控了朝政，更加肆意妄为了。

第 19 章　猖狂的宦官

南北朝时期，小国林立。在北方的汉国，宦官掌权，朝政混乱。

后宫中的常侍王沈、宣怀，中宫的仆射郭猗等人，都因为受到汉主刘聪的恩宠而手握大权。而刘聪自己呢，只知道到后宫游玩享乐，他有时昏睡三天，曾经甚至百余天不踏出后宫。这么长时间不理朝政，政事全都由相国刘粲定夺，只有判定大臣生死或是官员职位升降时，刘聪才让王沈等人进宫，亲自听取报告。而王沈等人往往欺上瞒下，根据自己的好恶决断是非，致使那些功高的旧臣不被任用，而那些只知道阿谀奉承的奸佞小人却能在短时间内平步青云，轻易取得高官厚禄。那个时期战事频发，浴血奋战的将士们得不到应有的奖赏，而后宫之中，侍僮仆人的赏赐动辄几千几万。王沈等人车乘服饰十分讲究，府第豪华，亲王们都比不上，他们的弟子、亲戚好多都身居要职，而且贪婪残忍，为害百姓。当时的权臣靳准不惜发动全宗族来取悦王沈这些人。

郭猗和靳准都与太弟刘有仇，郭猗就在相国刘粲面前造谣说："殿下您是光文帝刘渊的长孙，当今皇上的嫡子，是众望所归，为什么却想把天下传给太弟呢？我听说太弟刘与大将军刘骥早就密谋发动叛乱，一旦事成，皇上将成为太上皇，大将军刘骥将被封为皇太子，他们还允若封卫将军刘劢为大单于。这三个人深得当今皇上信任，并且都兵权在握，他们要是谋反，哪有不成功的？况且太弟刘和大将军刘骥都是贪图小利之人，他们一旦得逞，皇上都难以得到保全，殿下您就更不用说了。到那时，东宫、相国、单于的位置，都是太弟刘的儿子刘武陵兄弟的，别人怎么会有机会呢？这样看来，您就要大祸临头了，应早做准备。我曾多次向皇上进言，可皇上心怀仁厚，爱重亲情，我只是个宦官，皇上终究不能完全信任我。今天的谈话，希望殿下保密，由您向皇上密奏，太弟刘要谋反。殿下如果不相信我，可以召大将军从事中郎王皮、卫军司马刘来，允许他们自首免罪，再审问，就明白了。"刘粲将信将疑。

郭猗私下对王皮、刘说："太弟刘和大将军刘骥二王谋反，皇上与相国刘粲都知道了，谋反之事你们可有参与？"二人惊骇，说："不曾参与！"郭猗说："这件事已有定夺，可惜呀，你们那些无辜的亲朋都要被牵连灭族了！"说完还流泪不止。二人惊慌失措，不住地磕头求饶。郭猗说："我给你们出个主意，你们一定要按我说的做。相国问起，你们只说'确有此事'，如果相国斥责你们为什么不事先禀报，你们可以这样回答：'我们深知罪孽深重，万死不辞，但是顾虑到皇上宽厚仁爱，殿下也是敦厚温和之人，如果禀报而不被信任，就会以诬陷挑拨之罪被处死，所以不敢进言。’”王皮、刘点头称是。刘粲召二人询问，他们进见的时间不同，但说法却完全一致，刘粲对太弟刘谋反的事信以为真了。

靳准又对刘粲说：“殿下应早日入主东宫，成为皇位继承人，同时兼任相国，这样一来天下人才有所寄托。现在民间盛传，大将军、卫将军想以太弟为尊谋反，时间就定在今春三月。如果太弟得到天下，哪还有殿下您的立足之处啊？”

刘粲很惊慌：“那我该如何是好？”

靳准说：“现在揭发太弟谋反，皇上肯定不相信。我们可以先放开对东宫的监视，让宾客能够自由出入，太弟又喜好结交高雅之士，一定不会对解禁心存怀疑。那些轻薄的小人为了迎合太弟的心意，肯定会为他谋划。到那个时候，我来替殿下表奏太弟的罪行，殿下再拘捕审问太弟的宾客和与太弟有来往的人，有了狱案的供词，那皇上就不得不信了。”

于是，刘粲按照计划下令解除了监视。

少府陈休、左卫将军卜崇，清高正直，对王沈等人一贯深恶痛绝，即使同朝议事，也对他们嗤之以鼻，毫不留情。王沈等人早就对他们怀恨在心。侍中卜劝陈休、卜崇说：“王沈等人权倾朝野，你们谁像东汉窦武那样与皇帝关系亲近，谁又能像东汉陈蕃那样谋划除去宦官势力？不要引火烧身了！”陈休、卜崇反驳道：“我们已年过半百，官位已经很高了，死而无憾了！况且为忠义而死，死得其所。怎么能苟且偷生屈就阉宦呢？好了卜公，言尽于此吧！”

就在这一年的二月，汉主刘聪从后宫来到上秋阁，下令拘捕了陈休、卜崇和特进綦毋达、太中大夫公师、尚书王琰、田歆、大司农朱诞，并将他们全部处死。王沈等人暗自窃喜，因为这样正好除去了他们的心腹大患。侍中卜痛惜贤臣，哭着劝谏刘聪说：“现在战火频仍，国家正是用人之时，陛下恭求贤能之士唯恐不及，怎么能在一个早晨就杀了七个大臣？他们都是国家栋梁，这样做恐有不妥。即使陈休等人有罪，陛下也应下令有关部门彻底严查，罗列罪状，诏告天下，这样世人才能了解他们的罪行啊！诏令还在我那里，没敢向大家宣布，还望陛下三思。”说完不住磕头，直至血流满面。王沈喝叱卜说：“卜侍中想要抗旨不尊吗？”刘聪愤然，拂袖而去，侍中卜也被贬为庶人。

太宰河间王刘易、大将军勃海王刘敷、御史大夫陈元达、金紫光禄大夫西河人王延等人，联名上奏，劝谏刘聪：“王沈等人伪造圣旨，只手遮天。在宫内，对陛下谄媚；在宫外，巴结相国。他们结党营私，祸及海内，权势强盛，势力之大和君主没什么两样。陈休等人正直忠诚，为国家鞠躬尽瘁，矢志不渝，王沈等担心这些忠臣揭露他们欺天瞒日的罪行，所以千方百计的诬陷他们，借陛下之手铲除异己。陛下不但不明察，反而对忠臣处以极刑，天地动容，又如何向世人交代。现在国家局势复杂，晋朝仍有残留没消灭，巴、蜀不来朝见，石勒图谋占据赵、魏地区，曹嶷又对齐地虎视眈眈。放眼四海，哪一处不是岌岌可危？陛下却还宠信王沈等人，杀害忠臣，长此以往国家将会病入膏肓，以后即使想抢救，也来不及了。臣等请求免除王沈等人的官职，彻查他们，按照有关律令治罪。”

刘聪看完，把奏表给王沈等人看，笑道：“这群人被陈元达带坏了，都开始胡言乱语了。”王沈等人磕头痛哭，告罪道：“我们这些人身份卑微，承蒙陛下错爱，得到提拔，才能够为陛下扫洒闺阁。王公、朝臣视我们如仇敌，对陛下说了那样的话。愿陛下把我们放到鼎沸的油锅中，大臣们就没有非议，朝廷自然也风平浪静了。”

刘聪说：“这些狂言乱语我不会当真，你们何必放在心上。”不久，刘聪向相国刘粲打听王沈等人为人作风，刘粲赞不绝口，说王沈等人忠心清廉，是可用之人。刘聪很高兴，将王沈等人封为列侯。

太宰刘易再次上奏疏，极力劝谏，刘聪非常生气，将这份奏疏撕得粉碎。刘易心怀怨愤，三月，郁郁而终。刘易向来忠心率直，陈元达以他为靠山，才能够放心的直言劝谏。刘易去世后，陈元达痛哭失声，说："《诗经》中说：'贤能的人死了，国家一定会陷入窘困。'我既然不能再尽忠直言了，默不作声地苟延残喘还有什么意思？"回去后便自杀了。

君主昏庸，奸臣当道，即使有再多的贤臣也无济于事啊！

第 20 章　西晋灭亡

魏晋时期，小国混战，各国都想通过吞并其他国家来壮大自己的实力。北方的汉国实力逐渐强大，公元 316 年，汉国大司马刘曜带兵围困长安，西晋面临灭亡的危机。

西晋将领焦嵩、竺恢、宋哲都带领军队援救长安，散骑常侍华辑监督京兆、冯翊、弘农、上洛四个郡的军队，在霸上驻扎，但他们都畏惧强悍的汉兵，不敢贸然前进。相国司马保派遣胡崧带兵出战，胡崧在灵台大败汉大司马刘曜。但是，胡崧存有私心，担忧国家重新振作起来后，麴允、索琳的势力变强，影响自己的地位，就带领城西各郡军队驻扎在渭水以北地区，停止前进，随后带着自己的军队回槐里了。

刘曜见有机可乘，随即带兵攻陷了长安的外城，麴允、索琳退到小城以求自保。城内外失去了联系，城中粮食紧缺，一斗米能卖到二两金子，人们都饥肠辘辘，甚至出现了人吃人的现象，城里人死了一大半。士兵们为了保命纷纷逃亡，根本无法控制，只有凉州的几千名义兵，誓死不动。麴允在京城粮库里只找到几十个麦饼，他把麦饼弄碎做成粥给愍帝吃，没多久也吃光了。

十一月，愍帝哭着对麹允说：“现在城中粮食奇缺，城外又无救援，我应该出去投降，即使被羞辱也在所不惜，这样士人、百姓才能够活下来。”说完又感叹道：“国家颓败至此，都是麹允、索琳二公造成的！”愍帝招来侍中宗敞，派他递交投降书给刘曜。

索琳知道后，暗自扣留令了宗敞，又派自己的儿子传信给刘曜：“现在城中的粮食充足，还能维持一年呢，很难攻克，如果答应封索琳为仪同、万户郡公，那我们愿意献城投降。”刘曜杀了索的儿子，送回尸首，说：“我们是帝王之师，按照道义行事，光明磊落。我带兵十五年，每战必竭尽全部兵力，拼杀到底，然后占取该地，从不靠诡计破敌制胜。如果你们粮食还丰足、军队还强盛，那就竭尽全力，坚持到底；但如果军粮用尽，兵势微弱，你们也应该早日顺应天意。”

十一月初十，宗敞才将愍帝的投降书送到刘曜的兵营。

次日，愍帝拉着棺材出东门投降。他乘着羊车，口含献给刘曜的玉璧，袒露臂膀以示谦恭，群臣痛哭失声，登车去拉愍帝的手，愍帝也泪流满面。御史中丞冯翊人吉朗悲叹道：“我文不能为国家出谋划策，武也不能为国拼死杀敌，现在还要君臣相随，向贼寇俯首称臣，实在羞愧难当！”说完就自杀了。

刘曜烧了愍帝所带的棺材，接受了他的玉璧，派宗敞侍奉着他回宫。

十三日，愍帝以及公卿大臣被迁到刘曜的兵营中。

十七日，他们被送到平阳。

十八日，汉君主刘聪在光极殿上接受愍帝的叩拜大礼。麹允伏地痛哭，悲痛不已，扶都扶不起来，刘聪一气之下把他关入了大牢，麹允不能忍受这种羞辱，自杀了。刘聪任命愍帝为光禄大夫，封为怀安侯，任命大司马刘曜为假黄钺、大都督、都督陕西诸军事、太宰，封为秦王。天下大赦，改年号为麟嘉。允忠心刚烈，被追赠为车骑将军，谥号为节愍侯；索叛国不忠，斩首示众。刘曜把尚书梁允、侍中梁浚等人以及各郡太守都杀了，华辑闻信，逃奔南山去了。

西晋开国皇帝司马懿，雄才大略，性格深沉内敛，城府极深，但胸怀博大，善于驾驭权术，知人善任。于是百姓得到百姓的拥戴，晋朝由此建立。接下来的两位继任者都继承了先辈事业，消除了内乱，巩固发展了前人的基业。世祖司马炎，登基之后，体恤百姓，生活节俭，宽容而决断英明，统治的疆域广大，皇威远慑边陲地区。当时民谣唱道“天下无穷人”，由此可见，即使没有天下太平，百姓也已经能够安居乐业了。

司马炎去世之初，尸骨未寒，宗室内部便分崩离析，高高在上的王侯将相失信于民。政权混乱，军队松散，地方上没有坚贞忠诚的将士，关隘城门还没有茅屋坚固。外族入侵，怀帝、愍帝卑躬屈膝，为什么呢？昏庸无能的人掌权，礼义廉耻的道德标准被废弃，对待政务敷衍了事，得过且过。

根基深广，就难以颠覆，政务清明，百姓才拥戴，千秋基业才能牢不可破。前期的统治者能够长治久安，就是这个道理。周朝从后稷开始就爱护百姓，经过十六代后周武王成为君主，就是因为根基牢固。晋朝建立之初，本就不像古代的周那样根基深厚，再加上朝廷中缺少忠诚正直的贤臣，民风败坏，正确的道德标准丧失。求学的人只喜欢夸夸其谈，轻蔑礼教和谦逊；修身的人行为放荡不羁，瞧不起节操信用；求官的人为得到官职不择手段，鄙视遵循正道；当官的人是非不分，荒废政务，耻笑恪守职责，勤政爱民。那些依靠阿谀奉承，不务正业的却还能声名显赫于海内。那些日理万机，兢兢业业的人，都被嗤笑贬低，视为尘土！从此善恶不分，人们只知道追逐功名利禄。选拔官吏只看家世背景，当官的人为谋私利，破格录用皇亲贵戚世家豪族的子弟。悠悠人世，全都是追逐名利的士人；朝廷百官，没有举贤让能的行为。礼制法度刑罚政令，都被严重破坏了。“国家的根本颠倒了，恐怕就要灭亡了。”就是说这种情况！

世风日下，国家颓败，情况已经这么糟糕，就是让平常，墨守成规的君主来治理，都还要可能发生祸乱而担惊受怕，更何况晋朝惠帝用骄奢淫逸的行为方式来君临天下呢？怀帝继任于危难之时，大权旁落，受制于权臣。愍帝即位时，朝廷已徒有虚名。晋朝大势已去，没有治世雄才，想要挽回是不可能的了！

第21章　慕容巧用离间计

西晋刺史崔毖在中州时声望很好，管辖辽东时，想凭借自己是正宗汉族，招纳流亡的汉族百姓，壮大自己实力，割据一方。但是大多流民都归附了鲜卑的慕容，他非常不服气。崔毖几次三番派人招纳百姓，可这些百姓都不愿来归顺，他怀疑是慕容故意扣留他们。为了剪灭慕容，他暗地游说高句丽、段氏和宇文氏，联合他们攻打慕容，约定事成之后，分割他的辖地。崔毖的亲信、勃海人高瞻认为此事不妥，极力劝谏，崔毖却充耳不闻。

慕容部听说高句丽、段氏、宇文氏三国联合，众将士群情激奋，纷纷请战，慕容说：“他们被崔毖诱惑，都只想乘机谋利。这些乌合之众，谁都不服谁，很难一致发号施令，但是现在三国力量刚刚会合，士气正盛，立即迎战对我们不利。我们只能防守，用时间来消磨他们的锐气。天长日久，他们必互相猜忌。一来顾虑我和崔毖联合使诈，借机消灭他们；二来三国之间也互不信任。等到对方人心涣散，我们再进攻，他们一定一败涂地。”

三国军队兵临棘城，慕容一方面闭门不战，另一方面，堂而皇之地派遣使者用牛和酒犒劳宇文氏。高句丽和段氏心存怀疑，害怕宇文氏已与慕容勾结，带领各自的军队退了回去。宇文氏首领悉独官说：“就算高句丽和段氏都回去了，我自己也要攻下慕容。”

宇文氏士兵将众多，营寨绵延四十里。为了抵御强敌，慕容派人召回身在徒河的儿子慕容翰。慕容翰派使者回复说：“悉独官带领全国的军队前来侵犯，人多势众，现在敌众我寡，难以力敌，只能智取。城中的现有的军队，已足够防御，就让我守在城外，等待时机，里应外合，一定能出奇制胜。如果现在把兵力集中起来，他们没有了后顾之忧，就可以专心攻城了，不利于取胜。而且这样做民众会以为我们怕了他们，到时候还没开战，我们就先输了士气。”慕容犹疑不决。辽东人韩寿对慕容说：“悉独官穷兵黩武，有攻城略地的志向。将领们不可一世，士卒们却疲惫不堪，军心涣散，如果突发奇兵，攻其不备，必定能够取胜。”慕容这才同意慕容翰留守徒河。

悉独官听说慕容翰留在徒河，说：“慕容翰素来骁勇善战，做事果敢。现在不进城，日后或许会成为祸患，不如先把他攻下，城里不足为患。”于是分出数千骑兵攻打慕容翰。慕容翰得到消息，派人假扮成段氏的使者，在半路上等待迎接悉独官的骑兵，给他们传信说：“长久以来，慕容翰就是我心头之患，听说你们将要进攻他，我们也整装待发，你们可以全速前进了。”使者出发之后，慕容翰立即出城部署，打好埋伏，等待宇文氏的军队。宇文氏的骑兵见到使者，大为高兴，放松了戒备，快马加鞭，很快就进入了伏击圈。慕容翰突然出击，打了他们个出其不意，溃不成军。慕容翰并没有就此罢手，而是乘胜追击，他派遣密使告诉慕容，可以出战了。慕容命其子慕容仁和长史裴嶷率领精锐士卒为前锋，自己统领大军随后。战前悉独官并没有设防，听说慕容突然来袭，惊慌失措，倾巢出战。两军前锋刚刚交战，慕容翰率领千余骑直捣黄龙，纵火烧了悉独官的军营。悉独官的士卒丢盔弃甲，方寸大乱，战败不在话下。悉独官只身逃脱，他的部下都成了慕容的俘虏，连皇帝的三个玉玺都被缴获了。

这件事很快传到了崔毖的耳朵里，他心中恐惧，派兄长之子崔焘到棘城假装祝贺。正巧遇上高句丽、宇文氏、段氏三国使者来向慕容请和，他们都推脱说："我们本意并不想与你为敌，都是崔毖挑拨的。"三国使者和崔焘不期而遇，并对他怒目相向，拔刀相对，崔焘觉得理亏又害怕，不敢反抗。慕容让崔焘传信给崔毖说："投降是最佳选择，逃跑是最坏的选择。"并派兵士跟随崔焘。崔毖害怕慕容报复他，带着几十个人逃到高句丽去了，其余部众全部投降慕容。慕容封儿子慕容仁为征虏将军，镇守辽东，其余各部，一切照旧。

高句丽将领如奴子在河城据守，慕容派将军张统突然袭击，将其擒获，抓了一千多个俘虏。崔焘、高瞻、韩恒、石琮已归附棘城，慕容对他们以礼相待。韩恒是安平人，石琮是先前后赵国的君主石鉴的孙子。慕容要封高瞻为将军，高瞻称病不想任职。慕容多次亲自去慰问，抚摸他的心口说："您病在这儿，不在别处。现在晋王室朝不保夕，孤想召集贤能的人平息战乱，辅佐、拥戴帝室。您身为中州的名门望族，德高望重，不是和我有一样的愿望吗？何必拘泥于华夏、夷族的区别，而刻意疏远我呢！想要成就大事，只要志向高远，深谋远虑就可以了，是华夏族还是夷族有什么关系！"高瞻仍旧辞不任职，慕容心中非常的愤愤不平。龙骧主簿宋该与高瞻不和，劝慕容除掉高瞻，慕容没有听信谗言。高瞻整日忧心忡忡，终于去世了。

当初，鞠羡已死，苟就让他的儿子鞠彭任东莱太守。正赶上曹嶷带兵来到青州，和鞠彭相互攻击。曹嶷的军队虽强，但郡民都为鞠彭拼命死战，曹嶷不能取胜。相持日久，鞠彭叹息说："生逢乱世，实力强大的就是英雄。曹嶷也是本地人，天时地利。只要百姓愿意依靠他，他就能够胜任，何必和他争个你死我活，弄得生灵涂炭呢！我离开这里，战事自然就平息了。”郡里人民都不甘心这样，争相献计献策，抵抗曹嶷，鞠彭都不予采用，带领数千家同乡民众渡海到辽东去归附崔毖了。北海人郑林在东莱旅居，鞠彭、曹嶷之间的争夺，他无所偏向。曹嶷认为此人品德高尚、有才能，不敢侵犯、劫掠。鞠彭和郑林一起离开。到了辽东，崔毖已经失败逃到高句丽去了，鞠彭等于是归附了慕容。慕容让鞠彭参与龙骧军事，送给郑林许多财物，郑林概不接受，只想自己种地，过田园生活。

宋该给慕容出主意，向江南的晋王室报告战胜的消息，并将俘虏送回去。慕容让宋该拟写奏表，派裴嶷奉持，连同得到的三个玉玺，一起送到都城建康献给晋王室。

高句丽屡次侵犯辽东，慕容让慕容翰、慕容仁兴兵讨伐。高句丽国王乙弗利迎上怕了，于是请求缔结盟约，慕容翰、慕容仁这才回师。

第 22 章　王敦之乱

东晋永昌元年（公元 322 年），元帝的皇孙司马衍出世，大臣郭璞再次上疏，请求以此为契机，颁布赦免令，获得元帝批准，于是在正月大赦天下。

王敦任用郭璞为记室参军，郭璞擅长占卜，料到王敦将来必定会犯上作乱，担心自己将被牵连，终日寝食难安。王敦大将军府的僚属、颍川人陈述去世，郭璞痛哭欲绝，说：“陈述，你可知道，这种时候离开人世，也是一种福气呀！”

王敦早就谋划叛逆，于是强行扣留当朝有名望的士人，委任官职，安置在自己的幕府，以备后用。他任用羊曼以及谢鲲为长史。羊曼是西晋名将羊祜兄长的孙子，谢鲲为陈国人。但是羊曼、谢鲲只知道饮酒，终日醉得不省人事，所以他们只有虚职。王敦积极筹备着叛乱的事情，来征求谢鲲的意见：“刘隗作恶多端，是个奸佞小人，将会危害国家，我打算发兵将君王身边的这个恶人除去，怎么样？”谢鲲说：“确实，刘隗是罪魁祸首，但他是城中之狐、社木之鼠，皇帝是他的保护伞。”王敦生气道：“你是庸碌之才，事关大局的道理哪里懂得！”王敦觉得谢鲲无用，便把他调去豫章担任太守，后来还是扣留了他，没有让他到任。

几天后，王敦在武昌举兵，给元帝上了一份罗列刘隗的罪状的奏疏：“刘隗专横跋扈，无恶不作，蛊惑民心，残害忠良，作威作福。动不动就役使人民，百姓疲惫困苦，赋税和劳役负担繁重，怨声载道。我身为人臣，食君之禄，担君之忧，不能对此熟视无睹，所以现在兴兵声讨。倘若刘隗早上认罪伏法，傍晚各路军队就会退走。以往商朝天子太甲破坏国家法度，幸好有伊尹这样的忠臣及时纠正了他，商朝才得以重新国运昌盛。我希望陛下深思熟虑，不要再袒护刘隗，那么百姓才可以安居乐业，国家才可以长治久安。”沈充在吴兴起兵与王敦遥相呼应，王敦任命沈充为大都督，管理东吴地区的军事事务。王敦来到芜湖，又递交了一份奏表，罗列刁协的罪状。

元帝勃然大怒，下诏说：“王敦恃宠而骄，竟敢犯上作乱，把朕比作昏君太甲，想把我幽禁起来不成。是可忍，孰不可忍！我现在要御驾亲征，统帅六军前去为国杀贼，谁能杀掉王敦，封五千户侯。”王敦的兄长、光禄勋王含闻讯，乘着小船逃回了王敦身边。

太子中庶子温峤对仆射周说：“大将军王敦这么做事出有因，不算很过分吧？”周说：“当然过分。我朝君主本来就不是尧、舜那样的圣人，怎么能没有过失呢？身为人臣，怎么可以动用军队，威胁君王！这样做，不是叛乱是什么！王敦生性傲慢，残暴凶狠，目无主上，他怎会有满足的时候！”

王敦刚要起兵时，曾派使者去联合梁州刺史甘卓，约他一起顺长江向下游进发，进军京都，甘卓同意了。王敦已经登船，甘卓不但不来，还派参军孙双到武昌劝阻王敦。王敦惊诧地说：“甘卓过去和我有过约定，现在怎么又改变主意了？他是以为我要谋朝篡位吧！现在，我只想除去皇上身边的恶人，事成之后，甘卓将被封为公爵。”孙双回去报知甘卓，甘卓难以做决定。有人给他出主意说：“权宜之计，先假装答应王敦，等王敦围困京都再兴兵征讨他。”甘卓说：“过去陈敏作乱，我开始时跟随，后来图谋反击，人们谈论起来都说我是因为受到陈敏的逼迫，害怕了才改变立场，每每想起这件事我就羞愧难当。这回如果重蹈覆辙，谁还会相信我的清白！”

甘卓派人把王敦的意图传达给顺阳太守魏该，魏该说：“我兴兵抗击胡人贼寇，就是为了效忠王室。现在王敦发兵，针对天子，我不能参与。”

王敦派遣参军桓来游说谯王司马，请司马出任军司。司马叹息说：“我恐怕活不了多久了。此处地广人稀，势单力薄，粮食储备不足，后援断绝，怎么经得起战争！不过，为忠义而死，我也不再奢求什么了！”司马发文书征召长沙人虞悝担任长史，正赶上虞悝母亲去世，司马前往吊唁，说：“王敦兴兵胁迫君主，我想讨伐他，但军队实力不够，粮食匮乏，而且我刚到此地任职，百姓还不能完全信任我。您家兄弟是湘州地区很有声望，现在王室处境危险。古人在服丧期间，为保国家，投身战事也在所不辞，您有什么可以指导我的吗？”

虞悝说：“大王您身份尊贵，没有因为我们兄弟卑贱而弃之不用，亲自降节光临，我们义不容辞！不过我们这个地方人烟稀少，物产不足，没有出兵讨伐的实力。暂时应当聚众固守，积蓄力量，我们可以发布征讨王敦的文书，号召天下英雄，群起而攻之，这样王敦不得不分兵应付。等到他兵力分散，自顾不暇的时候，我们再图谋攻击，才有取胜的把握。”

于是，司马囚禁桓，任虞悝为长史，他的兄弟虞望为司马，总领、监护诸军。和零陵太守尹奉，建昌太守、长沙人王循，衡阳太守、淮陵人刘翼、舂陵令，长沙人易雄，共同兴兵讨伐王敦。易雄四处发布征讨王敦的文书，将王敦的罪状昭告天下，于是州内郡县，纷纷响应。只有湘东太守郑澹拒不加入到讨伐王敦的行列中来，他是王敦的姐夫。司马让虞望讨伐并把他处斩，让各地下定讨伐王敦的决心。

司马派遣主簿邓骞来游说甘卓，说：“刘隗虽然傲慢不驯，让众人失望，但并不想危害国家政权；大将军王敦出于个人私仇便对朝廷用兵。您享受皇恩，统帅一方，现在到了尽忠报国的时候了。如果响应君主的命令讨伐王敦的罪行，就会建立像齐桓公和晋文公的一样的丰功伟绩。”甘卓说：“齐桓公和晋文公我比不了，但是为国尽忠职守，是我的心愿，这件事还需要我们共同仔细商讨。”

参军李梁劝甘卓道：“想当初，东汉的隗嚣飞扬跋扈，窦融为求自保，据守河西，他看到光武帝实力最强，才归附光武帝，后来终于能够权倾朝野，显赫一时。现在，将军您在天下人心中德高望重，只要按兵不动，坐待事态发展。假如大将军王敦成功，您必将受命统领一方；不成功，您将会被朝廷派去取代王敦，何愁不会富贵。既然可以不战而胜，何必参加这场战斗让自己面临生死存亡的抉择呢？”

邓骞反驳李梁道：“现在的形势不是东汉初期可以比的，当时汉光武帝是在创业，锋芒还未显露，所以隗嚣、窦融可以表面臣服，从容观望。现在天下统一，你的境况不是窦融可以类比的；襄阳对于王敦来说，也不像窦融固守的河西那样险固。如果王敦出兵事成，回师武昌，增强戍守石城的兵力，将荆州、湘州的粮道切断，将军您将如何是好！决定权掌握在别人手中，却还说自己能够不战而胜，真是闻所未闻。况且身为人臣，国家面临危难，却坐视不理，这在道义上也说不过去啊！”甘卓还是不能下定决心。

邓骞说：“现在您既不倾向道义，护卫朝廷，又不响应王敦讨伐刘隗，世人都看在眼里，将来一定会惹祸上身。况且彼强我弱，世人才会诘难您的归属。可是现在大将军您的兵力超过王敦一倍，再加上您威名远播，率领下属的精锐士兵，以保护朝廷为旗号，敲响战鼓，保护皇帝征讨叛逆，王含一定抵御不了。王敦的军队如果想要救援，必须逆江而上，时间上一定赶不及。将军您攻下武昌，那是手到擒来的事情，还有什么可顾虑的？一旦武昌平定，再利用丰厚的军事物资，镇抚荆州和江州，犒赏、关怀士卒，收买人心，这正是吕蒙曾经使用，并能战胜关羽的方法。现在放弃必胜的选择，安然的坐以待毙，这可太不明智了。”

王敦对甘卓不能完全放心，又派参军、丹杨人乐道融去约他一块东进。乐道融只是表面顺从王敦，实际上也恨他犯上作乱，于是劝甘卓说：“当今皇上都是亲自处理政务，任用谯王司马治理湘州，并没有让刘隗专权。而王氏专权由来已久，觉得自己权势受到威胁，便说失去职位，进而背叛皇恩，对朝廷用兵。您身受皇恩，享有高官厚禄，如果与王敦同流合污，不就违背了君臣大义。生是谋逆叛乱的臣子，死是不明事理的鬼魅，宗族、党朋将永远以你为耻辱，那岂不可惜！为自己打算，您不如假意顺从，却突袭武昌。王敦的部下听说此事，一定不战自败，不就大功告成了。”本来甘卓就不想追随王敦作乱，听了乐道融的话，便下定决心说：“我正要这样做。”于是联合巴东监军柳纯、南平太守夏侯承、宜都太守谭该等人，发布文书罗列王敦叛逆的罪状，率领麾下军队开始征讨。甘卓一方面派参军司马、孙双将奏表送到朝廷；另一方面派罗英到广州，约陶侃共同讨伐王敦。戴渊在长江西部镇守，先得到甘卓的信，写奏表表示响应，朝廷内都欢呼雀跃。陶侃见到甘卓的来信，也随即出兵响应。武昌城内听说甘卓大军来袭，众人都四散奔逃。

王敦派遣姨母的兄弟、南蛮校尉魏和将军李恒，率领兵士二万攻打长沙。长沙城墙不坚固，而且物资储备也不充足，人心惶惶。有人劝说谯王司马要么去投靠陶侃，要么退守零陵、桂林。司马说："我心存为忠义献身的志向，所以起兵。现在怎能贪生怕死，当一个败逃的将领呢？即使长沙失守，也要让百姓知道我尽忠守义的心意。"于是固守长沙。不久，虞望战死。

甘卓想留下邓骞任参军，邓骞不同意。于是甘卓派参军虞冲和邓骞同赴长沙，并写信给谯王司马，劝他固守长沙，自己将派遣军队从沔口出击，截断王敦的退路，这样对湘州的围困自然就解除了。司马回信说："我朝中兴，根基还不是很牢固，没想到因为大臣得宠竟萌生叛乱。我是王朝宗室，身受重任，已经抱定了以身殉职的决心。不过到任时日尚短，还没有理出头绪，您如果能派兵前来救助，或许还来得及；如果犹豫耽搁，那么就只有求我于枯鱼之肆了。"甘卓没有听从。

第 23 章　苏峻之乱

东晋成帝时，将军苏峻联合祖约，以诛杀执政庾亮为名发动变乱，很快威胁到都城建康。

庾亮联合江州刺史温峤要起兵攻讨苏峻，可惜路途遥远，道路阻断，与建康失去联系。正赶上南阳人范汪到寻阳，说："苏峻政令混乱，贪婪强暴，肆意妄为，已显现出灭亡的征兆。现在的强大是暂时的，由强转弱指日可待，但朝廷危在旦夕，应抓紧时间讨伐他。"温峤觉得他说的很对。庾亮也很欣赏他，让他担任参护军事。

一开始，庾亮、温峤相互推让，请对方担任盟主。但温峤的堂弟温充建议说："陶侃官居要职，兵力强盛，不如推举他来担当盟主。"于是，温峤派使者到荆州邀请陶侃，约他和自己一起讨伐苏峻。陶侃曾经与温峤有嫌隙，现在仍然不能释怀，推脱说："守戍边疆才是我的本分，不敢有所逾越。"温峤屡次邀请，都没能让他改变主意。于是，温峤便不再强求，派使者给他送信说："仁公暂且按兵不动，我先发兵讨伐。"

两天后，平南参军荥阳人毛宝从别处出使归来，听说此事，劝温峤说："要干大事，应当号召天下人共同参与。协同合作军队才能取胜，不应当各行其是。即使彼此间有猜疑，也不能让外人有所察觉，怎能自己暴露意见不合呢？赶紧追回信使改写书信，表明一定要协同一致，同进同退。如果赶不上先前的信使，就派遣一个新信使。"温峤这才醒悟，当即追回使者改写书信。这次陶侃果然答应了，派督护龚登率军见温峤。随后温峤发布了讨伐苏峻的文书，罗列祖约、苏峻的罪状，传告各地方长官。温峤率领七千士兵，洒泪登上战船。

没多久，陶侃又把龚登召了回去。温峤给陶侃写信说：

近来讨伐苏峻的文书已发，尽人皆知，现在箭已在弦，军队能进不能退，能多不能少。我正要向您报告，下一次大举兴兵的时间约在半月时分，各郡军队都已在路上，您的军队一到达，便可以出发了。现在您把军队召回，一定会让人们心生怀疑，也许由此会影响成败。我虽身负重任，但是才疏学浅，实在需要仰仗您的扶持，听从您的指挥。如果说让我率先发兵，充当先锋，我绝无二话。现在我和您如同首尾相卫、唇亡齿寒。只是担心有人不理解您的深谋远虑，误认为您不急于讨伐叛贼，一有这种猜测便会人心离散，无法挽回。我和您都有统帅一方的职责，休戚相关，理应同舟共济。最近我们来往密切，情谊有增无减，如有急难，还希望您率兵相救，何况现在是国家有难呢！如今形势危急，并不是只是我这一州受到威胁，文武百官谁不对您寄予厚望？假使此州保不住，祖约、苏峻将在此设置自己的官吏，荆楚西部面临强大的胡寇的胁迫，东部与叛贼为邻，如果赶上连年饥荒，将来的危难，就会远远超过今天的此州。进，您将会成为大晋的忠臣，建立与齐桓公、晋文公相匹敌的功绩；退，也应当以慈父的情爱，为爱子报仇雪恨。如今祖约、苏峻暴虐无道，造成的罪孽震天动地，现在人心一致，都对他恨之入骨。可是他士气正盛，现在进攻，已经犹如以石投卵了。倘若再召回军队，分散兵力，岂不功亏一篑。希望您好好考虑一下我所说的。

王愆期对陶侃说："苏峻是豺狼，一旦他得志，天下虽大，恐怕也没有您的立足之地了！"陶侃深有感悟，当即穿上战袍登船，也不参加儿子陶瞻的丧礼了，日夜兼程赶去参战。

将军郗鉴驻守的广陵，地方偏远，粮食储备不足，倍受胡寇威胁，人心不稳。他看到诏书后，痛心疾首，当即发动军队，将士们也都奋勇争先，奔赴国难。郗鉴派将军夏侯长等来给温峤送信："叛贼准备挟迫天子向东到会稽，我们应事先准备，占据要害之地，设好营帐壁垒，一来可防止他逃跑，二来也切断了叛贼的军粮运输。然后固守险要的地势，留出旷野等待叛贼自投罗网。叛贼攻城不能取胜，旷野又没有东西可抢，东边的道路阻断，军粮自然运不进来，粮食一断，一定不战自败。"温峤觉得很有道理。

五月，陶侃率军到达寻阳。有传言说陶侃是来诛杀庾亮，向天下人谢罪的。庾亮非常害怕，便听了温峤的主意，去向陶侃叩拜谢罪。陶侃大吃一惊，赶紧上前阻止，说："庾元规竟然要给我下跪吗！"庾亮对过去的事悔之不及，举止间很有风度，不知不觉地陶侃已经释怀，说："当年您缮修石头城来对付我，今天反倒有求于我吗！"随即和他谈笑宴饮，冰释前嫌。陶侃与庾亮、温峤率领士卒共四万人，旌旗延绵七百多里，浩浩荡荡，一同赶赴建康。

西方起兵前来征讨，苏峻听说后便采用参军贾宁的策略，从姑孰返回占据石头城，分出兵马来抵抗陶侃的军队。

十八日，苏峻强迫成帝迁居石头城，司徒王导极力劝阻，苏峻不予理睬。成帝哭着登车，宫中恸哭声一片。当时大雨滂沱，道路泥泞，刘超、钟雅，慷慨悲愤，徒步跟随成帝左右，不肯接受苏峻给他们的马匹。苏峻由此对他们非常憎恶，但没敢加害。为了防备刘超等人，苏峻安排亲信许方等人为司马督、殿中监等职，还让成帝住在库房里。每天，他在成帝面前出言不逊，大放厥词。刘超、钟雅和右光禄大夫荀崧、金紫光禄大夫华恒、尚书荀邃、侍中丁潭侍卫随从，担忧成帝的安危，整日不离左右。当时正赶上灾荒，米价昂贵，苏峻赠送物品问慰，刘超一点儿都不接受。他待在成帝身边寸步不离，更加谦恭的行君臣大礼。虽然处境险恶，刘超仍然为成帝讲授《孝经》和《论语》。

苏峻派左光禄大夫陆晔守卫禁城，逼迫百姓到后苑聚居，再让匡术据守苑城。

尚书左丞孔坦投奔陶侃，陶侃任命他为长史。

当初，苏峻派尚书张暂时督察东部军事，司徒王导偷偷地命令他，用太后诏书发动三吴的官吏士民，发动义兵救天子。会稽内史王舒封庾冰为行奋武将军职，领兵一万，西渡浙江，这样一来吴兴太守虞潭、吴国内史蔡谟、原义兴太守顾众等人都发兵响应。虞潭母亲孙氏对虞潭说："舍生取义，你义不容辞，不要因我年老受拖累。"并且把自己的家人全都送去参军，将自己的随身首饰典卖充当军资。蔡谟认为吴国内史是庾冰的旧职，应当恢复，便离开吴国，让位庾冰。

东方兵起，苏峻派部将管商、张健、弘徽等拒敌。他们遭遇虞潭，两军对垒，势均力敌，管商等没能继续前进。

陶侃、温峤在茄子浦驻扎。南方士兵熟悉水战，苏峻的士卒擅长步战，于是温峤下令："离船上岸者，格杀勿论！"正赶上苏峻运送粮米一万斛给祖约，祖约派司马桓抚等人前来迎接。温峤的先锋毛宝，告谕士兵说："兵法说：'军令有所不从'，现在机会难得，我们上岸突袭，一定能够成功！"于是率领一千人，擅自前往偷袭桓抚，劫获了全部的粮米，杀敌万人左右，祖约军队因此补给不足，士兵饥饿。温峤上表嘉奖毛宝当机立断，推荐他担任庐江太守。

当时的形势是：郗鉴管理扬州八郡各部的军事，王舒处理浙东军事，虞潭处理浙西军事，王舒、虞潭都听从他的调度。郗鉴率军渡过长江，在茄子浦与陶侃会合。雍州刺史魏该也领兵在此会合。

几天后，陶侃等人率领的水军到达蔡州，逼近建康石头城。陶侃、温峤分别驻扎在查浦、沙门浦。苏峻登上烽火楼观望，眼见对方声势浩大，面露惧色，对左右侍从说："温峤果然能得人心。"

庾亮擅作主张，派督护王彰突袭苏峻的门党张曜，反而被张曜击败。庾亮自觉有错，交还符节以谢罪，陶侃回答说："古人错不过三次，您才是第二次。但是现在形势危急，以后不能再这样各自为政了。"庾亮的司马、陈郡人殷融见到陶侃，推脱说："这次突袭是庾将军的主意，不关我们的事。"王彰却说："这件事是我的责任，不能归罪庾将军。"陶侃说："过去殷融是君子，王彰是小人；现在看来，王彰却是君子，殷融才是小人。"

京城失守的消息传到宣城，内史桓彝悲痛欲绝，流着泪带兵驻扎到泾县。当时许多州郡害怕苏峻，来向他投降。裨惠一再劝说桓彝，暂且投降，免得招来祸事。桓彝说："朝廷委我重任，我应为国家效忠而死，怎能忍受耻辱和谋逆之臣通好！如果这次战败，那也是我的命。"

桓彝的将军俞纵驻守兰石，苏峻遣派韩晃攻打他。俞纵很快就抵挡不住了，左右劝他撤退。俞纵回到："桓侯待我恩重如山，我当战死报答他的厚恩。正如桓侯不辜负朝廷，我也决不辜负桓侯。”于是全力杀敌，直至阵亡。

韩晃乘胜追击，攻打桓彝。六月，宣城失守，桓彝被遭杀害。

各路义军刚在石头城汇合，就想和苏峻决一死战。陶侃说：“叛贼占领都城，胁迫幼主士气正盛，我们现在不是他的对手。现在应等待时机，以智取胜。”此后，义军多次与叛军交战都没能胜出。监军部将李根提议修筑白石垒，陶侃应允，于是将士们连夜筑垒，天亮就修好了。传来苏峻军队击鼓整队的声音，众将都惧怕他们前来攻击。孔坦说：“不用担心，等到东北风大时，我方水军逆风而行，无法前来救援，那才是进攻白石垒的好机会。今天晴朗无风，贼寇不会来。他们一定是要派遣军队，攻打京口以东地区，所以才整队。”果然如孔坦所料，苏峻率步兵、骑兵一万多人四面围攻白石，因为陶侃提前派庾亮率两千人守卫，使苏峻虽人多势众也没能得逞。

王舒、虞潭等与苏峻军队多次交战，连连败退。孔坦说：“召来郗鉴，使东门失去防卫。现在派他回去，还不算晚。”郗鉴和后将军郭默回军带领军队回到京口，敦默固守大业，这样就形成了大业、曲阿、亭三座壁垒，苏峻不得不分散兵力对付。

陶侃听说，祖约要来偷袭湓口，准备亲自上阵。毛宝说：“您是义军的领导，您不能轻易出动，就让我去冲锋陷阵吧。”陶侃同意。祖约的军队路过皖，想要顺手牵羊，攻下谯国内史桓宣。毛宝前去救援，却力不能敌。拼杀中，敌人的流箭射穿毛宝大腿骨，插到马鞍上，毛宝稳住马鞍忍痛拔箭，血流不止，染红了他的战靴。毛宝回头迎击，祖约军队大败而逃。桓宣得以脱困，归附了温峤。毛宝想要乘胜追击，攻打祖约在东关的军队，夺下合肥戍。恰巧温峤召他会去，于是他回师石头城。

秋季，七月，祖约的手下暗地里与后赵勾结，答应当他们的内应。

后赵将领石聪、石堪领兵渡过淮水，进攻寿春，他们与内应里应外合，祖约大败，士兵逃散，跑去历阳，石聪抓了两万多寿春民众回去了。

第 24 章　内忧带来外患

公元 349 年 4 月，后赵国主石虎病情加重，他担心自己将不久于人世，于是下诏任命彭城王石遵为大将军，镇守关右；任命燕王石斌为丞相，总领尚书职事；任命张豺为镇卫大将军、领军将军、吏部尚书。他们都答应会谨遵遗诏，辅佐朝政。

刘皇后害怕石斌辅佐朝政，会威胁太子的地位，因此和张豺谋划着如何除掉他。石斌远在襄国，刘皇后先骗石斌说："主上已大有好转，您不必着急赶来了。"石斌喜欢打猎喝酒，听到这消息后，便放心地纵酒打猎去了。刘氏和张豺借机假传诏令，谴责石斌不忠不孝，将他免官，押回邺城，并派张豺的弟弟张雄率宫中的龙腾卫士五百人严加看守。

十九日，石遵赶来邺城，传诏让他在朝堂受封，结果给他配了三万宫中亲兵，便让他回去，石遵伤心地走了。这天，石虎觉得身体稍微好些，问道："石遵回来了没有？"随从回答说："回来了，又走了，已经过很长时间了。"石虎痛心地说："没有见到他，真是太可惜了！"

在太武殿的西阁，两百多个担任宫中护卫任务的龙腾中郎列队要求觐见，石虎问："你们有什么事吗？"众卫士回答说："主上圣体染恙，请让燕王石斌入宫管理宫中兵马，守卫禁宫安全。"有人还说："请主上立燕王为皇太子。"石虎说："燕王就在宫内不是吗？让他来见我！"左右答道："燕王因喝酒被判罪，不能入宫。"石虎说："去，用我的车子把他接来，我要把玺印交给他。”可是竟然没有一个人敢动。不一会儿，石虎又觉得身体不适，便回去了。张豺为永绝后患，派张雄假传诏令将石斌杀掉了。

二十二日，刘氏又一次伪造诏令，封张豺为太保，管理内外军队，履行尚书的职权。这样，张豹就可以像西汉霍光那样辅政专权了。侍中徐统慨叹道：“朝廷将不得安宁，我不想被卷入其中。”于是自杀了。

二十三日，石虎病逝，太子石世即位，刘氏被尊为皇太后。刘氏像皇帝一样行使权力，封张豺为丞相。张豺并没有任职，而是建议让彭城王石遵、义阳王石鉴担任左右丞相，以便能安抚这两人，刘氏觉得也有道理，就听从了。

司空李农是石斌的统兵大将，张豺找太尉张举密谋除去他，然而张举和李农交情匪浅，就把这个消息透露给了李农。李农听说后，逃到广宗，率领万余乞活残余部固守上白。刘氏派张举带领军队包围了他们，双方相持不下。张豺封张离为镇军大将军，管理朝廷内外军务，充当自己的副手。

父亲石虎去世的消息传来，彭城王石遵已行至河内。姚弋仲、蒲洪、刘宁以及征虏将军石闵、武卫将军王鸾等人讨伐梁犊归来，在李城遇见了石遵。他们都劝石遵说：“殿下您年龄稍长，德才兼备，先帝也曾有意立您为太子。先帝晚年因为身体欠安，才会被张豺欺瞒。如今刘皇后当政，奸臣掌权，京师的军队都在包围上白，城内力量空虚。殿下如果这时带领军队，讨伐张豺，谁不放下武器，打开城门，迎接殿下呢？”石遵觉得他说得很对，决定起兵。

石遵从李城发兵，掉头直奔邺城。途中，洛州刺史刘国率领军队前来投奔。石遵起兵的消息传到邺城，张豺手足无措，急忙调回包围上白的军队。

十一日，石遵的士兵已达九万人，石闵担任前锋，部队行进到荡阴。

张豺要出兵拦截，但邺城内人心背离，大家都说："彭城王来为父亲奔丧，我们应该去迎接他，不要再为张豺守城了！"于是纷纷翻墙出城投奔石遵，张豺以杀头相要挟，人们也不在意。就连张离也冲破关卡，率领两千名龙腾卫士，准备迎接石遵。刘氏十分害怕，召来张豺商量对策，声泪俱下地说："先帝尸骨未寒，他们就兄弟相残！现在太子还小，我们只能依靠将军您了。不知道将军有什么打算？你看给石遵加官进爵，能让他停止吗？"张豺这时也六神无主，毫无对策，只知道说："好的好的。"于是刘氏下诏，封石遵为丞相，兼领大司马、大都督，管理内外军队，兼任尚书，并享有持黄钺、加九锡的特权和礼遇。

十四日，石遵兵临安阳亭，张豺害怕，出城投降，石遵下令将他拘捕。

十五日，石遵从凤阳门进入邺城。只见他身穿铠甲，威风凛凛地登上太武前殿，想到父亲离世，难掩悲痛，捶胸顿足来宣泄悲愤之情，然后退到东阁去了。石遵掌权，将张豺处死在平乐市，并灭了他的三族。接下来，石遵假借刘氏的名义，传诏令说："太子尚小，当初立他为太子，因为先帝疼惜幼子。然而国家政务事关重大，他小小年纪还不能承担，应让位给石遵。"于是石遵登基，大赦天下，撤回了包围上白的军队。

十六日，石世被封为谯王，刘氏被废，降为太妃。没过多久，石遵还是把他们杀了。

李农到邺城领罪，石遵回复了他的官位。

当时镇守蓟城的沛王石冲，听说石遵杀掉石世自立，就对辅佐他的同僚们说："石世按照先帝的旨意继位，石遵专横，把他杀掉，这真是天大的罪过，我要亲自出征去讨伐他！"于是石冲让宁北将军沭坚留下守卫幽州，自己率军五万从蓟城出发，并将讨伐石遵的文书传到燕、赵之地。石冲南下途中所到之处，人们云集而来，抵达常山时，军队已达十多万人。

行进到苑乡时，石冲见到了石遵大赦的诏书，他慨叹道："石世、石遵都是我的弟弟，死去的已经无法挽回，活着的何必再自相残杀呢！我还是回去吧。”石冲手下的将领陈暹劝阻道：“石遵杀君夺位，罪大恶极！主上您要率军北返，但我不会回去。等到我进军京师，擒获了石遵，再来恭迎您，请您主持大局。”闻听此言，石冲决定继续前进。石遵闻讯，急速派王擢送信劝阻石冲，但石冲不听劝告。石遵便派武兴公石闵及李农率领精锐士卒十万人迎击石冲。在平棘，双方交战，石冲大败，他本人被擒。石遵赐他自杀，并将他手下的士卒三万多人活埋了。

武兴公石闵对石遵进言说：“蒲洪才能显著，如今他镇守关中，我担心秦州、雍州之地，很快就不再会归赵国管辖了。虽然是先帝临终受命让蒲洪镇守关中，然而如今陛下执政，策略自然适时而变。”石遵听从了进言，便解除了蒲洪的都督一职，其他职位一如从前。蒲洪对此深感不满，回到枋头后，便投降东晋了。

前燕平狄将军慕容霸给前燕王慕容俊上书说：“石虎生性暴虐，荒淫无度，上天已将他抛弃。如今的些许残余，还自相残杀。中原地区局势动荡，百姓饱受战乱之苦，深切期盼仁爱和抚恤。如果您率大军奋起，石氏的军队必定不战而降。”北平太守孙兴也上表说：“眼下石氏内乱，天赐良机，我们应就此进取中原。”当时前燕先帝大丧刚刚过去慕容俊有所顾忌，没有答应。

慕容霸急忙来到龙城，对慕容俊进言说：“机不可失，失不再来。万一石氏东山再起，抑或被别人取而代之，那就不只是失去进取中原的有利形势，更是为将来埋下了祸患。”慕容俊说：“虽然邺城内部大乱，但邓桓实力雄厚，粮草充足，据守着安乐，现在如果攻打赵国，东面的道路阻塞，只能走卢龙。然而卢龙地势险峻，山路狭隘，敌人如果居高临下从中间截断我们的去路，那我们就首尾受敌，那可怎么办？”慕容霸说：“邓桓虽想竭尽全力，为石氏坚守，但将士们常年征战在外，思念家人，归心似箭。如果我们兵临城下，他们自然无力抵抗。请让我率部担任殿下的前锋，从徒河出发，悄无声息地前往令支，打他一个出其不意。等到他们得到消息后，一定惊慌失措。这时，最好的对策不过是城门紧闭，决不迎战，情急之下不免就要弃城逃跑了，根本无力抵抗！这样一来，就消除了被截留围困的隐患，殿下也可以从容前进了。”

慕容儁还是下不了决心，便去征询五材将军封奕的意见，封奕对他说：“行军打仗，敌强我弱就智胜，敌弱我强就力夺。所以才有以大吞小，拨乱反正。我国自先帝在世时，就以仁义治国，崇尚高尚品德，军队强大，武器精良。石虎则因暴虐无道，死未瞑目，就爆发了子孙争位的混战。中原地区的百姓，如坠水深火热的深渊，日夜企盼救兵。大王如果现在进军中原，先拿下蓟城，再直取邺城，军威浩荡，再宣传仁义，弘扬道德，能够对亡国之民关怀抚恤，百姓怎会不夹道相迎呢？石氏那些凶残的党羽一见大王的旗帜，就像冰一样土崩瓦解了，那里还能继续为害。”

从事中郎黄泓说：“我夜观星象，发现太白星位于中天，木星停留夜空之北，这正是北方之国入主中原的征兆。大王何不顺应天意，尽快出师。”折冲将军慕舆根也说：“中原百姓饱受石氏祸乱之苦，都想通过改朝换代脱离这种悲苦的境地，如今正是天赐良机，不容错过。自武宣王慕容以来，我国广进人才，体恤百姓，重视农耕生产，练兵强国，就是在为今天储备力量。如今时机成熟，却犹疑再三，弃之不用，难道是老天不想让中原安定，或者是大王不想君临天下？”

慕容儁不禁笑了，听从了他们的劝告。分别任命慕容恪、慕容评、左长史阳骛为辅国将军、辅弼将军、辅义将军，称为“三辅”。同时精挑细选兵士二十多万，由慕容霸担任前锋都督、建锋将军，讲习武艺，进入临战状态，为进攻石氏积极做着准备。

第 25 章　厉王苻生的覆灭

前秦国主苻生荒淫暴虐，残忍好杀。他梦见大鱼吃蒲草，又听到长安有歌谣唱到："东海大鱼化为龙，男皆为王女为公。"苻生怀疑太师、录尚书事、广宁公鱼遵要叛乱，于是将鱼遵以及他的七子、十孙全都杀了。

金紫光禄大夫牛夷害怕有天也招来杀身之祸，于是请求外调到荆州任职。苻生驳回请调，封他为中军将军，召见时故意嘲笑他说："老牛行动缓慢稳重，擅长拉车驾辕，虽然不像骏马的蹄子，可以日行千里，但走起路来也能担起千斤重担。"牛夷说："驾着大车，却没走过崎岖险峻的道路。我愿意尝试负重拉车，那时就知道我的作用了。"苻生笑着说："痛快！你嫌身上的责任太轻吗？那我就把鱼遵的爵位封给你。"牛夷心里一惊，担心自己步鱼遵的后尘，回去后便自杀了。

苻生饮酒无度，昼夜不分，有时一连数月不问政事。进上的奏章常常被搁在一边，置之不理，有时他甚至在醉酒后处理政事。周围的人便见缝插针，常干些奸邪欺诈的坏事，致使错赏乱罚，法度混乱。有时天都黑了，他还醉醺醺的就来上朝，就借着酒劲乱杀人，许多人因此死于非命。苻生自幼独眼，忌讳别人说："残、缺、偏、只、少、无、不全"一类词，因无意间说了这些词而性命不保的人，不计其数。他的残忍几乎到了令人发指的地步，把家禽、牲畜活着剥皮、退毛，然后几十个一群，让它们在大殿上来回奔跑取乐。觉得这样都不好玩了，就让剥掉脸皮的人唱歌跳舞，让他观看，作乐。他曾经问左右侍从说："现在我君临天下，外边的人都是怎么说我的？"有人对他说："都说陛下是贤明的君主，天下法度有序，政务清明，百姓无不赞誉现在的天下太平。”苻生当即大怒，说：“你敢向我谄媚！”于是那人被拉出去杀了。过了几天他又问同样的问题，人们不敢再奉承，有人就说：“人们说陛下的刑罚有点儿严厉。”苻生又愤怒地说：“你竟敢污蔑我！”这人也被杀了。有功的旧臣和亲戚，被杀得所剩无几，群臣整日如履薄冰，度日如年。

东海王苻坚，当时享有盛誉，和过去姚襄的参军薛、权翼是很好的朋友。薛、权翼暗地里劝苻坚说：“主上生性残忍，好猜忌，行为暴虐无常，人心早已丧失殆尽，如今殿下您是主持秦国祭祀的不二人选！希望您及早准备，不要让大权旁落！”苻坚去征询尚书吕婆楼的意见，吕婆楼说：“我也危在旦夕，心有余而力不足。我身边有一个叫王猛的人，他的真知灼见，世间少有，殿下何不把他请来，向他请教。”于是苻坚召来王猛，二人一见如故，相谈甚欢。谈论到当前的国家大事，也是志趣相投，苻坚非常高兴，觉得自己就像刘备遇到了诸葛亮。

六月，太史令康权夜观天象，对苻生进言说：“昨天晚上三个月亮同时出现，彗星进入太微星座，和井宿相连。自五月上旬以来，天气就异常，天天乌云密布，却不下雨。这是臣下谋权篡位的征兆。”苻生大怒，认为他妖言惑众，将他摔死。

特进兼御史中丞梁平老等人对苻坚说：“主上残暴无道，上至王公大臣，下至黎民百姓，都敢怒不敢言。如今人心离散，燕、晋二朝，又一直对我们虎视眈眈。一旦外族来袭，我们将要面临国破家亡的灾难了。殿下要把握好时机，尽早谋划除去苻生，取而代之的大事！”苻坚心里也有这样的想法，但害怕苻生的身强力猛，没敢马上响应。

有一天夜里，苻生对身边的婢女说：“苻坚、苻法两兄弟也不可靠，明天就除掉他们。”婢女也恨苻生的残忍无道，就把这话偷偷告诉了苻坚和他的哥哥清河王苻法。于是他们决定先发制人，苻法和梁平老以及特进光禄大夫强汪召集了数百勇士，潜入云龙门，后面跟着苻坚和吕婆楼，他们带着三百人敲着鼓跟了进来，守卫王宫的将士们全都毫不抵抗，归顺了苻坚。这时的苻生还在醉得不醒人世，苻坚带兵攻进来后，苻生惊醒，慌忙问侍从说：“这些人是干什么的？”侍从答到：“是强盗！”苻生说：“强盗为什么不下跪叩拜？”苻坚的士兵都忍不住笑了。苻生大声呵斥说：“还不赶快下跪，谁不叩拜就杀了谁！”士兵们把苻生从寝宫带到别处，软禁起来，他王位被废，贬为越王。不久就被杀了，死后谥号定为厉王。

坚苻谦让，要立苻法为王，苻法说：“按照法度，你是真正的继承人，而且人心所向，王位应由你继承。”苻坚说：“您是兄长，应该继承王位。”苻坚的母亲苟氏害怕以后遭受责难，哭泣着对群臣说：“国家政事非同小可，我儿子自知能力有限。如果你们以后后悔了，那也都是你们自己的过失。”群臣叩首，意志坚决请求苻坚继承王位。于是，苻坚在太极殿即位，称为大秦天王，不再称皇帝。将苻生的宠臣中书监董荣、左仆射赵韶等二十多人全都杀了。

苻坚下诏大赦天下，改年号为永兴。

第 26 章　桓温讨伐前燕

公元 369 年，东晋大司马桓温再次北伐，从兖州出发讨伐前燕。

大臣郗超说：“战道很长，汴水又浅，水道运送粮草会有障碍，恐怕后方供给会有困难。”桓温不听劝告。

六月，桓温行军来到金乡。正赶上天气干旱，河道无水。桓温命令毛宝的儿子将军毛虎生开凿钜野三百里，将汶水引进清水，打通水路。桓温率领水军从新开的水路，顺着清水进入黄河，军队声势浩大，船只绵延数百里。

郗超说："从清水进入黄河，粮草运输会有困难。如果我们不与敌人开战，后方供给又跟不上，就只能靠争夺敌人的积蓄，来作给养，那样不会对我们有利，这样做很危险。不如现在让部队直奔邺城。您的军队所向披靡，声名远播，他们害怕，一定会弃城逃跑，投奔辽东、碣石。如果他们能出来迎战，那么胜负马上见分晓。如果他们闭门不出，坚守邺城，现在天气炎热，难以有所行动，官府对各地百姓都严加控制，易水以南的人一定会对我们唯命是从。只是怕明公您觉得此计锋锐有余，稳妥不足，没有全胜的把握，想要持有一个万全之策。那就不如我军据守黄河、济水，指挥水路运输，把军队的给养储备充足，到明年夏天再进军。这样虽说拖延了时间，但也只是为取胜做好万全的准备。这两个策略都弃之不用，而让庞大的军队沿水路北上，进军不能速战速决，退守则一定会面临军队粮草不足，补给匮乏的困境。敌人借着这种局势和我们拖延时间，等就到了秋冬季节，水位下降，粮食运输就会更加困难。而且北方寒冷较早，将士们没有冬装御寒，到时候天寒地冻，恐怕要担忧的，就不仅仅是粮草问题了。"桓温还是一意孤行。

桓温派建威将军檀玄攻下湖陆，俘虏了宁东将军慕容忠。下邳王慕容历是前燕国主慕容任命的征讨大都督，率领二万步、骑兵迎战，与桓温的军队在黄墟交战，慕容厉的部队大败，只有他自己逃了回去。高平太守徐翻率全郡百姓投降东晋。桓温军队势不可当，前燕屡战屡败。慕容的军队抵抗不住，就派人向前秦去搬救兵了。

秋季，七月，桓温驻扎在武阳，前燕过去的兖州刺史孙元率领他的亲族同党，响应桓温，带兵前来会合。桓温刚到枋头，前燕王慕容及太傅慕容评就害怕了，计划着逃跑到和龙去。吴王慕容垂劝阻道："我们为什么不先出城迎战，如果战败了再逃跑也不迟啊！"慕容于是封慕容垂为使持节、南讨大都督，将征南将军范阳王慕容德等兵众五万人派给他去调遣，抵御桓温。慕容垂上表，要带着司徒左长史申胤、黄门侍郎封孚、尚书郎悉罗腾跟随部队一同前往。

慕容再次派人去向前秦求助，许诺割地虎牢以西送给他们作为酬谢。前秦王苻坚召来群臣商议。群臣议论纷纷，都说："桓温讨伐我们的时候，也不见燕国来救援；现在桓温讨伐燕国，凭什么要求我们去救援！而且燕国不肯臣服于我国，不是我们的属国，为什么要去救他！"王猛私下劝对苻坚说："燕国虽然强大，但慕容评战胜不了桓温。如果桓温收服了燕国，盘踞崤山以东，在洛邑派兵驻扎，一方面他可以集合幽州、冀州的兵力，壮大实力；一方面又能调用并州、豫州的粮食，补充给养，那么他就可以在崤谷、渑池耀武扬威，陛下统一天下的大业就难以完成了。当今之计，不如与燕国联合，打退桓温。桓温被打退以后，燕国因为长期的战争精疲力竭了，我们再趁虚而入，将他拿下，岂不两全其美！"苻坚觉得王猛说得很对，听从了他的意见。

八月，苻坚任命王猛为尚书令，派将军荀池、洛州刺史邓羌率军两万前去救援前燕。救援军队从洛阳出发，到颍川后先屯兵驻扎，又派散骑侍郎姜抚去给前燕送信。

太子太傅封孚问申胤说："桓温军容整齐，顺流直下，锐不可当，如今桓温大军只在高岸上等待，并不出兵乘胜追击，形势将会如何发展呢？"申胤分析道："现在的桓温声势浩大，好像可以成就一番事业，但是在我看来，他终究难成大器。为什么这样说呢？晋朝皇室衰败，权利软弱，桓温专权，但是并不是所有朝臣都愿意追随他的。所以众人是不愿看到桓温得志的，他们必将从中作梗，破坏他的事业。另外，桓温仗着人多势众，骄傲轻敌，不善变通。现在大军深入，正是一举取胜的好时机，他却放弃迎头痛击，让军队停滞不前，想着以逸待劳，坐享其成。如果军粮运输延误，军队补给不足，那时候就会人心惶惶，形势必将逆转，也就不战而败是当然的事情。”

悉罗腾与桓温交战，活捉了前燕投降桓温的向导段思。桓温派去巡行过去的赵、魏之地的赵国旧将李述，又被悉罗腾又与虎贲中郎将染干津中途袭击，给杀了。桓温军队受挫，士气低落。

当初，桓温为了粮食的水路运输，让豫州刺史袁真攻打谯郡、梁国，开辟石门水路。袁真攻下了谯郡、梁国，却没能打通石门，水运之路阻塞了。

九月，前燕范阳王慕容和刘佩的儿子兰台侍御史刘当德率领骑兵一万五千人把守石门，豫州刺史李率领本州五千士兵截断桓温了桓温的水路运输。将军慕容宙率领骑兵一千人作为前锋，遭遇东晋的军队。慕容宙说：“晋军轻浮又急于求成，畏首畏尾，不敢攻入敌营作战，喜欢追打败退的敌人，我们应以智取胜，设诱饵引他们上钩。”于是先派两百骑兵前去挑衅，然后分别在三处设好埋伏。去挑衅的骑兵不战而退，晋兵果然追击，陷进慕容宙的埋伏圈，晋军大败，死伤无数。

桓温战场失利，后方粮草不足，又听说前秦要派军前来援助燕国，自觉大势已去。

十九日，桓温留下毛虎生督察东燕等四郡军务，兼任东燕太守，然后烧了战船，扔了武器装备，从陆路往回逃了。桓温从东燕出了仓垣，率领残部步行了七百多里，一路上渴了，就掘井饮水。

前燕的众将领觉得应该乘胜追击，一举歼灭桓温。吴王慕容垂却说：“不行，桓温刚刚败走，肯定会顾虑到后有追兵，一定严加戒备，选择精锐士兵来殿后，这时追击未必能取胜，我们不如先不穷追猛打，缓慢跟踪。他庆幸我们还没追上的同时，一定会日夜兼程。等士兵们筋疲力尽，精神萎靡时，我们再出兵，一定一举拿下。”于是慕容垂就率领八千骑兵只是慢慢的跟在桓温的后面，桓温果然加快了行军速度。几天后，慕容垂告诉众将领说：“现在到了攻打桓温的时候了。”

于是加快速度，在提前赶到襄邑。范阳王慕容德先率领精锐骑兵四千人在襄邑东面的山涧中埋伏。桓温行至此，遭慕容德和慕容垂夹击，大败，损失三万多人。桓温溃败逃跑又在谯郡遭到前秦人苟池伏击，阵亡的士兵又数以万计。桓温败逃，孙元乘机占据了武阳，与前燕抵抗，前燕左卫将军孟高将他擒获。

冬季，十月二十二日，大司马桓温召集逃散的士兵，在山阳驻扎。枋头战败，使得桓温威望大减，桓温深以为耻，迁怒袁真，上奏表将袁真贬为庶人。袁真不服，向朝廷回报桓温的罪行，没有得到回复，于是袁真便据寿春反叛，投降了前燕。

第 27 章　慕容垂含恨离国

吴王慕容垂在抗击桓温的战争中取得胜利，声望大大提高，太傅慕容评非常妒忌。慕容垂上奏章说："将士们全都舍生忘死，奋勇杀敌，将军孙盖等人在军前冲锋陷阵，他们都应该受到封赏。"慕容评故意压着，不予回应。慕容垂多次争取，不惜与慕容评在在朝堂上唇枪舌战，结果两人结怨越来越深。太后可足浑氏也讨厌慕容垂，无视他的战功，与慕容评勾结，密谋要杀掉他。太宰慕容恪的儿子慕容楷以及慕容垂的舅舅兰建知道此事，便告诉了慕容垂，并建议他："为了避免受制于人，不如先发制人，只要将慕容评及乐安王慕容臧除掉，其他人便无计可施了。"慕容垂痛心地说："带头在国家作乱，骨肉相残，我宁愿一死也不忍心那样干。"没多久，这两人又得到消息，说："可足浑氏已经下定决心要除掉你，不能坐以待毙了。"慕容垂说："如果隔阂实在无法消除的话，我宁愿选择避开他们，其他的就不要说了。"

慕容垂忧心忡忡，又怕别人担心，没敢告诉儿子们。长子慕容令看出些端倪，恭敬地问道：“您近来心事重重，是何原因呢？难道不是因为主上年幼，不能掌控国家大权，而太傅又忌贤妒能，您功高望重，备受猜忌吗？”慕容垂说：“是啊！我奋不顾身，为打败强敌万死不辞，本是想着效忠宗族，保全国家，谁料到建功立业后，自己却无容身之处了。你既然了解我的心思，可有什么万全之策？”慕容令说：“主上年幼，不懂国家大事，太傅独揽大权，一旦灾祸发生，恐怕来不及防备。如今之计，想要两全其美，您不如逃到龙城，亲自向主上谢罪，言辞要恳切，态度要恭顺，希望主上明白，您是想和西周的周公一样，想要辅助幼主，力挽狂澜，而体谅您的用心，让您能够全身而退，这样就是我们的幸事。如果主上不能明白，对内您可以抚恤燕、代两地百姓；对外对北方各族表示友好，拉拢人心。这样，我们就可以占据殷实的险要之地以求自保，这也是退而求其次的办法。”慕容垂说：“只能这样来了！”

十一月，慕容垂明修栈道，暗度陈仓，说是到大陆打猎，其实暗地里换上便装，出了邺城，奔龙城去了。到了邯郸，慕容垂平时不喜欢的小儿子慕容麟，偷跑回去揭发了他的父亲。许多追随慕容垂的人都害怕，背叛逃跑了。太傅慕容评马上向前燕国主慕容报告了这件事，并派西平公慕容强急速追赶。慕容强率领精锐骑兵在范阳追了慕容垂，由于慕容令带领士兵掩护着慕容垂，所以慕容强不敢轻举妄动。太阳落山时，慕容令对慕容垂说：“如今事情泄露，守住东都龙城以自我保全的计划实施不了了。前秦国主正在招纳贤才，我们不如去归附他吧。”慕容垂说：“现在看来，我们没有其他的选择了！”于是他们将骑兵遣散，除去了行军的痕迹，回到了邺城，在后赵主石虎的显原陵藏身。不一会儿，一群骑马打猎的人从四面奔来。抵抗，显然寡不敌众；逃跑，又没有退路。正在无计可施时，这群猎人的老鹰全都飞走了，于是他们也就跟着走了。慕容垂杀掉了白马祭祀上天，跟随他的人也都对天盟誓，决不背弃。

慕容令向慕容垂进言说："太傅嫉贤妒能，世人知道他想要蓄谋杀掉您，都非常恨他。如今邺城里的百姓，都不知道您去了哪，他们就像孩子思念母亲一样的思念您，中原和北方部族百姓的心情都是一样的。现在慕容评毫无防备，如果能顺应民心，突然袭击他，将他拿下非常容易。事成之后，大力整顿朝政，消除朝政弊端，选贤与能，用以辅佐主上，这样才能让国家安定，保全宗族啊。如今这是天赐良机，不可与之失之交臂。您只要调给我数名骑兵，我就能拿下慕容评。"慕容垂说："如果你的计谋成功，的确再好不过，如果失败，到时候后悔都来不及。为了万无一失，我们还是向西逃跑吧！"慕容令的马夫想要逃回去高密，为了不泄露行踪，慕容垂杀掉了他们便向西去了。在河阳，管理渡口的官吏挡住去路，结果被杀，慕容垂过了河。就这样，慕容垂携全家及郎中令高弼从洛阳逃奔到前秦。戍卫乙泉的首领吴归虽然追上了他们，但是被长子慕容令打退了。

先前，前秦王苻坚得知太宰慕容恪去世，曾经谋划着要吞并前燕，因为害怕慕容垂的威武名声，才按兵不动，现在听说是慕容垂前来投奔，非常高兴。苻坚带领众臣，来到郊外亲自迎接，并上前拉着慕容垂的手说："您是从天上降到人间的英才，如今来到我这里，一定可以辅助我完成大业，这真是天意。现在当务之急是要在您的辅助下统一四海，在泰山顶上祭天，然后我会把故国归还给您，让幽州成为您世世代代的封地。这样您即使离开故国，仍然是个孝顺的儿子，归附了我国，仍然是个忠诚的臣子，不是也很好吗？"慕容垂说："我是个寄人篱下的臣子，能够不被怪罪就已经非常满足，不敢奢望享有世居故国的殊荣！"慕容垂的长子慕容令以及慕容楷都非常有才能，苻坚爱惜人才，对他们都给予厚礼，赏赐数万。他们进谏时，苻坚都会全神贯注，耐心倾听。慕容垂父子威名远播，关中的士人百姓早有耳闻，都对他们非常崇敬。王猛却劝苻坚说："慕容垂父子，是龙虎之才，不是会俯首称臣，听从调遣的人，一旦他们得势，局面将无法控制，还是尽早除掉得好。"苻坚坚持己见，说："我要平定天下，廓清四海，现在正是用人之际，不能杀掉他们！况且他们到来时，百姓都知道我已经诚心诚意地接纳了他们，万乘之君怎能言而无信呢！"于是为了显示诚意，苻坚让慕容垂担任冠军将军，封为宾徒侯，其子慕容楷也被任命为积弩将军。

前燕魏尹范阳王慕容德和车骑从事中郎高泰因为与慕容垂关系很好，都被牵连免去了官职。尚书右丞申绍向太傅慕容评进谏说："吴王出走，街谈巷议，愤愤不平。为了消除民怨，应该破格提升吴王同僚属下中那些贤能的人。"慕容评说："那你可有合适的人选？"申绍说："高泰可以代表他们。"于是为了掩人耳目，慕容评任命高泰为尚书郎。

梁琛被前秦扣留了一个多月，才返回，他日夜兼程，回到邺城时，吴王慕容垂已经投奔了前秦。梁琛对慕容评进言说："秦国人正在加紧训练军队，并在陕城以东储备了许多粮食，按我的推测，我国与秦缔结的友好，不会维持多长时间了。如今吴王又归附了他们，秦国一定是在为吞并燕国做积极的准备，我们不可不防。"慕容评说："秦国怎么会不惜破坏我们之间的友好来接纳叛臣呢？"梁琛说："如今天下的形势是：秦、燕二国分占中原，各自也一直有独霸天下的志向。桓温入侵时，他们前来救援，并不是因为爱护燕国，而是有自己的打算。如果燕国出现危机，他们一定会趁虚而入，这才是他们本来的志向啊！"慕容评说："秦国主为人怎样？"梁琛说："英明果断。"慕容评又问："王猛呢？"梁琛说："如盛传的一样贤达。"慕容评对这种称颂敌国的说法不以为然。前燕国主慕容听了梁琛的报告，也不以为然。

反而是典书令皇甫真对此深感忧虑，上奏说：“虽然苻坚不断地与我国互通来使，实际上暗藏吞并我国的野心。他不是看重道德大义的人，会把两国的友好盟约抛到一边也不是不可能。以前他出兵洛川时，使者相继抵达，他早已掌握了我国地形和军事实力。如今吴王慕容垂归附了他，能够为他出谋划策，我们不能重蹈春秋时楚国的伍员带领吴国的军队攻入楚国那样的覆辙，所以要未雨绸缪，在洛阳、太原、壶关选派将领，增加兵力。”国主慕容受到启发，召来太傅慕容评商议，慕容评却说：“秦国是小国，力量薄弱，如有征战，还需要我国的援助。何况苻坚总的来说，对邻国也是以礼相待，保持友好，他一定不会听从叛臣的挑拨，断绝两国的友好往来。如果我们轻举妄动，杞人忧天，反而会激发他们的侵犯之心。”前燕最终还是对此事置之不理。

前秦派黄门郎石越受命访问前燕，查探虚实。太傅慕容评以为是来向他示好，于是摆酒设宴，极尽奢华，想以此炫耀前燕的富裕程度。高泰以及太傅参军河间人刘靖看出端倪，向慕容评进言说：“石越嘴里说着溢美之词，其实心里在为长远做打算。他不是来结盟的，而是来了解我国情况的。应该向他炫耀我们的军事力量，让他们不敢轻易来犯。如今他看到我国如此奢侈，更觉得我们好欺负了。”慕容评仍然一意孤行。高泰见于事无补，就假称身体不适，回去了。

这时的燕国，一片混乱，太后可足浑氏干政，太傅慕容评又贪得无厌，有权的人都收受贿赂，金钱财物全都流入了达官显贵的手中。有才能的官员不到提拔，朝廷上下一片一片怨愤之声。

尚书左丞申绍觉得事态严重，不能任其发展，便上书，分析现状，陈述主张：

郡县是国家的基本单位，所以郡县地方官吏的选拔任命，是实现天下长治久安的根本。如今的地方官员，大多是所任非人，有些是出自军队的武臣，有些是出自富贵人家的贵戚。这些人没有管理地方的经验，但曾经在朝廷任职。现如今官员的选拔罢免完全没有标准可循，贪婪懒惰的大官不受刑罚管制，清廉勤勉的小官也得不到奖赏的激励。地方长官任免混乱，使得百姓生活困苦，坏人盗贼肆虐。如今国家政策颓废，法度混乱，起不到互相监督震慑的作用。再加上我国官吏冗多，官员们相互勾结，公私不分，令人烦不胜烦。大燕一国在册的人口数量，和晋朝、秦国之和差不多，武器精良，战马肥壮，天下本无人可比，然而近来却屡屡战败。还不是因为地方官吏征苛捐杂税，无休止地渔肉百姓，人们都生活困窘，没有人愿意为国家拼命死战。朝廷这边后宫嫔妃有四千多人，不算童仆、侍者、奴隶、差役的费用，一天也要花费万金。官吏百姓上行下效，人们互相攀比，奢侈之风日行。秦国冒用君主的封号，晋朝据守弹丸之地，都还能将国家治理得有条不紊，胸怀统一天下大志。我们国力强盛，但是自上而下却只知道奢侈浪费，使国家越来越失去秩序。我们越混乱，秦晋两国就越高兴。我认为为今之计，应该选择合适的地方长官，撤销多余的官职，给士兵的家属适当的抚恤，让将士们都无后顾之忧，安心征战。还要抑止浮华靡费，节省开支，有功者奖，有罪者罚。长此以往，桓温、王猛这些人就不会再成为我们的威胁，我们攻取晋朝、秦国，就不只是为了保全国家，安定百姓了！再有，鲜卑人拓跋什翼犍年老昏庸，虽然很少贡奉，但也没有作乱的实力，而我们却劳师动众，长途跋涉去征讨，这样做只会消耗我们的实力。不如，把军队调至并州，把守西河。这样，南向壶关得以坚固，北向晋阳得到加强，如果西边敌人来犯，我们能抵御防守，如果只是路过，我们断其后路，攻其不备。这样一举多得，比保卫孤城，戍守无用之地不是强很多。

奏表呈给主上，自此之后便没有消息了。

第 28 章　前秦灭前燕

公元 370 年，前秦发动战争攻讨前燕。

七月，前秦的军队一路上势如破竹，二十六日，便包围了邺城。王猛上疏报告说："二十三日，臣大败敌军。六州的官吏百姓得知陛下仁爱的心志，都自愿归附我国，除了那些执迷不悟，违背命令的人，我军对官吏百姓一无伤害。"前秦王苻坚非常赞赏，回复王猛说："将军此次带军出征，时间不长就攻克了首恶元凶，劳苦功高。朕现在就亲自率领六军，快马加鞭，火速赶赴。将军带领士兵先在原地休息整顿，等朕赶到以后，再攻取邺城。"

王猛到达之前，邺城周边，盗贼横行；王猛来到后，远近秩序井然。王猛军队纪律严明，对百姓秋毫无犯。他使原来繁杂法律简化，让百姓通晓明白，放宽政令，给百姓喘息的机会，得以安居乐业的人们，都互相称颂说："没想到，太原王慕容恪今天又回来了！"王猛听闻此话，非常感慨，说："慕容恪竟是这样的不同寻常，可以说是继承了古代的仁爱风范啊！"为了表示敬意，王猛便设置太牢来祭奠他。

十一月，前秦王苻坚率领十万精兵奔赴邺城。临行前，他安排李威辅佐太子留守长安，阳平公苻融镇守洛阳。七天后，苻坚到了安阳，先宴请祖父、父亲的长辈和老朋友。王猛得到消息，偷偷地来到安阳谒见苻坚，苻坚说："昔日周亚夫有军命在身，不出营迎接汉文帝，如今将军与敌人交战，却抛下部队前来见我，是有什么事吗？"王猛说："周亚夫不迎接汉文帝，是为了沽名钓誉，我很鄙视这样的做法。而且陛下声威浩大，我乘势而起，敌方又不堪一击，打败他们简直易如反掌，可以不用担心那么多！但是国中只有年幼的太子留守，君王带军队远行，万一发生紧急的事情，后悔都来不及！”

先前，前燕宜都王慕容桓率领一万多兵众，作为太傅慕容评的后继部队，驻扎在沙亭。慕容评失败后，他将军队移至内黄驻扎。苻坚派邓羌攻打信都。

初六，慕容桓兵败，率领五千鲜卑人逃奔龙城。

初七，前燕散骑侍郎余蔚带着人，趁夜打开邺城北门，把前秦的军队放进城里。前燕国主慕容带领上庸王慕容评、乐安王慕容臧、定襄王慕容渊、左卫将军孟高、殿中将军艾朗等星夜逃往龙城去了。

初十，前秦王苻坚占领了邺城的王宫。

燕国沦落至此，慕容垂见到以前的公卿大夫同僚，面露怒色。高弼劝慕容垂说：“大王您承袭祖宗积累的成果，决断英明，才能出众，遭受排挤，栖身外域。如今国家宗族覆灭，说不定正是重新振兴国家的契机呢！我认为应该以海纳百川的胸怀，宽容地对待国家的故旧元老，他们得到安慰，便会真心归顺你，这样才能奠定光复的基础，进而谋划成就重建燕国的宏大功业。现在您因为愤怒要抛弃他们，您就会失去基石，以我看来，这种态度不足取。”慕容垂觉得有理，高兴地听从了他的意见。

前燕国主慕容从邺城逃跑的时候，还有一千多骑兵侍卫跟随。等到出城以后，这些人逃散的只剩下十多个骑兵。前秦王苻坚让游击将军郭庆在其后紧追不放。当时道路崎岖难行，孟高服侍着慕容，还要兼顾乐安王慕容臧和定襄王慕容渊，跑前跑后，十分辛苦。途中强盗四起，一行人只得边打边走。几天以后，到了福禄，众人已经疲惫不堪，于是靠着坟墓休息，这时突然窜出有二十多个手持弓箭的强盗，孟高顾不上疲惫，挥刀与他们拼杀，打死打伤数人。可是这时的孟高筋疲力尽，自己觉得难逃此劫，于是奋不顾身，冲上前去抱住一个强盗，誓死都不松手，大喊道：“我们同归于尽吧！”其他强盗趁机向孟高射箭，可怜孟高身中数箭而亡。逃走的艾朗看到孟高顽强地与强盗独自搏斗，又返回来帮助孟高，也中箭身亡了。损失了两名大将，马匹也丢失了，前燕国主慕容艰难地徒步行走，终于郭庆在高阳追上了他。部将巨武要把他捆绑起来，交给苻坚，慕容说：“胆大妄为的小人，你竟敢捆绑天子！”巨武鄙视道：“我接受主上的命令追击盗贼，哪有什么天子！”于是他还是被押到前秦王苻坚那里。苻坚责难慕容，问他为什么要选择逃跑而不是投降，慕容回答说：“狐狸要死时，都要跑回自己的洞穴，何况是人，我只是和先人葬在一起。”国破家亡，苻坚也为他感到悲哀，便放了他，命他返回王宫，率领文武百官投降，表示要臣服前秦。慕容对孟高、艾朗的忠诚不能忘怀，对苻坚大加称颂两人，苻坚命令厚葬他们，并将他们的儿子提升为郎中。

郭庆继续追击，追到龙城，太傅慕容评已经逃到高句丽。高句丽并没有收留他，而是将他拘捕了，送到前秦。逃跑的宜都王慕容桓为了壮大自己的实力，杀掉了镇东将军勃海王慕容亮，把他的兵众据为己有，然后逃奔辽东了。此时的辽东太守韩稠已经投降了前秦，因此他并没有收留慕容桓。慕容桓发兵攻打韩稠，没有攻下来。与此同时，前秦将军朱嶷也在攻打慕容桓，慕容桓腹背受敌，不能抵抗，想要丢下兵众只身逃跑，却还是被朱嶷擒获，遭斩杀。

燕国覆灭，所属各州州牧、太守以及六夷首领全都归附了前秦。前秦因此疆域扩大，人口增多。为了奖赏杀敌的将士，苻坚将前燕的宫女、珍宝都赐给他们。大赦天下，诏令称：“朕不才，接受上天的旨意，替天行道，不能以仁爱之心招徕远方的民众，使他们安居乐业，天下臣服，以致战乱频发，百姓饱受战争之苦。现在大赦天下，朕愿与百姓从头开始。”

先前，梁琛出使前秦时，侍辇苟纯是他的副手。而梁琛我行我素每逢应酬对答，都不与苟纯商量，也不事先告诉说他，因此苟纯怀恨在心。回到邺城后，他向前燕国主慕造谣说：“梁琛出使秦国时，和王猛的关系非常好，我怀疑他会联合秦国，意图反叛。”再加上梁琛总是赞赏前秦王苻坚及王猛的品德才能，而且还提醒要防备前秦起兵攻打。不久，真被梁琛说中，前秦果然兴兵前来讨伐前燕，慕容便怀疑梁琛根本就事先知情。燕国节节败退，慕容迁怒梁琛，就将他逮捕下狱。前秦王苻坚进入邺城，将他释放，让他担任中书著作郎。

苻坚召见梁琛，对他说：“过去，你在上庸王慕容评、吴王慕容垂手下任职，这两人都是才能卓越的将相之才，为什么不能出谋划策，情愿让国家灭亡？”梁琛回答说：“天道兴衰，国家的命运，不是仅靠这两个人就能改变的！”苻坚说：“你没能事先掌握燕国的弊病，而采取行动，却还虚张声势，夸大燕国的强大，看似忠诚，自己却身陷囹圄，这是明智之举吗？”梁琛不以为然：“我听说，‘人们所说的先兆，是藏在纷杂变化中细微的表象，它可以显示吉凶。’我生性愚钝，实在难以明晰其中的妙处。然而作为臣子，忠诚是最重要的品德;作为儿子，孝顺是最重要的素养。自己都没有一贯的忠孝之心，如何能期待别人也如此对待自己。所以古代的勇士，面临危难，而初衷不改，身陷死地，也绝不逃跑回避，以忠孝之心殉身君主、父母。而那些洞察征兆的人，事先知道了会有危险，便会选择去留，逃避灾难，他们只能想到自己的安危，哪有时间顾及宗族国家？我即使能预知灾祸，尚不忍心抛却国家宗族，何况能力达不到呢！”

燕国平定，秦王苻坚论功行赏，各有差等。

燕国的地方长官，全都根据过去的人选加以任命。苻坚任命前燕的常山太守申绍为散骑侍郎和散骑侍郎京兆人韦儒一起作为绣衣使者，巡查关东地区。申绍等人到了当地，调查风俗民情，鼓励农业生产，救济那些生活贫困的人，还帮助收敛安葬死者，表彰节义行为。前燕那些不利百姓的政令，也全都被修改、废除了。

十二月，前秦王苻坚将前燕的四万多户鲜卑人迁入了长安。

梁琛，了解当地情况，于是王猛建议留下他任主簿，兼记室督。有一天，王猛和僚属聚宴，话题转到燕朝的使者时，王猛说："人心不同。梁琛出使长安，只称赞自己的朝廷；乐嵩只夸大桓温的军队；郝晷暗地里说到了国家的弊端。"参军冯诞说："如今这三人全都臣服前秦，敢问以您的用人之道，会优先重用谁？"王猛说："郝晷心思细密，能洞察细微之处，应优先重用。"

前秦王苻坚从邺城返回长安，走到枋头，宴请当地父老，把枋头改名永昌，并下令永远免除该地的赋税劳役。

十四日，秦王苻坚回到长安。对前燕的王公大臣也都各有封赏。

第 29 章　桓温废帝

东晋大司马桓温，位极人臣，恃宠而骄，渐渐地不甘心只做一个臣子了。

一次，他闲来无事，抚摸着枕头，感叹道："男子汉如果不能流芳百世，让人称颂，那遗臭万年，遭人唾骂，也未尝不可！"当时有一个叫杜灵的方士，能掐会算，可以预知人的未来。桓温请他预测自己的仕途如何，杜灵说："当今之世，您的功勋无人能及，一定可以达到一人之下万人之上。"桓温听后并没有很高兴。

桓温本想先在河朔建立战功，赢得人心，扩大声望，以便回来后朝廷封给自己最高礼遇——加九锡。没想到兵败枋头，他的声望大减，失去很多的拥护者。后来攻克寿春，桓温洋洋得意，对参军郗超说："这回总算能抵消枋头战败的耻辱了吧？”郗超说：“恐怕不能。”

某一天，郗超在桓温处留宿，等夜深人静时，对桓温说：“明公虽已位高权重，但没有别的打算吗？”桓温说：“你有什么话就直说吧。”郗超说：“明公肩负平定天下的重任，如今已是六十高龄，本应德高望重了，却在北伐中兵败枋头，以致威望大减，如果不建立非常的功勋，恐怕难以收回人心！”桓温说：“那我该怎么做？”郗超说：“明公不像商朝的伊尹放逐幼主太甲、西汉霍光废黜昌邑王那样，是难以建立大的威势与权力，震慑四海的。”郗超所言，正合桓温心意。桓温当下就和他商量对策。当时的皇帝海西公谨小慎微，没有什么把柄可抓。桓温非常奸诈，便想出用后宫私密诋损他的办法。于是造谣：“皇上身患奇病，不能生子，宠臣相龙、计好、朱灵宝等，霍乱宫闱，与田氏、孟氏两位美人珠胎暗结，生下三子，还想将他们中的一个封为太子，使江山易主。”这些话很快在民间散开，当时的人们真假难辨。

十一月，初九，桓温已经开始积极准备，从广陵返回姑孰，驻扎在白石。

十三日，桓温抵达建康，觐见褚太后。桓温想委婉劝谏褚太后，请她废黜司马奕，立丞相会稽王司马昱为太子，连呈给褚太后的诏令他都准备好了。太后信奉佛教，当时，正在佛室烧香，内侍禀报说：“紧急奏章请您批阅。”褚太后从佛室出来，倚门而立，奏章看了几行字就说：“我也已经猜到会有这样的事情！”看了一半，看不下去了，吩咐内侍拿来笔，添上上了这样的话：“我遭遇这样的忧患，也很痛心，想到先帝和幼主，十分难过！”

十五日，百官在朝堂举行废立大礼。但是废立皇帝在本朝还是第一次，所以没有人知道该遵循什么典礼规则，百官们都惊慌恐惧，不知所措。桓温也没有准备，神色紧张。正在不知如何是好时，尚书左仆射王彪之还非常镇静，他看到事已至此，不能半途而废，建议桓温说：

“废立皇帝，前代已有成规，您不妨效法前代。”于是命人取来《汉书·霍光传》，按照当时的礼节仪制决定了程序。王彪之身穿朝服，立于朝堂之上，宣布文武仪规典则，只见他从容镇定，毫无惧色，朝廷百官由此对他心生敬意。随后宣布了太后的诏令，废帝司马奕被贬为东海王，立丞相、录尚书事、会稽王司马昱为新一任君主。接着百官进入太极前殿，桓温命人收回了废帝的印玺绶带。司马奕头戴白色便帽，身穿朝臣盛装，从西堂走出，乘着牛车出了宫门，群臣伏地叩首拜别，都啜泣到不能言语。由侍御史、殿中监带领一百多名卫兵护卫着，司马奕移居东海王的宅第。

那边废帝出宫，这边桓温率领百官，准备好迎接新皇帝的车乘，风风光光的前往会稽王的官邸，去迎接会稽王司马昱了。会稽王头戴平顶头巾，穿着单衣，面向东方，流涕叩拜，接受了印玺绶带，在朝堂换上了天子的服装。就在这天，会稽王司马昱成了新一任皇帝，就是简文帝，将年号改为咸安。

桓温暂住在中堂，分派兵力保卫禁宫安全。桓温腿脚不方便，简文帝就特许他可以乘车觐见。见简文帝前，桓温已准备好奏章，陈述他为何要黜废司马奕。可是简文帝一见到他，就流下了眼泪，桓温惶恐不安，始终没能说话。

太宰武陵王司马晞，喜好习武练兵。桓温对他有所顾忌，担心他有一天会威胁到自己，于是想废黜他，桓温找王彪之商量此事。王彪之却说：“武陵王是王室中人，而且很有威望，并没有犯大的过错，因为猜忌而随便废黜，不会有人信服。您想要一位贤明的君主，应当像商朝的伊尹、周朝的周公那样尽心竭力辅佐王室。这件事关系重大，还是应该慎重考虑一下！”桓温此时非常坚决：“我意已决，你不必再劝我了！”

二十一日，桓温便采取了行动，上表章弹劾武陵王说：“司马晞收纳了一批轻浮好战之徒，他的儿子司马综也狂妄自大，生性残忍。袁真叛逆的事情牵连到他，近日，他疑心很重，担心朝廷会治他的罪，也许会因此发动叛乱。臣请罢黜司马晞在朝廷的官职，让他回到他的封地做他的藩王。”这封奏章获得批准，就连司马晞的世子司马综、梁王司马等人的官职也被免除了。桓温也把守卫皇宫安全的责任，交给了魏郡太守毛安之。

十六日，褚太后被尊奉为崇德太后。

起先，殷浩去世时，大司马桓温曾派人送信吊唁他。可是殷浩的儿子殷涓既没有回信致谢，后来也没有去拜访桓温，反而与武陵王司马晞游玩。庾希的弟弟广州刺史庾庾蕴，也一直和桓温不和。殷涓、庾蕴宗族势力强大，桓温觉得他们将来会成为他的祸害，想要除掉他们。

十七日，桓温派他的弟弟桓秘逼迫新蔡王司马晃到简文帝面前自首认罪，并污蔑司马晞及他的儿子司马综、著作郎殷涓、太宰长史庾倩、掾曹秀、舍人刘强、散骑常侍庾柔等密谋篡权。简文帝听后，泪流满面。桓温便下令把他们全都逮捕，送交廷尉。庾倩、庾柔，都是庾蕴的弟弟。

二十日，御史中丞谯王司马恬要求顺应桓温的意思，依据律法，惩办司马晞等人。简文帝下诏说：“他们都是王室贵族，听到要处决他们我都要悲痛惋惜，惊恐不安，何况是让我下令斩杀呢！这件事要从长计议！”

二十一日，桓温再一次上表，请求杀掉司马晞，言辞激烈，态度恳切。面对桓温的咄咄逼人，简文帝亲手写下诏令回复桓温说：“如果你觉得晋王朝还能千秋万代，就执行以前的诏令，不必再请示了；如果你觉得晋王朝气数已尽，我愿让位给更贤能的人。”桓温看后，诚惶诚恐，大惊失色，于是不敢再坚持杀掉司马晞，而是奏请黜废他及他的三个儿子，将其家人迁到新安郡。

二十二日，新蔡王司马晃被贬为庶人，迁到衡阳。殷涓、庾倩、曹秀、刘强、庾柔则被满门抄斩，庾蕴服毒自尽。庾蕴的侄媳妇，是桓温三弟桓豁的女儿，得以逃过此劫。庾希听闻殷、庾两个家族遭受灭顶之灾，带领弟弟会稽参军庾邈及儿子庾攸之逃到海陵的湖泽去了。

桓温消灭了殷、庾两大宗族，势力急剧膨胀。侍中谢安看见桓温，还在很远的地方呢，就开始行礼。桓温很吃惊，问道："谢安，何以至此啊？"谢安说："君主都叩拜了，臣下才拱手还礼，那不是很失礼。"

二十四日，东晋下诏大赦天下，文武官员都增加二等品位。

二十五日，桓温退出京师，停驻白石，并上书请求返回姑孰。

二十六日，简文帝下达诏令，将桓温升为丞相，并且继续兼任大司马，留任京师辅佐朝政。桓温坚持请辞，要求回到自己据守的姑孰。

二十七日，桓温从白石回到姑孰。

桓温废立皇帝的事情传到前秦，前秦王苻坚听说后，对群臣嘲笑说："桓温接连战败，不能自我反省向百姓谢罪，反而废黜君主转移世人的视线，达到自我解脱的目的。都六十岁的人了，还做出这样的事情，在天下人面前要如何子处？民间谚语说：'要向妻子发脾气，就给她的父亲难堪。'大概是在说桓温吧。"

第 30 章　淝水之战

公元 383 年，前秦王苻坚不顾群臣反对，执意攻打东晋。

冬季，十月，苻坚的弟弟阳平公苻融率军等攻打寿阳。十八日，寿阳沦陷，东晋平虏将军徐元喜等人被擒。苻融将他的参军河南人郭褒安置在这里任淮南太守。前秦长驱直入，慕容垂又攻下了郧城。寿阳被攻陷，胡彬听说后退守卫硖石，苻融紧接着随军围攻硖石。前秦卫将军梁成等军率驻扎在洛涧，五万兵众沿淮河布防，以遏制东晋东面的部队。谢石、谢玄等也驻扎在洛涧，看到梁成兵将众多，不敢前进。硖石这边，胡彬被围困，城中粮食耗尽，就要支撑不下去了，于是派使者向谢石密报说："现在贼寇气焰强盛，而我方粮食耗尽，恐怕无力支撑到与大军会合了！"不久，硖石城破，胡彬被擒获，前秦人把他送交阳平公苻融。苻融见东晋溃败，急忙向前秦王苻坚报告："现在敌方力量薄弱，我们取胜很容易，只担心他们率军逃走，应该迅速率兵前来增援，对其进行围追堵截。"于是，苻坚把主要兵力留在项城，只率领八千轻骑，火速赶赴寿阳与苻融汇合。

苻坚派尚书朱序去劝降谢石等人："我们双方力量差距悬殊，还是早点投降吧，免得损失惨重。"可是，朱序私下里却给谢石出主意说："秦国率百万兵众来袭，如果全部抵达，到时候确实非常危险，但是现在军队都分散各地，应该在他们还没会合时，速战速决，各个击破。如果将他们的前锋部队打败，一定会戳伤他们的锐气，最终取得胜利的希望就很大了。"

苻坚已经赶往寿阳，谢石听说后，十分害怕，想拒绝出战，拖延时间，以拖垮前秦的军队。谢琰觉得朱序分析的有道理，劝谢石采用朱序的计策。

十一月，东晋决定先攻取洛涧，广陵相刘牢之率领五千精兵开赴洛涧。梁成闻讯，在离洛涧十里处的山涧，排兵布阵等待刘牢之。刘牢之并没有因此害怕，径直向前攻击梁成。梁成大败，丢了性命，弋阳太守王咏也被杀了。刘牢之又分出兵力堵住了他们回去的渡口，前秦溃不成军，士兵们争先恐后地逃向淮水，损失一万五千人，前秦扬州刺史王显等人被抓，他们的武器军粮也全部被收缴。洛涧之战，东晋完胜。于是谢石等各路军队，相继从水路、陆路进发，挺进寿阳。前秦王苻坚赶到寿阳，与阳平公苻融登城远望，只见东晋的军队军容整齐，布阵严整，与八公山上的草木连成一片，以为那些草木都是东晋的士兵。苻坚回头对苻融说：“东晋也是强敌，一点不像你说的那么软弱！”苻坚怅然若失，面露惧色。

为了不让东晋的军队渡河，前秦的军队延淝水严阵以待。谢玄派人出使前秦，对阳平公苻融说：“您率领大军，长途跋涉，来到此地，却严守淝水，看样子是不想和我们速战速决，而是要打持久战了。但是如果您的军队稍微后撤，让晋军渡河，我们一绝胜负，不就省去您孤军深入的麻烦了吗？”前秦众将领都反对：“双方力量差距悬殊，我军优势明显。遏制他们上岸，来争取时间，这才是万全之策。”苻坚说：“我军只稍微后撤一点，待他们渡河渡到一半，我们就攻其不备，这样一定胜券在握！”苻融也觉得此计可行。于是前秦挥舞战旗，指挥大军后退。这时，朱序在军阵后面高呼：“秦军失败了！”士兵们不明就里，以为真的战败，军队一退而不可收拾。朱序乘机与张天锡、徐元喜都来投奔东晋。谢玄、谢琰、桓伊等率军过河，一副乘胜追击的样子。苻融骑马来到阵前，想要稳住溃逃的士兵，让他们继续作战，不想慌乱中战马倒地，自己也被东晋士兵杀掉。前秦的军队崩溃，士兵们四散奔逃。谢玄等紧追不舍，追到青冈，前秦的军队已无力还击，逃跑的士兵慌不择路，自相践踏，尸横遍野，惨不忍睹。逃跑的人也都精神紧张，山谷中的风声，天上飞鹤的叫声都让他们不寒而栗，以为晋军追来了。于是他们日夜兼程，冻饿交加，风餐露宿，还是死了七八成的人。

东晋又攻取了寿阳，前秦的淮南太守郭褒被抓。秦王苻坚的车乘被缴获，他自己也中了流箭，身负重伤，还要逃避追兵，到淮河以北时，他已经十分饥饿。有的百姓把水泡饭、猪骨头盛在壶里给他送来，苻坚吃完，要赏赐给他们十匹布帛，十斤绵。这些人推辞说：“陛下过惯了安乐的日子，厌烦困顿受苦，才要攻打晋朝，自取危难。我们是陛下的子民，陛下犹如我们的父亲，哪里有儿子给父亲饭吃还要收取报酬的道理！”那些赏赐他们连看也没看就离开了。苻坚深感羞愧，对张夫人说：“我还有什么颜面再治理天下呢！”说着黯然神伤，掉下眼泪。

就在前秦的各路军队溃散时，慕容垂统领的三万人却能得以完整保。苻坚率领残余的一千多骑兵来找慕容垂。长子慕容宝见前秦元气大伤，对慕容垂说：“燕国宗族国家覆灭，天意、民心都寄希望于尊贵的王室，只是时机还不成熟，所以应该掩其锋芒，韬光养晦。如今秦军大势已去，来投靠我们，这是光复我们大燕国统的天赐良机，机不可失失不再来，希望你不要妇人之仁，因为小恩小惠就抛弃了国家的重任！”

慕容垂说：“的确是这样。然而他一片赤诚，将自身的安全交给我，我怎么忍心伤害他！假如前秦灭亡是天意，我们也不必急在一时。他现在身处危难，这时保护他，就足以报答他的恩德。现在他兵败如山倒，国内一定危机四伏，我们不如等他的灾祸到来之时，再图谋他。这样既不违背光复燕国的夙愿，而且天下人也会称赞我们的道义而臣服我们。”

奋威将军慕容德不以为然，说：“秦国本来也是弱肉强食，强大时吞并燕国，现在他面临危难，此时灭亡他，是报灭国之仇，血亡族之恨。这并不与报恩的心愿相违背。哥哥你为什么要轻易放弃这样的好机会，而把数万兵众拱手送给别人呢？”

慕容垂说：“当初我被太傅慕容评排挤，无处安身立命，冒死逃到秦国。秦国主对我以礼相待，恩义备至，就像对待国中的贤臣。后来，我又被王猛出卖，无法证明自己的清白，秦国主偏偏就能明察，没有降罪于我，这种恩情我怎能忘记呢！如果前秦果然气数已尽，我也应当招纳关东的义士，光复燕国先帝的大业，至于关西之地，是必定不会强行占据的！”

冠军行参军赵秋也劝慕容垂说：“由明公您来担任光复燕国的国统大任，记录神灵天命的图谶已有明显的显示。如今唾手可得的良机就在面前，您还在等什么！杀掉秦国主苻坚，占据邺都后，我们声势浩大的西进，三秦之地就不再是苻氏的了！”亲信党羽都不断地劝慕容垂杀掉苻坚，慕容垂仍坚持己见，把军队交给苻坚。到了荥阳时，慕容德又劝说慕容垂借机杀苻坚，起兵光复燕国。慕容还是没有听从。

前秦军队战败的书信送来时，谢安正在与客人玩围棋，拿到信后，他装作若无其事的样子，把信随意往床上一放，继续下棋。客人问发生什么事了，他不紧不慢地回答说：“小孩子们已经打退了贼寇。”下完棋客人走后，他高兴地返回屋里，过门槛时，竟然连鞋子的屐齿断了，都没有发觉。

初二，谢石等人凯旋。俘虏中有前秦的音乐工匠，他们熟悉古代的礼乐，从此东晋宗庙祭祀活动中，开始有了钟磬乐器，演奏音乐。

初十，张天锡被封为散骑常侍，朱序被封为琅邪内史。

第31章　后燕的建立

淝水战败后，前秦日渐衰微，丁零部落首领翟斌首先叛离。前秦派慕容垂前去讨伐他。

公元384年春季，正月初一，前秦长乐公苻丕大宴宾客。他邀请了慕容垂的儿子慕容农，却没有看见他，才觉得事有不对，于是派人四处寻找。三天以后，才得到消息，慕容垂也已经起兵反叛了，慕容宝已到列人县。

慕容垂、翟斌既然都已叛离前秦，自然就联合了。在盟主的问题上，慕容垂是前燕王室，德高望重，慕容凤、王腾、段延等都劝翟斌推举慕容垂为盟主，翟斌也没意见。慕容垂想先攻下洛阳，但不知翟斌是不是真心诚意要与他联合，就拒绝他说："我本来是要援救豫州的，并不想投奔您。您要起兵反叛，事情成功你可坐享富贵，一旦失败也要承担由此带来的灾祸，这件事我不参与。"

慕容垂继续进军洛阳，初二就到了，平原公苻晖听说，他杀了前秦将军苻飞龙，起兵反叛，将他拒之门外。翟证又派长史郭通前去劝说慕容垂担任，慕容垂还是没有同意。郭通说："将军你之所以拒绝郭通，是认为翟斌等人身居山野，并非同一宗族，没有非常的才能和过人的谋略，不能成就大事吗？可是为什么不考虑将军今天有他们相助，就可以成就光复燕国的大业呢！"终于他同意当盟主了。获知慕容垂点头，翟斌便率领军队前来与他会合，并且他劝慕容垂以帝王的尊号自称。慕容垂辞让说："新兴侯慕容，才是我们的国主，应当将来把他迎接回去，重归正统。"

慕容垂考虑到攻取洛阳会四面受敌，想先把邺城攻下来作为据点，于是放弃洛阳，率军东进。行进中，过去的扶馀王，现在的荥阳太守馀蔚率军投降了慕容垂，不久昌黎的鲜卑人卫驹也来投降了。慕容垂抵达荥阳，他的属下坚决要求以帝王自称，慕容垂不能辞，于是按照晋元帝时的遗规，自封大将军、大都督、燕王，按照君主的旨意发号施令，称为统府。属下们自己称臣，递呈奏章，发布文书，加封官爵，都是执行君王的标准。慕容垂重整军队，封他的弟弟慕容德为范阳王，任车骑大将军；封哥哥的儿子慕容楷为太原王，任征西大将军；封翟斌为河南王，任建义大将军；封馀蔚为扶馀王，任征东将军、统府左司马；同时封卫驹为鹰扬将军，慕容凤为建策将军。职责分配完毕，慕容垂率军二十多万，从石门渡黄河，一路挺进，奔赴邺城去了。

当初慕容农奔赴列人县的时候，停留在乌桓人鲁利家中，鲁利准备了食物招待他，慕容农只是笑了一下，并没有吃。鲁利对他妻子说："老婆，君郎是富贵之人，我们家中贫困，没什么可招待他的，怎么办？"他的妻子说："他是有远大抱负的人，无缘无故到这来，一定不是为了吃喝，恐怕要有不寻常的事情发生了。你要小心观望，以防不测。"鲁利也就小心谨慎起来了。

慕容农对鲁利说明来意："我想在列人县起兵，成就复兴燕国的大业，你能帮助我吗？"鲁利说："我愿誓死跟随您。" 于是，慕容农又到乌桓人张骧那里，对他说："我的父王已经发动了复兴燕国旧业的大事，翟斌等人也全都唯他的马首是瞻，现在远近响应，所以我是来听你的意见的。"张骧连扣两头，说："有生之年还有幸侍奉过去的君主，我怎敢不尽心竭力呢！"

于是慕容农就发动列人县的居民参军，砍伐桑树榆树，制作兵器，撕下衣襟作为旗帜。慕容农派赵秋去游说屠各人毕聪，没想到一呼百应，毕聪与屠各人卜胜、张延、李白、郭超以及东夷人馀和、敕勃、易阳的乌桓人刘大就各自率部众数千人前来投奔。慕容农迅速壮大，为了方便管理，暂时由张骧、刘大为、鲁利分任辅国将军、安远将军、建威将军。慕容农亲自率兵攻克了馆陶，将军粮武器收缴补充了自己军队的装备。同时派慕容垂的堂舅兰汗、段聪的儿子段、赵秋、慕舆抢了数千匹牧马做战马。慕容农的军队越来越有规模，步兵、骑兵云集，数以万计。有了军队不能没有首领，张骧等人力举慕容农任使持节、都督河北诸军事、骠骑大将军。其余众将领则根据才能加以任用，军队上下，井然有序，无不恭敬顺从。因为父亲慕容垂还未抵达，慕容农不敢对将士擅自封赏。赵秋建议说："没有奖赏的激励，士兵们是不会勇往直前，奋勇杀敌的。来投奔的这些人，全都是想建功立业，谋求长远发展的。如果以国主的身份对他们进行封赏，便可以扩大中兴大业的根基。”于是慕容农论功行赏，前来投奔的人越来越多。慕容垂听说此事，非常赞赏。这时，上党的库官伟，东面东阿的乞特归，北面后燕国的光烈将军平睿及平睿的哥哥汝阳太守平幼，全都应招二来，投奔慕容农。慕容农又派兰汗攻下了顿丘。慕容农军纪严格，对老百姓秋毫无犯，深得人心。

慕容农日渐壮大，前秦长乐公苻丕不能视而不见，于是派石越率军一万多讨伐慕容农。慕容农分析道：“素闻石越多勇多谋，现在不去南边抵抗主要大军反而来这里，这是避开强大的主力军而来欺负我。他们肯定轻视我的力量，而没做防备，我们可以以计谋取胜。”将士们建议慕容农坚守列人城，慕容农却说：“会用兵的人，以赢得人心来凝聚兵众，不靠别的。如今兴起义兵，人心所向，敌人来袭，就绝不放过，整个江山都是我们的城池，据守在列人城只是暂时的。”

初七，石越来到列人城西，结果前锋部队就被慕容农所派的赵秋及参军綦毋滕打败。参军太原人赵谦对慕容农说：“石越的铠甲兵看上去很精良，但其实他们人心不稳，所以是个纸老虎，我们应速战速决。”慕容农说：“他们的铠甲是有形的，不堪一击，我们的铠甲在心里，牢不可破。但是如果双方在白天交战，士兵们看见他们装备精良，就会心生畏惧；不如等到晚上，什么都看不清，士兵们没有顾忌，一定会奋勇向前，我军必胜。”

慕容农命令士兵随时做好进攻的准备，但不得轻举妄动。石越为了防备偷袭，修建栅栏自守，慕容农笑着对众将领说：“石越装备精良，人多势众，不乘着锐气正盛，一举进攻，反而修建栅栏防御，可以看出他是怕了我们，没有能力进攻了。”天黑以后，慕容农这边战鼓齐鸣，士兵们呼喊着向前冲，大军在城西摆开战阵，牙门刘木请求担任先锋，率军击破石越的栅栏。慕容农笑着说：“见到美食，谁都想吃，怎么可以请求独食呢！不过你的勇猛锋锐值得嘉奖，应该把先锋职位优先给你。”于是，刘木就率领四百名勇士越过栅栏冲入敌阵，前秦的军队猝不及防，惊慌溃逃。慕容农率大军乘胜追击，前秦的军队大败，石越被杀，首级被送到了慕容垂那里。石越与毛当，是前秦有名的勇猛战将，所以前秦王苻坚才让他们辅助两个儿子。两人相继败亡后，人心动摇，他们所在的地方盗贼群起。

二十六日，慕容垂挺进邺城，将前秦建元二十年改为后燕元年。礼仪制度，官员服饰的颜色等，全都遵循前燕，而且也重新任用了前燕旧臣。慕容农率军来到邺城与父亲慕容垂会合。慕容垂将他起兵之初自称的大将军、大都督、燕王正式授予慕容农。长子慕容宝被立为太子，其余众人，各行封赏。

长乐公苻丕觉得慕容垂背信弃义，派姜让谴责他，并劝他说："知错能改，为时还不晚。"慕容垂说："前秦王苻坚对我情深意重，所以我想保全长乐公。允许他带领全部军队返回长安，我绝不侵犯。然后我要重新振兴燕国，也愿与秦国结为友好邻邦，永远和平相处。他为什么不能识时务，把邺城归还给我呢？如果他再食古不化，到时候我的军队全力攻打，他就是想只身逃跑都难了。"

姜让义正辞严地指责慕容垂说：

将军遭奸人排挤，在自己的国家无立足之处，才来投靠我国，燕国地域狭小，哪有你的容身之处？我主与将军民族不同，习惯不同，然而却对您一见如故，像家人一样，给你的恩宠礼遇，我朝旧臣都超过了。自古以来，有这样优厚地对待前来投奔的大臣的君王吗？可是君王的军队遭受了小小的挫败，你却落井下石，马上另有图谋！长乐公是主上的嫡传长子，备受器重，才肩负分治一方辅佐君王的重任，难道能把百城之地拱手让你吗？将军您想背弃君主，自然可以大动干戈，何必说那么多呢！只可惜将军您晚节不保，都七十高龄了，还要像商纣一样，被周武王杀掉，把头颅悬挂在白旗上，往日虽有竞相传颂的忠诚，现在却要变成一个叛逆之鬼了！

慕容垂默不作声。

周围的人非常愤怒，请求杀掉姜让。慕容垂说：“他也是为自己的君主竭尽忠孝，何罪之有啊！”于是对他以礼相待，把他送了回去。慕容垂惦念往日恩义，送信给苻丕，也向前秦王苻坚进上表章，陈述利害，请求将苻丕送回长安。苻坚和苻丕无法理解，回信时言辞激烈地痛斥了慕容垂。

第 32 章　都城保卫战

公元 397 年，北魏率大军东来。

后燕清河王慕容会听说后，身先士卒，上表请求带兵出征，以解除国家危难。国主慕容宝欣然同意。但是因为当初慕容宝没有立他为太子，慕容会仍耿耿于怀。这次说是救国难，他却故意拖延时间。他让征南将军库官伟、建威将军馀崇，二人带兵五千作为前锋先出发后，过了将近一百天，停留在卢龙一带的前锋部队把军粮都吃完了，后来连军中的马牛都吃尽了，慕容会还没有带兵出发。慕容宝震怒，几次下诏，严厉斥责他。迫不得已，慕容会以储备军资、训练士兵为由，又拖延了一个多月。

这时，由于北魏的围困，前进的道路不通畅。为了部队的前行，库官伟打算遣一支活动灵便的先遣部队去开通道路，侦察北魏军队虚实，同时，还能大肆张扬自己军队的声势。可是，众将领面面相觑，知道前方凶险，都不愿意去。馀崇奋起，说：“现在大敌当前，京都危在旦夕。普通人尚且想到为解救国难，奋不顾身，你们享受皇恩，身兼重任，怎么能贪生怕死呢！如果国家社稷覆灭，我们作为臣子，将要放弃节操，到时候即便是死了，也要为后人不齿！你们几位就在这儿享受安逸吧，我馀崇请求到前线去抗敌。”库官伟非常欣慰，精选了步、骑兵共五百人，拨给馀崇。馀崇带兵走到渔阳时，遇到一千多北魏骑兵。馀崇对他手下说：“敌方是我们的两倍，不主动出击，今天我们都将葬身于此。”于是带领着五百人大声呼喊着冲向敌军，馀崇一人就杀敌十几个。魏军骑兵遭受突袭，没有任何防备，溃散而逃，馀崇也带着士兵们得胜而归。这次突袭，大获全胜，敌方损失很多，还带回一些俘虏，馀崇详细描述了解到得敌军情况，军中士气稍稍有所振奋。前方传来捷报，慕容会这才正式带兵上路，缓慢前进。过了一段时间，他们才到达蓟城。

后燕都城中山已经被北魏军围困了很久，城里的将士们都摩拳擦掌，想要出城与敌人决一死战。征北大将军慕容隆对慕容宝说：“拓跋虽然多次小胜，但大军出征，在这里已羁留一年，来时的气势汹汹已经消磨殆尽，现在军队士气低落，士兵马匹也损失了大半，人们久战思归，各部落间也都分崩离析，这是我们打败他们的大好时机。再加上现在我们军民全城团结一心，都想奋力一搏。趁着我们士气正盛，攻打他们的弱势，一定可以取胜。如果过于谨慎持重，犹豫不决，一旦将士们丧失斗志，环境又越来越坏，天长日久，局面发生扭转，到那时，就是想找这样的机会都找不到了。”慕容宝也同意他的看法。但是卫大将军慕容麟却不以为然，几次都阻挠慕容隆的建议，使得前后有四次，慕容隆已经准备却被迫中止。

慕容宝派人向魏王拓跋送信，表示愿意割让常山以西的大部地区送给北魏，并把他弟弟拓跋觚护送回去，以此向北魏求和。拓跋答应了，事后慕容宝又后悔了。

十一日，拓跋来到卢奴。

十三日，中山城再一次被拓跋包围，陷入困境。后燕几千名将士都踊跃请战说：“中山城已经山穷水尽，我们只是坚守这座孤城，迟早会被困死。陛下每每制止我们出城与敌人决一死战，这和坐以待毙有什么区别！我们被围这么久以来，并没有发生什么对我军有利的突然变化，只是希望贼兵因为旷日持久，自行退去。但是城内外的形势，敌人强过我们很多，很明显，他们绝不会自己撤退。为今之计，应该听从大家的意见，出城决战，还有一线生机。”慕容宝终于下定决心。慕容隆很快把部队调配完毕，召集参谋佐将，对他们说：“皇上的声威不振，强盗贼子欺负到我们家门口来，是可忍，孰不可忍。现在我们唯有将生死置之度外，才能雪耻。这次决战，如果能侥幸得胜，打败强敌，平安归来当然最好，倘若遭遇不测，起码也让世人知道了我们坚贞不屈的气节。你们当中如有人回到北方，看到我的母亲，请千万把我的这种心情向母亲禀告。”于是，他披挂整齐，跨上战马，来到城门处待命。慕容麟又百般干涉，坚决阻止了这次行动，众将士都非常气愤，慕容隆也无奈，流着泪回去了。

这天晚上，慕容麟发动兵变，劫持了左卫将军、北地王慕容精，并且让他率领禁军去刺杀慕容宝，结果遭到慕容精的坚决拒绝，慕容麟恼羞成怒，将慕容精灭口，然后逃出城，去投奔西山丁零的残余部落了。自此，中山城的军民情绪更加震惊动荡。

慕容宝不知道慕容麟的去向，而且以为清河王慕容会的部队就驻扎在附近，担心慕容麟会夺走慕容会的部队，然后跑去抢占龙城。于是，他把慕容隆及骠骑大将军慕容农召来，商议着想要放弃中山，去死守龙城。

慕容隆说：“先帝忍辱负重，历经千辛万苦，才完成的中兴大业，在他死去不到一年的时间，就面临这样的危难。都是我们辜负了先帝的嘱托和厚望啊！现在，外面强敌压境，而我们内部又爆发变乱，同胞骨肉相残，民间人心惶惶，这种状态的确不能打退强敌。如今被逼到绝境，迁回旧都，也是顺理成章的事情。但是龙川那一带地域狭小，物产贫乏，百姓穷困，不足以作为我们取得大的进展和成功，进图中原的依靠。但是如果我们节俭开支，体恤百姓，重视农耕，加紧练兵，几年之后，不管是官府与还是民间一定会慢慢充实起来。而赵、魏之间互相征讨，连年战乱，百姓一定不胜其苦，怨声载道。那时，他们就会怀念我们燕国的统治，或许我们还有机会，掉头回来继续往日的帝业。往近处想，我们也可以依靠险要的地势，巩固自己，足够我们在那里休养生息，养精蓄锐了。”

慕容宝说：“言之有理，这次我完全听你的。”

慕容隆身边有个辽东人高抚，精通占卜算卦，深得到慕容隆的信任与厚爱。他暗地里建议慕容隆说：“殿下此次虽主上回迁，绝对到不了龙城，也无法见到您的母亲太妃。假如让主上自己回去，殿下留守此地，一定可以完成大的功业。”慕容隆说：“国家面临灭顶之灾，主上奔波劳苦，遭受异族羞辱，而且我的老母亲也在故国，到死时能够头向北方，我也就没有什么遗憾了，你不要再说这样的话。”但是，他还是把手下的官吏僚属召集起来，征求他们的意见，让他们自己决定去留。只有司马鲁恭、参军成岌愿意追随慕荣隆北迁，其他人都想留下，慕容隆并没有横加阻拦。

慕容农的部将谷会归劝说慕容农说：“现在中山城的幸存者，大多是在参合陂之战中，被拓跋所杀的士卒的亲人，他们都同仇敌忾，奔走相告，誓同魏军决一死战，却一再受到慕容麟的压制。现在听说主上要弃城北迁，都表示：‘只要是慕容氏家族中的人，我们便拥戴他当皇上，希望他能领导我们在与魏军苦战，就算战死，也没有什么遗憾。’大王您不如顺应人民的心愿，留在这里，协同百姓击退魏军。如果事成，京畿地区的战乱就会平息，到时候再迎回皇上，也不失为是一个忠臣呀。”慕容农本想杀了谷会归，但又觉得他是个人才，杀了可惜，于是只是表明自己的心志说：“如果一定要背弃君主才能继续生存，那我宁愿去死！”

十四日，慕容宝趁着晚上，带着太子慕荣策和慕容王族一干人等，率领一万多骑兵，出中山城，投奔慕容会的军营去了。年幼的河间王慕容熙、勃海王慕容朗、博陵王慕容鉴还没能逃出城来，于是慕容隆又亲自驾车，回到城里去迎救，终于使他们全部脱险。君主都逃出城去了，后燕将领李沈等人就投降了北魏。其他的几个王室、大臣就率领工匠、艺伎等三百人逃奔邺城去了。

中山城成了弃城，城内群龙无首，老百姓惊恐不安，连东门都没有关闭。魏王拓跋想连夜进城，冠军将军王建却想着抢劫城中财物，以担心手下的士卒趁乱偷盗府库中的财物为由，要求天亮之后再进城，拓跋也同意这样做。后燕开封公慕容详，没来得及随慕容宝北返，城中的军民便将他拥戴为统帅。有了首领，百姓们便关闭了城门抗拒北魏军。拓跋调动所有的军队发起进攻，城中百姓顽强抵抗，接连几天也没得逞。于是派人站在攻城用的巢车上，靠近城墙，向城里喊话：“慕容宝已经将你们抛弃，自己逃跑了。你们这些老百姓在这负隅顽抗，白白送死，谁会记得你们的忠诚？”城里的老百姓便回答说：“我们都是些无知小民，只是不想落得像参合陂那些人一样的下场，只想在这里拖延，好多活个十天半月罢了。”拓跋气急败坏地瞪着王建，吐了他一脸的口水。他又让中领将军长孙肥、左将军李栗二人率三千骑兵追杀慕容宝，但是没有追上，但还是顺便攻下了新城戍之，这才返回。

第 33 章　大逆不道的慕容会

北魏围困后燕都城中山，后燕国主慕容宝弃城逃跑，想要迁回北方的龙城。

慕容宝逃出中山后，竟遇到了兵变失败的赵王慕容麟。慕容麟没有想到会再遇上慕容宝，又羞愧又心虚，赶紧带领着他的部众逃向蒲阴去了，后来到了望都，就驻扎在那里。当地土人不了解他的为人，还给他提供粮草。中山城解困后，慕容详派兵追击慕容麟，慕容麟的妻子儿女被抓，自己就逃入了山中。

十六日，慕容宝来到蓟城，与驻扎在这的清河王慕容会会合。逃亡中，昔日的宫廷亲信近臣有的走散了，有的就逃跑了，到蓟城后，几乎一个不剩了，只有高阳王慕容隆还带领着几百名骑兵忠诚地守护在左右。慕容会率领骑兵二万人到蓟南去迎接父亲慕容宝。但是慕容会举手投足间充满怨恨的样子引起了慕容宝的怀疑，他私下里把这件事告诉了慕容隆与辽西王慕容农。慕容农、慕容隆都说："慕容会小小年纪，已经能独当一面，难免骄纵自己，不会有别的想法！我们一定找时机教导他，要遵循礼仪制度。"慕容宝虽然觉得他们说得有理，但还是不能放心，于是下诏将慕容会的兵权解除了，并转交给慕容隆，慕容隆坚决不肯接受。慕容宝只好减少慕容会的部分兵力，分给了慕容农、慕容隆，以削弱慕容会。中山城并没有沦陷，他又派遣西河公库官骥率三千兵卒去帮助守卫。

十八日，慕容宝要把蓟城中府库的所有财物全部运去龙城，北魏想趁火打劫，派将领石河头带领部队去追击。两天后，在夏谦泽石河头追上了慕容宝。慕容宝想赶紧把财物运走，所以不想和北魏的军队纠缠。清河王慕容会说：“我训练军队，教导部下的都是：没有敌人，也要寻找敌人作战。如今您贵为君主，受到异族凌辱，强盗贼子居然胆敢前来送死，军民心中都非常气愤，将士们都想为您效忠死而后已。《兵法》有云：‘千万不能追击急于逃走的军队。’又说：‘人只有到了绝境的时候，才有更强的求生意志。’我们今天的状况正好符合这两点，一定会取得胜利！但是如果我们只是一再的逃跑躲避，贼寇会以为我们真的软弱可欺，到时候一定会得寸进尺，趁火打劫，恐怕情况会发生逆转。”慕容宝听了，决定迎战北魏军队。

于是，慕容会重整阵势，对阵北魏军队。慕容农、慕容隆等人从旁助战，带领南来的骑兵冲杀敌军，北魏军队大败。后燕乘胜追击，追了一百多里，杀敌数千。慕容隆自己又追出几十里才回来，想起中山城被围时，没能出城迎战，对他的旧部下、留台治书阳说：“当初中山城中集结了几万的部队，都没能让我痛痛快快的打一场仗，今天虽然大胜了，还是不能弥补我在中山城留下的遗憾啊！”他情绪激动，说着潸然泪下。

慕容会击退魏军，自恃有功，更加狂傲凶狠。慕容隆曾几次教导责备他，慕容会因此对他怀恨在心。他想到慕容农、慕容隆都曾经镇守过龙城，德高望重又手握实权，向来比自己要的人心，因此担心一旦到了龙城，权利就会被剥夺，而且他也知道，自己是不会被立为太子的。于是，他想不如先发制人，发动政变。

慕容宝为了遏制慕容会的势力，把幽州及并州的部队分给慕容农、慕容隆两位亲王。但这些都是慕容会的旧部，不愿意离开慕容会。于是向慕容宝请求说：“我们都敬慕清河王的勇武谋略，发誓要与追随他出生入死。还望陛下您与皇太子、各位亲王暂时留在蓟城宫中，我们随清河王去解救京师之难，等胜利了，再回来迎接您大驾还朝。”慕容宝左右侍卫近臣都觉得慕容会是个隐患，劝慕容宝杀了他。侍御史仇尼归是慕容会的死党部下，就向慕容会进言说："大王您现在的靠山是自己的父亲吗？但您的父亲现在对您并不信任；军队是您的靠山吗？但是您现在手里没有兵权。您还有其他的靠山和容身之处吗？现在形势对您不利，您不如杀了慕容农、慕容隆两位亲王，然后废黜太子，自己入主东宫兼任宰相、大将军之职。这才是匡正恢复社稷的最好办法。"慕容会有些犹豫，没能应许。

慕容宝看出慕容会心怀不轨，对慕容农、慕容隆说："慕容会野心勃勃，我看今后一定谋反，应趁早除掉他。"慕容农、慕容隆都劝他说："现在我国危机四伏。对外，敌寇入侵，遭受欺侮；对内，战乱频发，政权不稳。慕容会本是镇守旧都的，这次长途跋涉而来，是为了解救国难。四邻之内，肯定对他有口皆碑。如今还没有露出叛逆的形迹就突然杀了他，白白伤损了你们之间父子之情不说，恐怕您也会受到天下人的责难。"慕容宝说："慕容会已经打定主意谋逆，你们现在心怀仁慈，不忍早点除掉他，恐怕他不会领情，有一天突然发动政变，你们几个做叔父的首当其冲，然后才是我，到那时候可不要后悔呀！"这话传到慕容会那，他更加害怕了。

夏季，四月初六，慕容宝扎营露宿在广都黄榆谷。慕容会决定采取行动，先派他的心腹仇尼归、吴提染干带着二十多个壮士，分两路去偷袭慕容农、慕容隆。可怜慕容隆没有任何防备，被杀死在寝帐里，慕容农抓住了仇尼归，但自己身受重伤，不得已逃进了深山。仇尼归被抓，慕容会事情败露。为了不让慕容宝怀疑，他连夜去拜见慕容宝说："慕容农、慕容隆想要谋反，我们已把他们杀了。"慕容宝已经猜出事情的真相，准备讨伐慕容会，但是他不能表现出来，于是敷衍慕容会说："我早就开始怀疑他们了，幸好你除掉了他们。"

初七清晨，慕容会下令前面引路的军队严加戒备，继续前进。慕容会本想扔掉慕容隆的灵柩，将军馀崇不忍，流着眼泪坚决请求携带，慕容农也就听凭他随军运载。慕容农稍事休整，从深山中出来，回到大营。慕容宝也很痛心，呵斥他说："不听我的劝，被我言中了吧！"然后就让手下人把他收押起来。军队前进了十几里，慕容宝回头要宴请文武大臣，商量一下如何定慕容农的罪。当时慕容会在席中，慕容宝想趁机杀了他，使眼色给卫军将军慕舆腾。但是慕容会命大，只是头部被击伤，不但没有死，而且逃回了自己的军队。他马上集合部队向慕容宝发起猛烈攻击。慕容宝带着几百名骑兵快马加鞭，跑出去二百里。下午，终于回到了龙城。慕容会派的骑兵追到石城，还是没有追上。

初八，慕容会派遣仇尼归去攻打龙城，慕容宝却趁夜，派了一支部队突袭他，慕容会被打败。慕容会还派遣使者去向慕容宝提条件，要求清除他左右的奸佞之臣，并且将自己立为太子，慕容宝当然不答应。慕容会气急败坏，便把皇帝用的车马服装器具等都据为己有，把后宫的姬妾宫女等分赏给各位将帅，自立为皇太子、录尚书事，设置了文武百官，以讨伐慕舆腾的名义，带着部队直向龙城进发。

初九，慕容会来到龙城，在城下驻扎下来。在西门，慕容会在马上，从远处与慕容宝对话。慕容宝通斥他不忠不孝。慕容会则命令士兵们敲鼓、起哄，羞辱慕容宝，来炫耀自己的威势。城里的将士都非常气愤，捶胸顿足，傍晚时鼓足士气，出城接战慕容会，并将他打的溃不成军。慕容会军队损失大半，自己逃回了大营。当夜，侍御郎高云又率领一百多名敢死壮士偷袭慕容会的营寨，慕容会无力反击，部众完全崩溃。他自己只带领着十几名骑兵逃往中山，却被开封公慕容详杀了。为了永绝后患，慕容宝把慕容会的母亲和他的三个儿子都杀掉了。

初十，慕容宝下诏大赦，免除了与慕容会同谋的所有人的罪名，并且都官复原职。论功行赏，有几百人晋升为将军、加封侯爵。辽西王慕容农头骨被击碎，脑髓都露出来了，慕容宝亲自为他包扎，他居然活力下来。慕容宝封慕容农为左仆射，不久又升为司空、领尚书令。躲藏起来的慕容隆的部将馀崇，也回来了，慕容宝嘉奖他的忠诚，将他提升为中坚将军，负责他统领宫廷侍卫。高阳王慕容隆被追赠为司徒，以康王为谥号。高云偷袭慕容会成功，立了大功被任命为建威将军，封为夕阳公。慕容宝还将他收为自己的养子。

第34章　围困孝武帝

东晋孝武帝宠信会稽王司马道子，两人终日饮酒享乐。于是，司马道子身边集结了一些像仆射王国宝、建威将军王绪这样的奸佞小人。他们公然卖官鬻爵，穷奢极欲，目无法纪而且肆无忌惮。王恭、殷仲堪是他们厌恶的人，于是他们便怂恿司马道子削弱这两人的兵权。一时间，满城风雨，流言四起，人心惶惶。王恭等人对这些小人深恶痛绝，各自都在积极准备，训练部队，储备物资，并上奏章请求北上讨伐这些奸臣。司马道子认为他们都怀有二心，下诏以盛夏季节出兵，不利于农耕为理由，命令他们解除军队装备。

王恭并没有放弃，派人去见殷仲堪，商议如何铲除王国宝等人的事情。将军桓玄也因为对现在的官位不满意，想要借这个机会，鼓动殷仲堪出兵，从而制造混乱。就对殷仲堪说："王国宝向来与你们几个不合，恨不得及早消灭你们而后快。现在他既然已经手握大权，再与王绪里应外合，那岂不是如虎添翼，他们可以毫不顾忌地为所欲为了。王恭因为是国舅，王国宝才不敢加害他，但是您现在能统领一方，是受到了先帝破格提拔。您虽然头脑清楚，有才干，但人们都不认为你是封疆大吏的人才。他们如果把你征召回朝，只给你个中书令做，然后让殷觊来担任荆州刺史，到时候你可有好的对策？”殷仲堪说：“我也一直在为这件事寝食难安，你可有什么好的建议吗？”桓玄说：“王恭耿直忠正，一向嫉恶如仇。你不如暗地里和他结成联盟，然后约定时间，仿效战国赵鞅，发动晋阳兵马，清除君主身边祸害朝廷的恶人。到时候，你们东西两面一齐起兵，我桓玄虽然才能有限，也愿意身先士卒，率领荆州、楚州两地的英雄豪杰，充当前锋。这可是和齐桓公、晋文公相媲美的功勋啊！”

殷仲堪觉得他说的很对，于是对外和雍州刺史郗恢联络，对内就找来自己的堂兄南蛮校尉殷觊、南郡相陈留人江绩等人共同商量。殷觊并不同意他的做法，说：“我们身为人臣，恪尽职守才是自己的本分，朝廷里的是非对错，做地方官员的怎么可以干预！你们所说的仿效赵鞅出兵一事，我不敢听，也不想参预。”殷仲堪还是很坚决邀请他，殷觊大怒说：“无论任何，我是不会参与的。”江绩也分析利弊，竭力劝阻。殷觊怕江绩言辞过于激烈，而招来祸患，便坐在那里来回周旋。江绩说：“大丈夫用死来威胁就会怕吗？我江仲元能活到六十岁，只是因为没有地方值得我去死罢了！”江绩如此坚定正直，殷仲堪很害怕，因此让杨期代替江绩担任南郡相。朝廷听说这件事后，便把江绩召了回来，让他担任御史中丞。殷觊也想逃避此事，假称自己有病，辞去了职位。殷仲堪前去探视，对殷觊说：“堂兄的病真的很让人担心！”殷觊说：“我的病最严重了不过是我自己病死，可你的病一旦发作，可是会招致灭门大祸呀。你还是自己好好保重，不用分心挂念我。”雍州刺史郗恢也不想参与。这么多人反对，使得殷仲堪不能决定。正在这时，王恭派来的信使来到，约殷仲堪一同起兵，殷仲堪同意了他的约定，王恭非常高兴。

初七，王恭便上奏章，痛斥王国宝的种种罪状，与此同时，发动部队前去讨伐。

当初，晋孝武帝非常器重左仆射王，想要委以重任，没想到，他没来得及受命做顾命大臣，孝武帝就突然驾崩了。王失去权势，却无话可说。

初十，王恭声讨王国宝的奏章送到朝中，内外局势十分紧张，戒备森严。司马道子问王道："你知道王恭、殷仲堪两股地方势力，起兵叛乱的事情吗？"王道说："我不曾参与朝廷内部政治事务，现在王、殷两个人所发动的反叛，我又怎么会知道呢？"王恭打着讨伐王国宝的旗号，王国宝非常害怕，不知所措。为了保证安全，他派了几百人去守卫竹里，夜间风雨大作，这些人就回各自的家去了。

这时，王绪给王国宝出了个主意，让他假传王司马道子的命令，把王、车胤招来杀掉，这样肯定会让安帝和司马道子害怕，然后再要挟他们两个出兵讨伐王恭和殷仲堪。王国宝早没了主意，便答应了。可当王、东胤真的来到之后，王国宝又没胆加害他们。无奈又向王绪询问解决的方法。王绪说："王恭、殷仲堪此次前来，只是要争夺权势利益，并不是针对您的，不必担心。"王国宝担心地说："他们不是要把我当成曹爽吗？"王说："哪有这么严重呀！您没有犯曹爽那么重的罪过，王恭也不是宣帝司马懿那样的人啊。"王国宝心里还是不踏实，又去征求车胤的建议，车胤说："当初，寿阳被桓温围困，打了很长时间才拿下。如果现在朝廷出兵迎战，王恭没有其他的出路，一定会坚守。倘若还没攻下京口，长江上游的殷仲堪就带兵趁虚而入，你可有办法对付他？"这话让王国宝更加恐惧。为了保命，他上奏章要求罢免自己一切官职，在宫门处跪等朝廷定罪。奏章刚送上去，他想到自己以后将一无所有，又后悔了，因此假传安帝的旨意恢复他原来的官职。司马道子是个自私愚蠢又胆小怕事的人，只想平息战乱，保全自己，就说王国宝是祸国殃民的罪魁祸首，派司马恬的儿子遣骠骑谘议参军谯王司马尚之去抓捕王国宝，交给廷尉问罪。

十七日，安帝下诏，赐王国宝自杀，王绪也被当众处决。接着，安帝便派使者去面见王恭，表示恶人已除，对自己过去宠信奸臣的过失，非常抱歉。王恭于是撤兵，回京口去了。王国宝的哥哥侍中王恺、骠骑司马王愉担心自己被牵连定罪，一起坚决请辞。王恺、王愉与王国宝本不是同母所生，而且一直和王国宝不和，于是司马道子并没有追究他们的罪责。

危难解除，二十一日，安帝下诏大赦天下。

当初，殷仲堪答应王恭一起声讨王国宝时，但仍然怕事败会招来杀身之祸，不敢马上出兵东下。后来传出王国宝等已死的消息，他才放心，向朝廷递上奏章，出动军队，并让杨期镇守巴陵。司马道子写信阻止，殷仲堪才带兵回去。

司马元显是会稽王司马道子的长子，非常聪明，很有才能。当时只有十六岁，但已经在朝中担任侍中。他推断王恭、殷仲堪是将来的隐患，提醒他的父亲，要暗地里早做准备，防范他们。于是司马道子边让自己的儿子来掌握军权，任命他为为征虏将军，统领自己的卫队以和徐州的军政要员。

第 35 章　桓玄的胜利

东晋时，桓玄、殷仲堪、杨期等割据一方，他们的势力不相上下。

桓玄骄横自负，殷仲堪担心桓玄会过于暴戾，于是与杨期联姻，已达到制约桓玄的目的。杨期几次想灭掉桓玄，殷仲堪为了抑制他每次都是竭力劝阻。桓玄也寝食难安，担心自己终会被殷仲堪、杨期联合剿灭，于是向朝廷递了一份奏章，要求扩大他的统治区域。朝中掌权者为了瓦解他们之前的同盟，于是故意在他们之间制造矛盾，不但加任桓玄为都督荆州四郡军事，而且让桓玄的哥哥桓伟取代立了杨期的哥哥杨广的南蛮校尉。杨期知道后，又生气又害怕。杨广本来想桓伟来接任的时候，拒不交出职位，但殷仲堪劝他必须要这样做，还把他调到宜都、建平两个郡做太守。

杨期想要以援救洛阳的名义，联合殷仲堪进攻桓玄，并且做了准备。但是殷仲堪阳奉阴违，表面上与杨期交好，实际上却怀疑他的用心。所以，他一方面苦苦劝阻杨期，另一方面担心不能阻止杨期，便将他的堂弟殷派去北部地区驻扎，以牵制杨期。杨期自己成不了大事，又琢磨不透殷仲堪的意图，行动就搁浅了。

殷仲堪本性好猜忌，办事也不能当机立断。他的咨议参军罗企生看出这一点，对他的弟弟罗遵生说："殷侯为人仁慈，但缺少决断，将来恐怕会有大难。他对我有知遇之恩，我会坚守道义对他不离不弃，到时候一定会因他而死。"

这一年，荆州连降暴雨，洪水泛滥，使得饥民遍地。殷仲堪为了赈济灾民，把府库中的储备粮食全部拿了出来。桓玄便想趁虚而入征讨他，发动军队向西进发，也声称要去救助洛阳，还写了信给殷仲堪说："杨期辜负了国家器重，把帝王的坟墓陵寝放在一边，置之不理。我们应该联合起来，向他兴师问罪。我已经在沔水入长江口这一带，集结了兵力，如果你与我看法一致，就把杨广抓起来杀掉；如果不这样做，我们就要兵戎相见了，我的大军很快就会进入长江，攻击江陵。"这时，桓玄首先派兵去袭击巴陵，夺取那里积存的粮食。

梁州刺史郭铨到这里上任，路过夏口。桓玄蒙骗殷仲堪说，郭铨是朝廷派给自己的前锋，江夏的部队要全部交给他管理，由他统一监督统领，暗中又让他的哥哥桓伟作内应。桓伟胆小怕事，惊慌失措，不知怎么办好，竟把桓玄的密信交给殷仲堪看了。殷仲堪当即把他扣下作为人质，并让他给桓玄回信，把自己描述的悲惨至极。桓玄说：“殷仲堪这个人啊，优柔寡断，临战时往往前患得患失、计较成败，还要为自己的儿子留后路，不必担心我哥哥的安全。”

殷仲堪派殷率领的七千水军，与桓玄派的郭铨、苻宏在西江口对阵，殷抵抗不住，逃走了。桓玄进驻到巴陵，吃的是殷仲堪留下的粮食。殷仲堪不甘心，又派遣杨广和自己的侄儿殷道护等带兵出击，结果又是大败而归。殷仲堪两次战败，江陵一带大为惊恐。

江陵城中粮草严重不足，士兵们只能靠胡麻充饥。桓玄趁着有利的形势一路前进，到了距离江陵只有二十里远的零口。情况危急，殷仲堪急忙写信向请杨期求救。杨期却说：“江陵缺少粮草，士兵们饿着肚子，怎么到阵前杀敌！还是不要做无谓的抵抗了，你可以放弃江陵来投奔我，我们一起镇守襄阳。”殷仲堪是希望保全自己的部队和地盘，没想过要寄人篱下，就骗杨期说：“我们最近已经征集了许多粮草，有足够的储备。”杨期信以为真，于是率领了八千步、骑兵，雄赳赳，气昂昂地来到江陵。不成想，殷仲堪只有一些米饭来慰劳他的军队。杨期气不打一处来，说：“看来打胜仗是没有希望了！”于是也不去见殷仲堪，就和他的哥哥杨广向桓玄发动的进攻。

桓玄见杨期部队士气正胜，想要避其锋芒，便把部队退到马头。杨期想趁着军队刚到，士兵们斗志昂扬时取胜，第二天就带兵紧急攻打郭铨。就在快要抓到郭铨的时候，桓玄的救兵来到，杨期军队一败涂地，他自己骑着马逃奔襄阳去了。殷仲堪知道前方战败，也逃奔?城去了。

桓玄决定借机铲除自己的障碍，派遣将军冯该继续追捕杨期和杨广，并将他们全部杀掉了，还把人头送去建康。杨期大败丧命，弟弟杨思平，堂弟杨尚保、杨孜敬不得已，逃到蛮族地区。殷仲堪得知杨期已死，打算带着几百人投奔长安。在冠军城，他被冯该带兵追上并抓了起来。走到柞溪，冯该逼他自杀，并杀了殷道护。殷仲堪也迷信天道伦常，给鬼神祈祷祭祀的钱从不吝惜，可是接济急需帮助的人却太小气。他喜欢施些小恩小惠来收买人心，有人生病还亲自为他把脉诊治，开方分药。他很有心计，善于使用计谋，但往往过于烦琐缜密，不好操作。另外还有一个原因导致他惨败，就是缺乏洞察未来的眼光和经天纬地的才能。

当初，殷仲堪逃走，文武官员没有人出来送行，只有罗企生肯跟继续追随他。路过家门时，罗企生的弟弟罗遵生对他说："我们这种情况下分别，不知何时再相见，怎能不握一下手？"罗企生想到后会无期，便调转马头，与弟弟握手。不料，罗遵生故意用力一拽，把他从马上拉了下来，说："家中还有老母要奉养，你要往哪跑？"罗企生也泪洒衣襟，说："照现在的情况看来，我此去是凶多吉少。留下你代我供养老母，也算是尽了孝道。我们一家之中，我来忠于主上，你来尽孝道，可以说是忠孝两全，还有什么可遗憾的？"罗遵生更是紧紧抱着兄长，不肯松手了。殷仲堪在一旁等着，看到罗企生根本就挣脱不了，便自己打马走了。

后来，桓玄来到这里，荆州有身份的人都去拜见他，唯独罗企生不去，却料理殷仲堪家里的事。有人劝他说："你何必这样，会招来杀身之祸的！"罗企生说："殷侯把我视为国家栋梁，对我非常器重，我是因为被弟弟牵制，才不能追随他去剿灭那些无耻的叛逆之徒，怎能放弃气节，卑躬屈膝地到桓玄那里，乞求保全性命呢？"桓玄听到这番话，非常生气，但一直还是对罗企以礼相待。后来，他派人传话给罗企生说："如果你向我道歉，我就放你一条生路。"罗企生并不领情，说："我是殷仲堪的部下，殷仲堪失败，我不能力挽狂澜，还有什么可以道歉的？"桓玄见他如此顽固不化，便把他抓了起来，并派人去问他有没有改变主意。罗企生说："晋朝的文帝杀了嵇康，他的儿子嵇绍却对晋朝非常忠诚。我只想请你，不要伤害我的弟弟，让他能够照顾我的老母！”于是桓玄杀了罗企生，并没有加害他的弟弟。

第 36 章　贺若弼屡建奇功

隋文帝开皇九年（公元 589 年），正月初一。

依照惯例，陈朝举行元旦朝会，百官拜见陈后主。恰逢大雾弥漫，陈后主感到呼吸很不舒服，又辣又酸，便昏睡了过去，直到太阳快落山才醒过来。

同一天，隋朝吴州总管贺若弼率军从广陵出发渡过长江。在此之前，贺若弼做了大量的准备工作。卖掉军队中的老马，从陈朝购买了大量船只，却把这些船只都藏了起来，接着又购买了五六十艘破旧的船只，故意停泊在小河内。陈朝派人暗中窥探，误以为中原没有船只。贺若弼又下令，要求沿江防守的兵士们轮换交接时，一定要聚集到广陵。于是隋军即使在交接轮班时也大举旗帜，浩浩荡荡。陈朝以为隋军大兵压境，急忙调集军队加强戒备，后来才知道那只不过是隋朝兵士们的换防交接罢了，虚惊一场过后，便解散了军队。渐渐地，陈朝对隋军的种种举动不以为意，也就不再加强防备。贺若弼为了给接下来的渡江做好更充足的准备，还常常派遣军队沿江打猎，人欢马叫，虚造声势。所以当贺若弼渡江时，陈朝守军竟一点都没有发觉。庐州总管韩擒虎也率领五百将士从横江浦连夜渡过采石，那天，陈朝的守军们竟然全都喝醉了酒，隋军轻而易举就攻下了采石。晋王杨广统帅的大军也到达了六合镇的桃叶山，安营扎寨。

当时镇守采石镇的是陈朝主将徐子健，在得知采石失守后，立即快马加鞭，携带告急文书赶赴都城，将隋军已渡过长江的消息报告给陈后主。又过了一天，陈后主召集群臣进宫，商议应战事宜。

正月初四，陈后主颁布诏书：“隋军胆大妄为，侵占我都城近郊，肆意举兵逼近，犹如带有毒刺的蜜蜂，必须抓紧时间消灭。我决定亲自领兵出征，击退敌军。朝廷内外都要严防戒备，积极争取属于我们的领地。”随后，任命骠骑将军萧摩诃、护军将军樊毅、中领军鲁广达三人为都督，司空司马消难、湘州刺史施文庆两人为大监军。同时，又派南豫州刺史樊猛统帅水军镇守白下城，散骑常侍皋文奏镇守南豫州。陈后主还用重金作为奖赏，鼓励和尚、尼姑、道士等出家人服役。

正月初六，隋将贺若弼率军攻克京口，陈朝南徐州刺史黄恪被活捉。

贺若弼对军队纪律的要求非常严明，不允许将士们犯一点的小错误。有一次，贺若弼知道一个小兵在老百姓家里买了点酒，便立即下令杀了他。攻克京口后，隋军共俘获陈朝军队六千余人。贺若弼给了他们一些钱财和粮食后，全部释放了他们，遣送他们回乡，并让他们在沿途散发隋文帝的敕书。所以，隋军所到之处，陈朝军队都闻风丧胆，溃不成军。

陈朝南豫州刺史樊猛当时还在建康，所以南豫州的大小事务，由他的儿子樊巡代理。

正月初七，隋将韩擒虎率军进攻姑孰。半天时间攻占姑孰城，樊巡及全家也被俘获。大势已去的皋文奏，逃往到江南地区。江南地区的老百姓们对韩擒虎的威名早有耳闻，便昼夜不断地来到他的军营拜见。

镇守新蔡的鲁世真是陈朝都督鲁广达的儿子，他和弟弟鲁世雄一起率部投降了韩擒虎。随后，鲁世真派人拿着书信前去招抚他的父亲。正率军驻扎在建康的鲁广达，看到儿子鲁世真的劝降信后，便自己上表弹劾自己，还亲自来到廷尉请求治罪。陈后主对他好言相劝，并额外赏给他一些黄金，鲁广达才返回了军营。

樊猛和左卫将军蒋元逊率领青八十艘龙船，游弋在白下城一带的江面上，防止隋军从六合方面发动进攻。由于隋军俘获了樊猛的妻儿及家人，陈后主怕樊猛心怀不轨，便打算用镇东大将军任忠代替他，并让萧摩诃去说服樊猛。岂料，樊猛很不情愿，陈后主感到樊猛很难听从自己的安排，便放弃了这个打算。

与此同时，隋将贺若弼率军从北道，韩擒虎从南道，以夹攻之势进军建康。沿江镇守要塞的陈朝守军们闻听这个消息，立即四散奔逃。贺若弼为了斩断陈朝援军的通道，分派了一路人马占领曲阿，自己则率主力进逼建康。陈后主为了抵挡隋军，命令司徒、豫章王陈叔英率军守卫朝堂，萧摩诃驻守乐游苑，樊毅驻守耆寺，鲁广达驻守白土冈，忠武将军孔范驻守宝田寺。

正月十五，为了支援京师，任忠也率军从吴兴出发，并最终驻扎在朱雀门。

又过了几日，隋将贺若弼率军向钟山进发，到达白土冈的东面并驻扎在那；晋王杨广派总管杜彦与韩擒虎的军队会合，步骑共计两万人驻扎在新林；隋蕲州总管王世积统帅水军出战九江，并在蕲口一举击败陈朝的纪大将。陈朝将士们感到又吃惊又害怕，接连不断有人向隋军投降。

晋王杨广把隋军不断胜利的消息上报给了朝廷，隋文帝非常高兴，于是宴请和赏赐群臣。

陈后主生性怯懦，又不懂军事，本来建康还有军队十余万人，可他只知道日夜哭泣，所有军情要务都交给施文庆处理。将帅们都很痛恨施文庆，施文庆也心知肚明。他怕其他将士们建立功勋，于是奏明陈后主：“这些人平时对陛下心怀不满，总是不能甘心情愿服从陛下，现在到了危机时刻，就更不能完全信任他们了！”因此那些请求出兵的将帅，绝大部分都未获陈后主的批准。

在隋将贺若弼进攻京口时，陈朝都督萧摩诃曾请求率军迎战，但陈后主没有批准。等到贺若弼进攻到钟山时，萧摩诃又上奏说：“贺若弼此番孤军深入，立足未稳。如果我军趁机出兵袭击，可保必胜。”陈后主还是没有准奏。

萧摩诃、任忠被陈后主招集到宫中内殿商议军事。任忠说：“兵法上说‘来犯之军利在速战，守军利在坚持’。现在我们国家兵强马壮，粮食充裕，没有什么后顾之忧。当务之急是要固守台城，在秦淮河一带构筑防线，所以即使隋军前来攻打，我们也不要轻易出战。而是要兵分几路占据长江水路，切断隋军的后援道路。所以特请陛下命我率一万精兵、金翅战船三百艘，顺江而下，直取六合镇，打隋军个措手不及。那样的话，隋军一定会认为，他们渡过江的将士已被我们俘获，锐气自然就会受挫。此外，我以前就和淮南的那些土著居民很熟悉，如果他们得知是我率军前往，必定会群起响应。于此同时，我还会扬言将要率军攻占徐州，切断隋军的退路，这样以来，各路隋军必定会不战自退。待到雨季来临，江水上涨起来，上游的周罗等军必定顺流而下前来支援我。这是一个多么好的战略计策啊！”可陈后主依旧无动于衷。

然而到了第二天，陈后主却忽然说：“长期和隋军这么僵持着，不能速战速决，实在令人心烦，还不如让萧摩诃出兵前去迎战。”任忠跪地叩头苦苦哀求，不要出战。这时，忠武将军孔范却站出来说：“我同意我军与隋军决一死战，而且我相信我军必胜，到那时我将为陛下在燕然山刻石立碑纪念战功。”陈后主听从了孔范的建议，对萧摩诃说：“现派你替我去和隋军进行决战！”萧摩诃说：“我出兵作战，向来都是为了国家和自己，然而今日一战，还为了我的妻儿及家人。”听到此话，陈后主决定，用金钱财物作为奖赏，分配给各路军队。

二十日，陈朝命令鲁广达率军驻扎在各军的最南边，在白土冈摆开阵势。由南往北，依次是任忠、樊毅、孔范，而萧摩诃的军队在最北边。陈朝军队阵势浩大，南北长达二十里，美中不足的是，首尾军队的进与退互相都不能了如指掌。

隋将贺若弼率轻骑部队登上钟山，远远望见陈朝众军摆开的浩大阵势，便疾驰到山下，与他所统领的七位总管杨牙、员明等将，率八千兵士，也摆好阵势准备迎战。其实，萧摩诃一开始就不想为陈后主打仗，因为陈后主曾私通萧摩诃的妻子。所以，只有鲁广达率领部下与贺若弼的军队誓死抗衡，拼死力战。陈朝军队曾四次逼迫隋军后退，贺若弼的部下也战死二百七十三人，直到军队用烟火作为掩护，才得以摆脱困境重新振作起来。陈朝兵士获得隋军人头，纷纷向陈后主索要奖赏。贺若弼看到陈朝军队竟如此骄傲轻敌，于是又一次率军杀向孔范的军阵。这一次刚交手，孔范的部下便溃不成军。陈朝其他的军队看到此景，完全乱了阵脚，骑兵、步卒一起纷纷逃亡，导致互相踩踏，死了五千人。萧摩诃被隋朝总管员明擒获，随后被交到贺若弼那里。当贺若弼看到萧摩诃面对斩首竟然面无惧色时，便决定给他松绑并以礼相待。

任忠策马进入建康城拜见陈后主，向他叙说了决战失败的经过。然后说："陛下还是好自为之吧，我等也是无能为力！"陈后主让他再募兵出战，随即给了他两串金子。这时，任忠却说："当务之急就是陛下赶紧准备船只前往上游，与周罗等人统领的大军会合。我当誓死护送陛下。"陈后主相信了任忠，并命令他出外安排相关事宜。此时的陈后主还不忘下令给后宫宫女们，让他们也收拾行装，等待任忠，可是等了很久都不见任忠的踪影。谁曾想，任忠已经在韩擒虎率军从新林向台城进发时，率领部下及一些骑兵前往石子冈，打算投降于韩擒虎。陈朝领军将军蔡徵当时率军镇守朱雀航，听说韩擒虎率军前来，他的部下都惊慌失措，纷纷逃跑。韩擒虎便在任忠的带领下，直接进入朱雀门。虽然还有一些陈军将士想进行抵抗，任忠却对他们挥挥手说：“我都投降了隋军，你们还抵抗什么？”于是陈朝军队也全都逃散。台城内的文武大臣也都纷纷逃跑，只有尚书仆射袁宪在殿内，尚书令江总等数人在尚书省府中没有逃窜。面对此情此景，陈后主唏嘘感慨！对袁宪说：“和对待别人比起来，我对你向来不好，可时至今日只有你还肯留在我的身边，让我非常的惭愧。造成目前的这种局面，不仅仅是因为我无德无能，和江东的那些士大夫们丧失气节也有关系！”

惊慌失措的陈后主，想找个地方躲起来。袁宪却严肃地说：“我想，即使隋军进入皇宫，也不会对陛下有什么冒昧之举。况且事已至此，陛下又能躲到什么地方去呢？我恳请陛下依照当年梁武帝见侯景的做法，整理衣冠，穿戴整齐，端坐在正殿。”没有理会袁宪的陈后主从坐床上下来，一边飞奔着一边说：“兵刃之下，我岂能拿自己的生命开玩笑？我自有办法！”于是，跟着十余个宫人仓皇逃出后堂景阳殿，看到一口井就要往里跳。袁宪苦苦哀求，陈后主依旧不听。即使夏侯公韵用身体遮挡住井口，陈后主也在极力相争很久后，跳进了井里。不久，有隋军向井里窥视并大声喊叫，井下无人回答，等到隋军佯装要向井下扔石头时，才听到井下有人呼唤。隋军向井里抛下绳索，打算往上拉人，却感到非常沉重，十分吃惊！直到把人拉了上来，才发现原来是陈后主与张贵妃、孔贵嫔二人一起顺着绳子上来了。而沈皇后却还像平常一样，一点也不惊慌。

当时只有十五岁的皇太子陈深，关上门，安然端坐，太子舍人孔伯鱼侍奉在一旁。隋军兵士推门而入，陈深依旧正襟危坐，甚至还对隋军说：“你们一路上鞍马劳顿，不知道有没过度劳累呢？”隋军兵士都纷纷向他致敬。当时有一百余陈朝宗室王侯在建康城中，陈后主怕他们发动政变，就把他们纷纷召进宫里，并命令他们聚集在朝堂，暗中严加戒备，并派遣豫章王陈叔英监督他们。一直到台城失守以后，他们才相继出来投降。

隋将贺若弼率军乘胜追击，攻打到乐游苑，陈朝都督鲁广达仍率残兵败将奋力抗击。一直到天快黑，共杀死和俘虏隋军数百人的鲁广达面向台城拜了三拜，忍不住失声痛哭，对部下说：“我没有能够拯救国家，实在是罪孽深重！”面对此番景象，他的部下也都痛哭流涕。最终还是放下武器被隋军俘获。把守台城各个宫门的卫士们也都四处逃散了，贺若弼烧掉北掖门，率军在夜间进入皇宫，得知陈叔宝已被韩擒虎抓住，就亲自前来察看。陈叔宝汗流浃背，战战兢兢非常害怕，连忙向贺若弼叩头跪拜。贺若弼却对他说：“按照礼节，你一个小国的君主，见了大国的公卿大臣，自当跪拜。但我大隋朝也注重仁义，阁下即使归顺了隋朝，也还是做王做侯的命，所以没有必要害怕。”

过了一段时间，贺若弼在得知战功在韩擒虎之下之后，便与韩擒虎发生争执，怒气冲冲地拔刀而出，威逼陈朝前吏部尚书蔡徵为陈叔宝起草降书，还下令让陈后主驾车归附自己，但都没有实现。于是贺若弼将陈后主置于德教殿内，并派士兵把守。

隋朝的高先进入建康，当时高先的儿子高德弘是晋王府记室参军，杨广就派他骑马前来拜见高先，同时传令留下张丽华。高德弘说：“古时候姜太公吕尚蒙面斩了殷纣王的宠姬妲己，今天我又怎能留下张丽华！”于是将张丽华在青溪斩首。

二十二日，晋王杨广进入建康后，得知陈朝中书舍人施文庆虽被委以重任，管理军事要务，却不能忠心操劳国事，反而谄媚为奸，蒙蔽天子耳目；前中书舍人沈客卿也横征暴敛，盘剥百姓，以此博取陈后主的欢心；太市令阳慧朗、刑法监徐析、尚书都令史暨慧景等人都是祸国殃民的奸臣。为了答谢三吴地区的百姓，杨广将他们在石阙旁一起斩首。杨广又让高德弘和元帅府记室参军裴矩一道收缴南陈地图和户籍，封存国家府库，而对金银财物分毫未动。因此，天下的人都认为杨广贤明，对他大为赞赏。裴矩是裴让之弟弟的儿子。

因为贺若弼先前率军与陈朝军队决战，违犯了军令，晋王杨广下令将他逮捕并打算移交给相关的执法官员。隋文帝听说此事后，派驿使传令召贺若弼入朝，并给杨广下诏书说："正是凭借着贺若弼和韩擒虎二人的力量，这次我们才平定了江表地区。"还下令将布帛等物一万段赏赐给贺若弼。不久又赐给贺若弼和韩擒虎诏书，赞美他们二人的功绩。

第37章　邢峦上书

北魏王足围攻涪城，这一举动令蜀国人大为震惊和恐惧。益州十分之二三的城堡归顺了北魏，大约有五万多户百姓自动上报名字和户籍。

北魏宣武帝收到邢峦的奏折。邢峦请求乘胜追击，攻取蜀地。他认为："第一，建康与成都相隔好几万里，目前陆路已被阻断，只有依靠水路。但是水军要想西上抵达成都，没有一年的时间是到不了的，也无法对益州形成援救之势。第二，前不久刘季连刚在蜀地发动了反叛，邓元起奉命前去平定战事，物资储备都接近枯竭，无论是百姓还是朝廷都对巩固防守失去了信心。第三，镇守成都的萧渊藻对治理之道完全不懂，只不过是一个华而不实的少年。那些骁勇善战之辈，大多数都被他囚禁或者杀戮了，现在追随在他左右的只不过是一些年轻人罢了。第四，剑阁算是蜀地境内一处天然的屏障，我们现在已经夺取了南安，完全可以据此天险进而向内推进，况且现在蜀国境内有三分之二的地方我们已经攻克了。从南安到涪陵的道路非常宽，可以容两辆车一起通过，我们就可以前后夹击。蜀国前军屡遭战事，屡战屡败，后头的部队也会闻风丧胆。第五，萧渊藻是萧衍的亲骨肉，肯定不会誓死坚守，涪城如果沦陷，萧渊藻也不是坐以待毙之人，要么逃亡要么出战。他如果出战，手下却是一帮庸、蜀之地胆小低能的士兵以及残缺不全的兵器，对我军也没有多大的威胁。我虽然是朝中文官，对行军作战之事也不是深谙其道，但值得庆幸的是，我朝将士个个尽心竭力，捷报频传。之前的重重险阻已经被我们拿下，眼下归顺之心，人人所向，攻破涪、益两城也是早晚的事，如果仅仅因为缺少兵马粮草就放弃此次机会，那么以后想再夺取就难了啊！况且益州是富庶之地，人口也就十几万，攻下益州给我们带来的利益，要比寿春、义阳两座城池高三倍。综合以上几点，我认为朝廷如果想攻取蜀地，这是一次绝佳的机会！如果陛下从我朝百姓的安宁出发，放弃此次机会，那我认为待在这里也实在无事可做，还不如卸甲归田，伺候双亲的好。”

宣武帝在给邢峦的诏令中说：“关于奏折中提到的平定蜀地一事，你应当耐心等待听取敕令。何况眼下贼寇、战乱都还没有平定，你怎么能以侍养亲人为理由，借而引退呢？”

邢峦又上表说：“先前，邓艾、钟会倾尽中原的钱财和物资，统领十八万大军，才平定了蜀地，当然了他们也有那样的实力与之抗衡。我知道我的才能比不上古人，也不敢奢望区区两万兵力就能平定蜀地！但我之所以敢这么说，正因为眼下我们占据了险要之地，况且将士和百姓们都希望朝廷有此大义之举，地利人和。由此来看，我们进军应该还算容易，只怕是他们抵挡起来就有点费劲了。只要我们量力而行，应该可以攻克。现在王足已经逼近涪城，涪陵一旦攻破，益州也势必成为囊中之物，唾手可得。何况梓潼已经有好几万民户归附，朝廷应该立即派人镇守。还有，如果放弃天险剑阁，实在可惜！虽然我清楚的知道，发动战事是件危险的事情，万万不可鲁莽行事。我已经一把老骨头了，我军越过剑阁以后，我更是日夜焦虑战事，心情紧张得难以忍受，之所以还能勉强坚持着，就是考虑到既然已经得到了该地而又不加驻守，自动撤退，实在是愧对陛下所授予的爵位和俸禄。我原本盘算着先攻取涪城，然后再依次进攻。涪城如果攻下，蜀地就被分为两半，只要阻断水陆交通，加上没有外来的援军，蜀地定成为孤城一座，也坚持不了多久！为了确保万无一失，我现在打算让各支队伍陆续前进，这样就能够相互照应，稳中求胜。如能顺利攻克则皆大欢喜，若不能这样做也可以自我保全。另外，巴西与南郑相距一千四百里，距益州也比较远，还时常发生骚乱。当年南朝占领之时，为了方便统辖管理，曾经设立过巴州，并以此镇领夷、獠，而这一举措却让梁州占了便宜，这才有人上书恳请撤了该州。这个地方也不是仅仅一也家族聚集，还有严、蒲、何、杨等姓的大户人家，他们虽然居住在山谷之中，可多是豪门望族，有学识和才干的文人也很多，但多半因为距离州城太远，不能获得进入仕途的机会，即使是州里地位较高的官员也无法跻身朝野，处于对这种现状不满，人们这才有了叛乱之心。在夏侯道迁发动反叛之初，严玄恩就自称为巴州刺史，若攻克州城，我建议仍然任他做刺史。巴西这个地方土地广袤，并且有四万多的百姓，如果能在这里设置一个州，既能镇慑华、獠，又可以大大安定民心，从此垫江以西的地方，不用通过战事就可以占有了。”宣武皇帝还是没采纳邢峦的建议。

先前，北魏宣武帝曾任命王足兼任益州刺史。天门太守张齐奉梁武帝之命前去援救益州，援军还没有到达，宣武帝又改任梁州军司泰山人羊祉为益州刺史。王足得知这一消息，恼羞成怒，带兵就返回了，北魏也就没能平定蜀地。过了一段时间，王足从北魏投靠了梁朝。邢峦在梁州之时，对当地的豪强大族以礼相待，对平民百姓也是常常有恩惠，受到了全州人的爱戴。攻克巴西后，邢峦委任军主李仲迁镇守。可是李仲迁沉迷于酒色，私自挪用军队费用，遇到有公事需要向他请示报告，还常常找不到他的人影。邢峦对此恼火极了，李仲迁非常害怕，就暗地里谋划造反，却被城中的人杀死，并献出城池，归顺梁朝。

第 38 章　北魏选官制改革

张仲瑀，北魏西征将军张彝的儿子。上书请奏修订选官的规定，希望不要把武将列入朝中士大夫的范畴，以此来限制他们。事后人们议论纷纷，怨声载道。甚至那些不满意此举的人们在大街上张贴告示，约定集合时间，打算前去屠灭张家。张彝父子得知此事屈辱平静自如，不以为意。

二月二十日那天，羽林、虎贲等将近一千人，一同来到尚书省门前叫骂，用瓦片、石块砸尚书省的大门，并指名道姓要找张仲瑀的哥哥张始均。尚书省的官吏们都害怕极了，不敢上前阻拦。没有找到张始均，又无人阻拦，便越发肆无忌惮！点着了路边的蒿草，手持石头、木棍攻入张家屋内，将张彝拖到堂下，肆意的殴打、凌辱，最后还一把火烧了张家大院。跳墙逃跑的张始均，半路又折了回来向贼兵们求饶，希望他们能饶过他的老父亲。贼兵们不但没有理会，还趁机又将张始均暴打了一顿，并最后将他活活投到了火里。受伤的张仲瑀逃脱了，而父亲张彝被打得气若游丝，两天后便撒手人寰了。这件事令附近的人们大为震惊。但是，只有闹事的羽林、虎贲中穷凶极恶的八个人被胡太后杀掉了，其他的就没再追究了。二十五日，朝廷颁布大赦令来安抚他们，并最终宣布武官有资格入选。一场动乱似乎一触即发！

吏部尚书李韶在了解到此次朝廷选拔已然是僧多粥少，就停止了录用工作。这一举措遭到很多人的埋怨，朝廷也用殿中尚书崔亮替代了李韶担任吏部尚书一职。崔亮很快便上书奏请制定新的录用标准，他建议不管应选者聪明与否，只把待选的时间作为录用依据，优先选择待选时间较长者，这一建议受到了那些待选时间较长的人的一致好评。

崔亮的外甥司空谘议刘景安给崔亮写信说："商周时期选拔官员由乡间学校直接选拔；两汉时期改为由州郡推荐；魏晋时期在遵循了汉代的旧例的基础上，又在各州郡设置中正一职主管此事，虽没有达到完美，但所选人才百分之六七十也都是比较高标准的。现在，我朝选拔人才只要求文采好，而不考察他们的实际情况；考察他们是否孝廉也只根据他们所写的文章，而不看他们在治理国家方面有无方法；即使设立了中正官职也只是通过他们的姓氏辩识，而忽略了应选者的才能、品行，所以我认为选取有识之士的条件太狭窄，优胜劣汰的思路也不严密。既然遴选官员之事主要由舅舅来负责，我希望舅舅就改掉那些有失偏颇的制度，最好不要以待选时间长短来作为任用的标准。否则的话，天下的有识之士谁还会把名节和品行作为自己修为的第一要务呢？"。崔亮回信说："你说的确实有深刻的道理，但古今不同，我认为如果时机合适，就应该大刀阔斧的改革，所以前不久我才采取了那样的办法。你引用古人的例子来责怪我，这与古时候子产铸造青铜刑书来挽救时弊，而叔向却嘲笑他的举措不合先王立下的规矩有什么区别？"

洛阳令代京人薛琡也上书说："官吏手中握着百姓的命运，如果选拔官吏只按他们的年龄，而不考虑他们能力的大小，那么吏部只需一名官员按顺序用人就可以了。那些待选的人就像排队飞行的大雁一样按顺序被选来选去，或者拿着名册，把那些应选的人员像串起来的鱼一样排好然后由按顺序叫名字就可以了，怎能叫做遴选人才呢？"薛琡的上书，没有得到答复。后来为了这件事，薛琡还亲自请求拜见皇上并再次上奏：“请陛下下令补任郡县长官的职务，并由王公大臣来推荐合适的人选。”因此北魏孝明帝下令让大臣们议定这件事，可事情还是不了了之。后来，吏部尚书又被甄琛等人接替，考虑到论资排辈这种办法对他们很有利，崔亮之前实行的遴选办法就被沿用了下来。也正是从崔亮开始，北魏的选拔任用官员制度乱了起来。

第39章　北周国主御驾亲征

公元576年，十月初四，北周国主欲亲自率军征伐北齐。

他对群臣说：“寡人去年身体多有不适，逃亡在外的盗贼没能得到平定。如今齐国君王昏庸无能，一帮小人操纵着朝政。老百姓更是朝不保夕，怨声载道。我之前到过齐国，也看到过他们指挥军队，简直就像小孩子玩游戏一样。可谓是老天有眼，让我们得到了这个攻取的绝佳机会。去年进军河阴，没有扼住对方的喉咙，就好像只是轻轻拍了一下对方的后背一样，无关痛痒。后来我后悔不已，这一次我可不想再重蹈覆辙。晋州是高欢揭竿而起的地方，同样也是镇守统辖的要害重地，此次我们前去攻打晋州，对方一定会派兵救援，只要我们的军队严阵以待，我想我们一定可以攻克晋州。然后继续向东进攻，必定能一举摧毁他们的巢穴，统一天下。”听完武帝的话，将士们都无动于衷。倒是武帝主意已定，斩钉截铁地说：“此番进攻机不可失！凡阻碍我采取行动的人，一律军法处置！”于是任命越王宇文盛、杞公宇文亮、随公杨坚为右三军，谯王宇文俭、大将军窦泰、广化公丘崇为左三军，齐王宇文宪、陈王宇文纯为前军。

十一日，北齐后主在祁连池狩猎，十八日，回晋阳。

北周国主抵达晋州，驻扎在汾曲，并分派齐王宇文宪领兵二万驻守雀鼠谷、陈王宇文纯率步骑兵二万人驻守千里径、郑公达奚震率步骑兵一万驻守统军川、大将军韩明率步骑兵五千人驻守齐子岭、焉氏公尹升率步骑兵五千人驻守鼓钟镇、凉城公辛韶率步骑兵五千人驻守蒲津关，柱国宇文盛率步骑兵一万人驻守汾水关，赵王宇文招率步骑兵一万从华谷攻打北齐汾州的一些城池。

王谊任都督，率领各路军队向平阳城进发，北齐行台仆射海昌王尉相贵奋力抗击。

十九日，北齐军队聚集在晋祠。

二十五日，北齐后主从晋阳出发，率大量人马向晋州进发。北周国主也从汾曲赶往晋州城下亲自督战，城中形势一片危急。同日，北齐行台左丞侯子钦弃城投降北周。

二十七日晚，负责防守北城的晋州刺史崔景嵩，派使者出城向北周请求投降，接着王轨响应崔景嵩也率领众军归降。北周将领北海人段文振和几十人，趁天还没亮手持长矛先行登上城头，随手举起大刀就向尉相贵头上砍去。顿时，城头上一片骚乱，齐兵大溃，晋州被攻克。北周俘虏了尉相贵以及他部下的八千士兵。

晋州告急，前线派人将消息传达给北齐后主，无奈后主正和冯淑妃在天池狩猎，驿馆使者从早晨到中午来了三次都未能见到后主。右丞相高阿那肱说：“我军边境有什么小小的军事行动，是最平常不过的事情了，这么着急前来奏报，不怕影响到皇上取乐吗？”傍晚时分，告急的使者再次到来，直到听说平阳陷落的消息，右丞相这才向后主奏报。后主听到消息后，正打算回去，冯淑妃却要求再围猎一次，在如此危难时刻，北齐国主竟然没有反对。

北周的齐王宇文宪先后攻下洪洞和永安两地，并谋划着下一步进攻的地方。北齐军队占据险要位置加剧防守，焚烧了一些桥梁。北周军队无法前进，只好在永安驻扎下来，并派永昌公宇文椿在鸡栖原驻屯，并在当地砍伐了一些柏树建成小屋作为军营。宇文椿是宇文广的弟弟。

二十八日，北齐后主亲自率军前往鸡栖原。同时又分出一万多人进军千里径，另一部分则向汾水关进发。齐王宇文宪得到宇文盛驻守的地区告急的消息，亲自率军前去救援。北齐军队见状，挥军后撤。宇文盛从后方乘胜追击，一举将北齐军队击败。不多久，北齐军队逼近鸡栖原，宇文椿请求宇文宪返回救援。宇文宪的军队列阵和北齐军队对峙，直到夜晚，双方都没有开战。恰巧此时，北周国主召宇文宪回去，他便在晚上领着军队撤退了。北齐军队看到柏树的小房子还在，并无发现其他可疑迹象。直到第二天，才知道宇文宪的军队已经撤走了。北齐后主派高阿那肱率军先行进发，其他军队调度的仍由后主安排。

二十九日，上开府仪同大将军安定人梁士彦作为晋州刺史上任，北周同时留下一万精兵在镇守晋州。

十一月初四，北齐后主到达平阳。北周国主意识到北齐军队刚刚集结，可能会气势很盛，为了避开对方的锋芒，打算向西面回退。开府仪同大将军宇文忻劝说道："陛下英明神武，敌人荒淫放纵，攻克他们应该没有问题！况且现在齐国的君主昏庸，军队更是没有什么斗志。但凡齐国能有一个好君主，君臣们又同心协力，那我觉得即便我们有商汤、周武王的声势，也很难攻克。可如今的情势表明，齐国虽有百万之众，却形同虚设，无异于将大好江山拱手让给陛下。"军正京兆王也说："齐国败坏的朝纲已经延续了两代。上天庇护我们周王室，经过先前一战便大大占据了战事的主动权。今天这种局面正是古人所言'攻取动乱，欺凌败亡之国'的最好写照。如果真的放过他们，而向西退走，实在让臣等感到费解。" 虽然北周国主认为他们的话有理，但还是带领军队返回了。

北周国主将齐王宇文宪的部队留下，作为掩护。宇文宪和宇文忻各领一百名骑兵同随后追来的北齐军队展开战斗，北齐勇将贺兰豹子等人先后被杀，北齐军队便退走了。接着，宇文宪带领军队度过汾水追赶北周国主，最终在玉壁会合。

北周军向西退走后，北齐军便围困了平阳，昼夜发起进攻。城上的敌楼和矮墙几乎都被夷平，只残存六七尺高的城墙。城里形势十分危急，交战双方时而短兵相接，时而有马匹从城墙随意进出。而此时城外的援兵又进不来，所有人都感到震惊害怕。这时，梁士彦站了出来，慷慨从容地对将士们说："今日一战若不能生还，我一定死在你们的前面。"大家听到这样的话瞬时士气大振，奋勇杀敌，几乎以一敌百。看到北齐军队稍稍后退，梁士彦立即下令所有人奋力修葺城池，甚至连妻妾、军民、妇女都积极上阵 ，昼夜修城，用了三天时间就修完毕了。与此同时，北周国主派齐王宇文宪率兵六万驻屯在涑川，希望能够远远地声援平阳。而北齐军打算通过挖地道进攻平阳，致使平阳城下陷了好几丈，就在将士们打算乘势进入城内时，北齐后主竟然下令暂时停止进攻，并要求把冯淑妃召来一同观看。冯淑妃因为穿衣打扮没能及时赶到，平阳城不断地下陷，北周人只好用木头堵住了下陷的地方，自然的也就未能攻克平阳城。晋州城有个古老的传说，相传城西的石头上有圣人的遗迹，冯淑妃便想去那里观看。齐后主担心北周军的箭会射到桥上，便在离城较远的地方，抽调了一些用来攻城的大木头造了一座桥。谁曾想，北齐后主和冯淑妃过桥时桥梁损坏，他们二人一直到晚上才返回来。

十八日，北周国主回到长安。

十九日，北齐大军围困晋州，北周国主再次下诏并又统率军前往攻打。

二十一日，北周释放了北齐的投降者让他们回去。

二十二日，北周国主从长安出发，并于二十七日渡过黄河，和各路军队会合。

十二月初三，北周国主率军到达高显，派齐王宇文宪率领部下的军队先向平阳进发。初四，北周国主也抵达了平阳。初六，各路军队大约八万人，逐渐向平阳城推进，并最终在平阳城下摆开阵势，东西绵延二十多里地。

北齐军在城南凿通护城河，从乔山连接到汾水，防止北周军的突然袭击。随后北齐军在护城河的北面列阵。北周国主命令齐王宇文宪骑马前去观察阵势，宇文宪回来报告说："就目前形势来看不足为惧，先拿下他们我们再去吃饭。"北周国主很高兴，说："情势如果真像你所说描述的那样，我就没什么可担心的了！"北周国主便骑着平时所用的马，和几个随从一起到到阵前巡视，每到一处，就用呼叫主帅名字的方式，鼓舞军队士气、慰问将士们。将士们看到这样的场面，也深深被国君所表现出来的那种信任感所感动，个个摩拳擦掌，跃跃欲试。临战前，随从官员们要求君主换马。北周国主却说："你们让朕独自一人骑着骏马，去往何方呢？还是直接向逼近北齐军队进发吧！"。无奈护城河的阻碍了军队的进攻步伐，双方相持不下，一直从早上直到下午。

北齐后主对高阿那肱说："我们是进攻的好，还是不进攻的好？"高阿那肱说："虽然我军队人数占优，但能够作战的力量也不过十万人，更为头疼的是，在这十万人里生病负伤和负责后勤保障的又占三分之一，今天的将士，也不胜过神武皇帝时代的将士，也不能像以前攻打碧玉时那样，能够实现援军一到就马上退走！不如退守高梁桥，平息战事。"安吐根说："只不过是一小帮乱臣贼子，光在马背上就能刺杀捉住他们，然后扔在汾水中，如此简单而已！"听了双方的分析，北齐后主更是犹豫不决。这时，一旁的一些太监们说："北周的君王是天子，陛下您也是天子。他尚且能从老远的地方一路攻打过来，我们为什么只是怯弱的守着护城河，而不敢应战呢？”北齐国主听从了太监们的话，填塞了护城河，把水引向南面。听到这样的消息，北周国主后十分高兴，立即统率各路军队发起攻击。

作战双方刚刚接触，北齐后主就带着冯淑妃骑着马一起观战。当东面的部分军队稍稍有点后退，冯淑妃就害怕的说：“哎呀，我们的军队要打败了！”录尚书事城阳王穆提婆也跟风说到：“皇上快离开！皇上快离开！”北齐后主便立即就要和冯淑妃向高梁桥退去。开府仪同三司奚长劝阻齐后主说：“目前士兵们没有任何挫折和伤残，完全整齐，而作战时军队半进半退的现象也是常有的。陛下此时离开这里又能到哪里去？况且陛下的马脚一动，势必会影响我军的情绪，怕是大家惊恐混乱，便不能重新振作，奋勇杀敌了！希望陛下迅速回去以慰军心啊！”武卫张常山从后面赶到，也说：“我军目前非常完整，很快也就收拢完毕，前方围城的士兵也没有丝毫动摇，恳请天子返回！陛下可以领着太监们去巡看战场，看我等说的是否属实！”北齐后主就要按张常山所说的去做，穆提婆却拉着后主的胳膊说：“陛下不可轻易相信他的话啊！”北齐后主又改变了主意，并带冯淑妃向北退走了。齐后主这一走，北齐军队乱了阵脚，丢盔弃甲，很快败下阵来，死了一万多人，被遗弃的军用物资以及兵器，在方圆几百里间堆积如山。也只剩下安德王高延宗全军而回。

第 40 章　尔朱荣反胡太后

北魏胡太后再次当政，她所宠信的那帮人也越发霸道和专权。朝廷的政事也越来越松弛，对外的威信也树立不起来，各地纷纷揭竿而起，拥有的疆域也不断减小。

孝明帝渐渐长大，胡太后也渐渐意识到自己的所作所为不够光明磊落，担心身边的人会汇报给孝明帝，于是无端的找一些理由，将平日里孝明帝宠信的人，挨个除掉了。与此同时，还不让孝明帝多知道外面发生的事情，想尽办法阻断他获得消息的途径。通直散骑常侍昌黎人谷士恢深受孝明帝宠爱，孝明帝命他统领宫中卫士。胡太后对于这件事耿耿于怀，多次含蓄地暗示谷士恢，想把他调离京城，但受孝明帝宠幸的谷士恢不愿离开京城。随后，胡太后便以莫须有的罪名将他杀了。在经常服侍在孝明帝身边的人中，有一个叫密多道人，仅仅因为他会一些其他民族的语言，胡太后便派人在城南杀了他，并用悬赏缉拿罪犯的幌子掩盖罪行。孝明帝好像觉察到点什么，与胡太后二人之间的隔阂就越来越深。

当时，北魏朝廷对势力强盛的车骑将军、仪同三司及并、肆、汾、广、恒、云六州讨虏大都督尔朱荣很是害怕。原先，在杜洛周手下的高欢、段荣、尉景、蔡俊等人，图谋造反失败后投奔了葛荣，接着又投奔尔朱荣。刘贵也曾多次向尔朱荣推荐高欢，尔朱荣看到身形瘦弱，相貌憔悴的高欢，觉得他并没什么出奇之处。有一次，高欢和尔朱荣一起来到马棚，尔朱荣指着马棚里一匹强悍凶猛的马让高欢修剪。高欢没有给马套上笼头，直接捆住马脚就修剪起来，奇怪的是马儿也没踢没咬。修剪完毕，高欢站起身来对尔朱荣说："同样的道理也适用于制伏坏人。"对于高欢的这句话尔朱荣非常的惊奇，立即请高欢坐下并支开身边的人，询问起高欢对当前国家大事的一些看法。高欢说："听说您按颜色不同畜养了十二群马，这样做到底有什么用呢？"尔朱荣说："不知阁下有什么高见？"高欢说："当今圣上太过软弱，太后又听信小人谗言、专横跋扈，朝廷的一些政策不能很好的贯彻执行。依我之见，您若此时趁机起兵，凭借您的雄才大略，前去讨伐郑俨、徐纥的罪行，替皇上铲除身边的奸佞小人。那么成就您的霸业也不过是唾手可得的事情，这就是我高欢的拙见。”尔朱荣听后非常高兴，两人更是一见如故，直到半夜时分高欢才走出尔朱荣的府邸。经过这件事，高欢也就顺理成章的参与到尔朱荣的军事谋划中。

元孤的五世孙元天穆时任并州刺史，跟尔朱荣关系很密切，两人像亲兄弟一样！尔朱荣打算对内诛杀奸佞之人，对外肃清各地匪盗，然后发兵进入洛阳。于是私底下便找元天穆及其部下都督贺拔岳商量，元天穆和贺拔岳听后也都力挺尔朱荣。

于是，尔朱荣便上书说：“山东一带盗贼猖獗，我军也是屡战屡败。鉴于冀州、定州已经失陷敌手，我恳请带领三千精锐骑兵向东增援相州。”胡太后听后很是怀疑，对尔朱荣说：“目前关、陇地区的贼盗已经基本平定，我军活捉了萧宝寅，杀掉了莫折念生，万俟奴也请求归降，费穆镇守的绛蜀地区也逐渐平定。况且，已经有二万军队在北海王元颢的带领下前往相州，你也就不必徒劳了。”尔朱荣又上书朝廷说：“敌军虽然势力衰落，但我军却屡战屡败军心涣散，我担心先前的援军不能真正起到作用。为了确保万无一失，我们必须再想策略！以微臣愚见，我朝对蠕蠕国国王阿那环一向恩惠深受，他应该也不会忘记时刻报答。这次可以尝试让他发兵，沿东面从下口攻击贼兵后方，而北海王元颢率领的部队则从正面攻击敌军。我军虽然在人数上处于下风，但尽全力命他们分别从井陉以北、滏口以西占据险要地区，进而实现对敌军的侧面夹击。虽然葛荣吞并了杜洛周，但威信还未树立，况且手下的势力还没有完全统一，这样以来也还是有分崩离析的可能。”于是尔朱荣便下令，征募那些有勇气有胆识的人组成军队，分别向北守卫马邑城，向东占据了井陉。尔朱荣听说，徐纥力劝胡太后派人前去离间尔朱荣的部下，对徐纥非常忌恨。

孝明帝顾及胡太后的面子，也没有把郑俨、徐纥除掉。但为了不长期受制于胡太后，孝明帝秘密下诏命尔朱荣发兵至京城，以此来胁迫胡太后。

尔朱荣任命高欢为前锋，率军向京城进发。当部队行进到上党时，又接到孝明帝密诏，取消这一行动。郑俨、徐纥每天也都提心吊胆，唯恐哪天就会大祸临头，于是暗中勾结胡太后策划阴谋，打算毒死孝明帝。

二月二十五日，北魏孝明帝突然去世。二十六日，胡太后暂时立女儿为帝，并大赦天下。同时下诏宣称："潘充华实际上生的是女儿。原临洮王元宝晖的后代元钊作为孝文帝的嫡系后代，立为皇帝。文武官员各升二级，宿卫进官三级。"二十七日，元钊即位。胡太后居心叵测，为了能长久地独揽大权，才极力拥戴当时只有三岁的小元钊为皇帝！

尔朱荣听后，非常恼怒，对元天穆说："先皇才十九岁，这么年轻就去世了，可在天下人心中仍把他看做是小皇帝。现在让一个还不会说话的孩子来统治天下，国家怎么可能长治久安？我打算立即率骑兵奔赴国都一方面哀悼皇帝；另一方面趁机铲除那些谗言小人，拥立一位年纪大一点的皇帝，不知你们意下如何？"元天穆说："这可真是伊尹、霍光再生啊！"于是尔朱荣上书朝廷，声称："天下人都怀疑先皇突然离开人世，是被毒酒致死。即便先皇真的得病，并未见召唤太医探视，也不见贵戚大臣服侍左右，怎能不让天下人怀疑？紧接着，太后又让皇女继承皇位，还妄自大赦罪犯，上欺天瞒地，下迷惑群臣百官。更为滑稽的是，接着选一个三岁孩子当皇帝，我看只不过是为自己破坏国家纲纪，纵容乱臣贼子把持朝政的恶劣行径做个幌子罢了！目前各地纷争突起，我朝的一举一动也都在邻国的窥探之下，现在朝廷让一个还不会说话的孩子来安定天下，真是天大的笑话！希望朝廷能允许我回京共商国事，一来能够将先皇驾崩的真实原因弄明白，同时能将徐纥、郑俨等奸佞之徒依法查办，进而消除远近各地的怨恨之情，最重要的就是重新选择一位皇族成员来承继皇位。”

胡太后为了安抚尔朱荣，便派当时任直官的尔朱荣的堂弟尔朱世隆前往晋阳说服尔朱荣。尔朱荣打算留下尔朱世隆，尔朱世隆说：“朝廷怀疑兄长由来已久，所以此次才派我前来，如果您现在留下我，必定会使朝廷占得先机，提前做好充足的准备，使我们处于被动局面。”尔朱荣听后便让尔朱世隆回去了。

尔朱荣觉得彭城武宣王元勰功绩卓著，他的儿子元子攸平日里声望也很高，就打算立元子攸为帝，便找来元天穆商议此事。同时还派侄子尔朱天光及亲信奚毅、仆人王相带着他的想法前往洛阳，找尔朱世隆秘密商议。尔朱天光见到元子攸，将尔朱荣的想法详细的讲了讲，元子攸便答应了。待尔朱天光等人回到晋阳，尔朱荣却显得有些犹豫不决。为了断定谁最终能成为皇帝，尔朱荣就用铜为皇室的子孙们每人铸了一座像，结果只有元子攸的铜像铸成了，尔朱荣这才起兵从晋阳出发。随后，尔朱世隆也逃出京城，与尔朱荣的军队在上党相会。事情传到了胡太后的耳朵里，她惊恐万分，立即召集王公大臣们入宫商议对策。平日对胡太后的所作所为已经咬牙切齿的皇室和大臣们，没有人发言。只有徐纥说：“区区尔朱荣胡人一个，竟如此胆大妄为冒犯朝廷，只发动我朝的文武禁军就足以将他制伏。前线将士们只需尽力把守险要地区，只等他来犯。到那时，孤军千里的尔朱荣一定是兵马疲惫，打败他也就易如反掌。”胡太后听信徐纥的谗言，任命黄门侍郎李神轨为大都督，率军应战。同时派副将郑季明、郑先护率兵守卫河桥，武卫将军费穆驻屯小平津。

尔朱荣的率军到达河内后，尔朱荣又派王相秘密到洛阳迎接长乐王元子攸。

四月初九，元子攸与彭城王元劭、霸城公元子正兄弟三人从高渚偷偷渡过黄河。初十在河阳跟尔朱荣见了面，将士们看到长乐王都高呼万岁。十一日，待到尔朱荣等渡过黄河，元子攸立即登基。遂任命元劭为无上王，元子正为始平王，尔朱荣为侍中、都督中外诸军事、大将军、尚书令、领军将军、领左右，并封为太原王。

第41章　智斗元颢

北魏北海王元颢意识到自己夺取了一定的政权，便趁势与临淮王元、安丰王元延明一起密谋反叛梁朝。

元颢为了借助陈庆之的兵力平定眼下的混乱局面，与陈庆之表面上十分团结，其实两人都各有所图，言语之间也多有猜忌。陈庆之暗中早有防备，他劝元颢说："我们从很远的地方来一路攻克此地，会有一些人不服，如果他们打探到我们的虚实，趁势联合兵力将我们重重包围，我们拿什么应对？不如上奏梁朝天子，请求朝廷再派精兵增援，同时敕令各州，如果有梁朝的队伍在此沦陷，务必要全都集结到我们这来。"元颢觉得有理，打算采纳他的建议。元延明说："你仔细想想看，目前陈庆之兵的兵力不过数千，您驾驭起来都已经稍有一定的难度了，倘若再增加他的兵力，他还会再听从你的命令吗？一旦您的大权失去，势必事事都会受制于人，大魏朝的江山恐怕也就朝不保夕了！"听了元延明的话，元颢便放弃了之前的想法。为了防止陈庆之暗中向梁武帝汇报情况，元颢向梁武帝上书说："目前除了尔朱荣还负隅顽抗外，河北、河南都已平定。对于捉拿尔朱荣，我和陈庆通力合作就行。眼下刚刚收服各州郡，应该多加安抚而不宜再增加兵力，否则会使百姓感到不安。"梁武帝便下令，各部队不再前进，原地待命。

鉴于洛阳城中羌族、胡族的军队数量不到梁朝军队的十分之一，军副马佛念对陈庆之说：“将军虽威名远扬，名震中原，但元颢对将军却多有猜疑。您不如趁此千载难逢的机会，攻元颢于不备，进而占据洛阳，以绝后患。”陈庆之没有采纳他的建议。陈庆之在被元颢任命为徐州刺史后，坚决要前往彭城。元颢心里很害怕没敢让他去，对他说：“圣上既然委托你全全负责洛阳城，如果突然听说你要离开洛阳而前往徐州，他一定会认为您不顾国家利益，一心只求富贵和功名，这样的话不仅对你不利，恐怕也会连累我！”陈庆之便不敢再说什么了。

尔朱荣与元颢两军对战，相持于黄河之上。陈庆之镇守北中城，元颢则亲自率军镇守河桥南岸。在三天之内，陈庆之打了十一仗，击杀了很多敌人。元颢麾下有一位夏州义士负责镇守河中渚，不料他暗中串通尔朱荣，请求为尔朱荣破桥立功。尔朱荣率兵赶到河桥，谁曾想，桥破之后后续部队没有接应上，反倒被元颢抓住了机会，将尔朱荣的军队一举歼灭。尔朱荣对失败的结果大为失望。元颢又派安丰王元延明镇守黄河沿岸，加强防守。由于无船渡河，北魏军便商议打算暂且挥师北上，攻打元颢之事以后再想办法。黄门郎杨侃对尔朱荣说：“当初大王是在得知夏州义士会来做内应后才从并州发兵呢，还是仅仅为了彰显自己的才能、振兴皇室大业？散了再聚、伤好再战也是作战中的常态，何况我们现在并没受什么损失，不能单单因为这件小事而放弃所有计划！眼下老百姓对将军您的这一举动也是望眼欲穿，如百姓看到我们毫无所获，又立即班师回朝，一定会大失所望。百姓一旦涣散了，战事的胜负也就很难论定。我们不妨征调百姓的木材，做一些木筏和船只，然后夹杂着沿黄河排列开来，表面上让敌军觉得我们有渡河的气势，实则我们的船只首尾又相距很远！元颢必定会被迷惑而不知所措，我军一旦渡过黄河，必定功绩卓著。”高道穆对尔朱荣说：“眼下皇上对前线战事十分忧虑，迫不得已的话还要亲自征战，我们做臣子的应该为此感到羞愧。现在大王能够辅天子令诸侯，还拥有百万大军，如果我们先制造木筏然后分散渡河，大破元颢的军队易如反掌，万万不可挥师北上，使元颢抓住机会得以休养生息，蓄势待发！倘若这样的话，无异于养虎为患，后悔就来不及了！”尔朱荣说道：“黄门郎杨侃提到类似的计谋，我跟大家再商议一下吧。”刘灵助对尔朱荣说：“用不了十天时间，黄河以南一定能平定。”伏波将军、正平郡人杨跟他的族人因为家里有几艘小船，又是马渚当地人，便主动请求当向导。五月十八日，尔朱荣命令车骑大将军尔朱兆和大都督贺拔胜率领众军捆木做筏，连夜从马渚西边一个叫硖石的地方渡过了黄河，大败敌军，抓获了元颢的儿子元冠受。安丰王元延明的军队得知此事溃不成军，纷纷逃窜。失去依托的元颢，不得不率百名骑兵向南逃走。陈庆之见状，也收了军队，率领一些人马向东逃窜了。元颢一逃走，他之前攻克的城池，势必全部归降了北魏。尔朱荣亲自率军乘胜追击陈庆之，又逢嵩高河发大水，陈庆之的队伍可谓是全军覆没。而陈庆之则乔装打扮成一个和尚，从小路逃回到了建康。梁朝仍论功行赏，授他为右卫将军并封侯永兴县。

中军大都督兼领军大将军率军入住皇宫，封存国库，将各个庭院打扫干净。前往北邙恭迎孝庄帝。一见到孝庄帝，杨津便失声痛哭起来，跪地向孝庄帝谢罪。孝庄帝没有怪他，并犒赏了他。五月二十日，北魏孝庄帝正式入住华林园，大赦天下。尔朱兆被任命为车骑大将军兼仪同三司，文武百官也都加官进爵，其中加官五级的有：从北方随孝庄帝来的将士，皇帝身边侍奉的文武百官，在与元颢一战中誓死没有投降的将士们。对于向朝廷报告敌情的河北官员及在河南地区一战中坚决未投降元颢的将士则官加两级。二十二日，又封大丞相尔朱荣为天柱大将军，并再次增加封户，累计已达二十万户。

兵败的元颢从轘向南部逃窜，等到了临颍随从的骑兵也逃窜殆尽。

几乎孤立无援的元颢被临颍县吏卒江趁机杀掉。第二天，临颍县吏将元颢的首级送到了洛阳。不久，临淮王元又也归降孝庄帝，先前逃亡的安丰王元延明，也带着家眷投奔梁朝。

第42章　兄弟二人打天下

关中地区遭到万俟奴侵扰，武卫将军贺拔岳奉北魏尔朱荣之命前去平定。

贺拔岳私下里对哥哥贺拔胜说："万俟奴实力强大，此番前去如果不能攻克，一定罪大恶极。如果成功，必定会招致一些小人的闲言碎语。"贺拔胜问道："那按弟弟的意思，这件事该如何是好？"贺拔岳说："我希望我只是辅佐，而尔朱氏家族派一人作为统帅。"贺拔胜便把弟弟的建议说给尔朱荣，尔朱荣听后很高兴，任命尔朱天光为使持节、都督二雍二岐诸军事、骠骑大将军、雍州刺史，贺拔岳为和征西将军代郡人侯莫陈悦为右左大都督。左右大都督辅佐尔朱天光进军万俟奴。

从洛阳以西出发时，尔朱天光只配备了一千名士兵。靠沿途征发百姓的马匹装备将士兵武装了起来。把守赤水的蜀贼切断了魏军前进的道路，侍中杨侃奉命前去说服叛贼征集他们的马匹，叛贼将领拿不定主意。北魏军到达潼关，尔朱天光便下令停下来。贺拔岳对他说："对待那些鸡鸣狗盗的蜀贼，您尚且犹豫不决，倘若大敌当前，将军又做何反应？"尔朱天光说："攻克蜀军的事就拜托你了。" 于是贺拔岳率军杀向渭水北岸，大破蜀军，缴获战马二千匹。在蜀军中挑选了一些健壮的士卒充实北魏军队，又在当地百姓中间征集马匹一万多匹。

尔朱荣得知尔朱天光的军队由于兵力较少而停止进军，十分恼火，立即派参军刘贵乘骑马来到军营，责骂他并杖打一百，随后又增兵二千人。

三月，万俟奴率大军包围岐州，大行台尉迟菩萨、仆射万俟仵奉命从武功出发，南渡渭河围攻北魏军。贺拔岳先率一千骑兵前去救援，没想到尉迟菩萨等叛将已班师回营了。为了激怒敌人，贺拔岳大肆杀戮万俟奴的官吏和百姓。但是，尉迟菩萨及其二万步骑兵已先行抵达渭水北岸。隔着渭河，贺拔岳率数十轻骑张扬着北魏的国威，逼尉迟菩出面迎战！尉迟菩萨只命令手下传话给贺拔岳，贺拔岳大怒，说道："哪来的鸟人，我只跟尉迟菩萨说话！"说完就用箭射死了传话的使者。一天后，贺拔岳又带了一百多名骑兵来到渭水边，继续大喊大叫，渐渐地将贼军引到东边一处可以渡河的浅水地带。贺拔岳见状，立即上马向东奔去。贼军误以为贺拔岳要逃，抛下步兵，派轻骑过河前去追击。贺拔岳早在一条横亘的土冈后设下伏兵，当贼军的一半人马刚过冈东，贺拔岳立即杀了个回马枪，敌军猝不及防，溃不成军。贺拔岳又下令，凡自动下马缴械投降者不杀。敌军闻听此消息纷纷下马。很快，贺拔岳俘获三千人，并获得了不少马匹，还最终活捉了尉迟菩萨。北魏军全军出动，到达渭水北岸直捣黄龙，贼军更是难以抵挡，北魏军队缴获了敌军大量的重型武器。万俟奴闻听军队大败，便放弃岐州一路向北逃至安定，最后在平亭设防。直到这时，尔朱天光这才从雍州赶到岐州和贺拔岳会合。

四月，尔朱天光的部队来到了汧水和渭水之间，部队停下来，放养战马，并放出消息："天气马上就要热了，不利于行军作战。相关的军事行动一律等到秋天凉爽了再议。"这一消息被万俟奴派来的侦察兵探听到，北魏军将其抓获，随即又放了回去。万俟奴信以为真，便解散部队，休养生息，并派其太尉侯伏侯元进率领五千士兵，占据险要位置安营扎寨。其余的人马，以一千人为单位分散安营。得知万俟奴的兵势已经分散，尔朱天光在傍晚时分暗中督促各军相继出发，黎明时分侯伏侯元进的大寨被攻克了，北魏军将所有俘虏全部释放，在其他地方安营扎寨的敌军听说后，纷纷投降了北魏。尔朱天光又马不停蹄的赶往安定城，泾州刺史侯几长贵率部投降。万俟奴放弃平亭逃往高平城，尔朱天光派贺拔岳率轻骑追击。二十二日，在平凉城追上了敌人。没等贼摆开阵势攻击，直阁、代郡人侯莫陈崇单枪匹马，将万俟奴生擒在马上。贼军看到将领被捉，侯莫陈崇也是所向披靡，便无人敢挡。紧接着北魏的援兵陆续到达，万俟奴的军队全军覆没。

第 43 章　孝庄帝诛杀尔朱荣

北魏尔朱荣虽住在距离京城很远的藩镇，却牢牢掌控朝廷大权，在孝庄帝身边安插了很多自己的亲信，用来窥伺观察朝中的一举一动，因此朝中之事事无巨细，他全都知道。

虽然受制于尔朱荣，但生性勤劳的孝庄帝废寝忘食，日理万机，查阅卷宗并亲自审理了一些冤案。尔朱荣得知此事极为不满。为了整顿朝廷内部官员选拔的制度，孝庄帝还跟吏部尚书李神俊商议。先前，尔朱荣曾提拔过曲阳的一位县令，但李神俊看到相关资料后，认为官阶悬殊，就选了其他人。尔朱荣对此耿耿于怀，便派他想提拔的那个人前往曲阳县夺官。李神俊很害怕就辞了官。尔朱荣便让顺势让尚书左仆射尔朱世隆取代了李神俊。尔朱荣向孝庄帝建议，用一些北方人做为河南各州的刺史，孝庄帝没有同意。即便是太宰元天穆亲自拜见孝庄帝提及此事，孝庄帝依旧没应允。元天穆说道：“天柱将军尔朱荣战功显赫，现在又贵为我朝宰相，他想更换下全国的官员也不是什么有违天命的事情吧？况且只是想任命几个人作为河南各个州的刺史，区区小事不知陛下出于什么顾虑而不能准奏呢？”孝庄帝义正言辞地说：“如果天柱将军想自立为王，那他取代我完全有可能的，可如今他作为我的臣子，只要我在位一天，天下就没有更换百官的道理。”尔朱荣听后气急败坏地说：“如今做了皇帝，竟然敢不听我的意见了！也不看看他的江山，他的地位是靠谁争取来的？”

天生妒忌心就很强的尔朱皇后，多次向孝庄帝宣泄她的满腹牢骚。孝庄帝派尔朱世隆前去和她谈心，希望她能够深明大义！皇后却说：“陛下的天下是我们尔朱家打拼下来的，现在竟敢如此对我，如果当初我父王做了皇帝，恐怕现在也不会滋生这些事端。”尔朱世隆说道：“可惜天不遂人愿，当初要真是令尊做了皇帝，那至少现在我也能做王了吧。”

面对尔朱荣和尔朱皇后，孝庄帝有一种前后夹击的感觉。总是闷闷不乐！值得庆幸的四方寇盗尚未平定，孝庄帝希望能用这帮贼寇来牵制尔朱荣。可真等到平定了关、陇地区，好消息接连不断传到孝庄帝耳朵的时候，他却一脸愁容，对尚书令临淮王元说道：“恐怕从今往后，天下再无贼寇了吧！”元见孝庄帝脸色不悦，说道：“只怕是贼寇平定之后，才更加需要陛下操心呢。”为了不让其他人感到奇怪，孝庄帝连忙岔开话题说道：“是啊！战乱之后安抚百姓，是件更费心思的事情。”四方平定无事后，尔朱荣向孝庄帝上奏：“参军许周认为我应该被授予九锡，拥有享受至高的荣誉。我很讨厌他那么说，骂了他一顿就叫他走了。”其实，当时尔朱荣心里特别希望孝庄帝能特别对待他，想用这些话来暗示孝庄帝。孝庄帝在心里没买尔朱荣的账，只是表面上对他的赤胆忠心，大加称赞了一番。

尔朱世隆对孝庄帝的所作所为感到怀疑，便匿名写了个纸条贴在自己家门上，纸条上写到：“陛下与杨侃、高道穆等人已经商量好了，打算将天柱将军尔朱荣灭掉。”尔朱世隆接着又把纸条递给了尔朱荣。

尔朱荣不以为意，对自己强大的势力信心百倍。随手撕了纸条，朝地上啐了口吐沫骂到："尔朱世隆你胆子也太小了吧，也不想想我是何等人物，谁敢如此胆大妄为！"尔朱荣要入朝面圣，他的妻子北乡长公主劝他不要去，可尔朱荣还是执意前往。

尔朱荣兵发并州，共率骑兵四五千人。人们议论纷纷，有的说："看来这次尔朱荣是真的要造反了"，也有的说："陛下这次一定不会心慈手软，尔朱荣怕是性命不保。"孝庄帝在尔朱荣率军抵达洛阳时，就忍不住想杀了他。但考虑到当时太宰元天穆还在并州，担心轻举妄动容易滋生后患，便忍住没杀他。下令召元天穆进京。有人向尔朱荣报信说："陛下想加害于你。"尔朱荣听到这话时，觉得不是空穴来风，为了试探对方的动静，他立即将这话全部上奏，孝庄帝强装镇静地安慰，说："我也听说你打算害我，可是转念一想，没准是那些小人们的离间之计，也就没放在心上。" 尔朱荣心里的疑虑消除了，每次入朝也只是赤手空拳的带几名随从罢了。孝庄帝也想放弃追杀尔朱荣，谁曾想，城阳王元徽说："即使现在尔朱荣不反叛，那也不能容忍他这么样下去！再说，陛下能保证尔朱荣不再有反叛之心吗？"

前一阵，天空中有彗星扫过天王座。尔朱荣得知恒州人高荣祖精通天文星象，便前去询问吉凶，高荣祖说："此星象乃推陈出新之兆。"尔朱荣听后非常高兴。尔朱荣到了洛阳后，行台郎中李显和说："大王此去京城，怎么没看到陛下授予您九锡之荣耀啊，难道还要劳烦您亲自上奏索要吗？那样的话，难免让人觉得陛下有点不通人情。"都督郭罗察也说："被授九锡那都是小菜一碟，没准今年能在改朝换代上做有所作为呢！"参军褚光说："况且，大家都觉得并州城上空好像有一团紫气萦绕，所以，此次大王一定会应此吉兆！"尔朱荣的部下又对孝庄帝的部下肆无忌惮的凌辱，想挑起事端，加速尔朱荣篡位的步伐。这些事被孝庄帝听到了。

奚毅又入朝拜见孝庄帝，并要求进密室借一步说话。孝庄帝立即走下明光殿与奚毅聊了起来。谈话间，孝庄帝感觉到奚毅是真心诚意地想助他一臂之力。有了这一基础，孝庄帝便召来元徽、杨侃、李等几个心腹，将奚毅的话细致的讲给他们听。况且，当初尔朱荣把自己的小女儿嫁给孝庄帝的侄子元宽时，曾指着元宽说："我最终会为我今天的这一举措而受益匪浅。"无非也就是希望，有一天能立元宽为过渡性的皇帝，接着自己再上位罢了。元徽为了让孝庄帝赶紧下决心杀掉尔朱荣，便上奏说："尔朱荣必定会把陛下视为后患，一旦皇后生的是男孩，他必然会立小皇子为帝，若皇后生的不是男孩，那陈留王元宽就是不二人选。"一天夜里，孝庄帝梦见自己割掉了自己的十个手指头，醒来后孝庄帝心里一直犯嘀咕，便让元徽、杨侃他们给解梦。元徽说："前线将士们要是被蝮蛇螫了手，一定要砍掉手腕，陛下梦见割掉手指跟这是一个道理，此乃吉兆啊！"

元天穆奉旨回到洛阳，孝庄帝马上出宫迎接。在元天穆和尔朱荣的陪同下，孝庄帝来到西林园。他们一边喝酒，一边玩射箭游戏。尔朱荣奏请说："最近一段时间，警卫们都不再习武了，陛下应该带领五百骑兵到外面去游猎一番，况且陛下最近批阅了不少奏折，也可以趁机休息愉悦一下。"孝庄帝忽然想到，奚毅曾告提到过，尔朱荣想趁围猎之机，挟迫陛下迁都别处。孝庄帝也越发怀疑尔朱荣了。

九月十八日，孝庄帝召见中书舍人温子，请教他杀害尔朱荣的方案。孝庄帝还问起当年王允杀董卓的事，温子从头到尾详细讲地了一遍。孝庄帝说道："要是当时王允能立即赦免那些凉州人的话，估计也不会沦落到那步田地。"听完温子讲的故事，孝庄帝沉默了许久才对温子说："我的所思所想你肯定都明白，我宁愿像高贵乡公那样死，也不愿像常道乡公那样活着。即便是死也要搏一把，何况不一定会死呢！"鉴于王允的前车之鉴，孝庄帝认为只杀掉尔朱荣、元天穆而赦免其党羽，那他们就不会再发生叛乱了吧。应诏官王道习听后，建议说：“尔朱荣十分信任尔朱世隆、司马子如、朱元龙等人，这几个人同时也都很了解国家得实际情况，留着他们是个祸害。”元徽和杨侃听后都说：“一旦尔朱世隆不能留下，尔朱仲远和尔朱天光也不会再听从朝廷的安排！”他俩的意思是想保住尔朱世隆。元徽接着补充道：“尔朱荣常常刀不离身，事发的时候要是他狗急跳墙了，没准能伤及陛下。希望那时候陛下能起身躲一下。”接着就付诸行动：杨侃等十余人在明光殿东侧埋伏。这一天，尔朱荣与元天穆一同入朝，饭还没吃完就起身出去了。等到杨侃等人从东边的台阶上殿时，尔朱荣、元天穆已经到了中庭，这次行动失败。

九月十九，是孝庄帝父亲的忌日。二十日，这一天是尔朱荣父亲的忌日。二十一日，尔朱荣上朝后停留了一小会儿儿，就到自己的女婿陈留王元宽家里喝酒去了。饮酒过量一醉不起。便佯装生病，一连好几天都没有上朝。随着时间的推移，孝庄帝的谋杀计划慢慢地泄露了出去。尔朱世隆得到这一情报又告诉给了堂兄，劝他火速逃离。尔朱荣本身就没把孝庄帝放在眼里，他认为没有自己办不成的事情。气定神闲地说：“用不着这么着急！”。

面对铲除尔朱荣的密谋外泄，参预其中的人们都很害怕，连孝庄帝也很着急。在这种情形下，城阳王元徽说：“我们就借口说皇后要生孩子了，尔朱荣知道后必定会进宫，到那时，再伺机杀了他。”孝庄帝疑惑的说：“可是皇后才怀孕九个月，这个办法恐怕不妥吧？”元徽说道：“孕妇不到预产期就分娩的事情多了去了，尔朱荣一个大男人，也不会去怀疑什么的。”孝庄帝觉得也在理，就采纳了他的建议。

九月二十五日，孝庄帝先在明光殿的东厢埋伏好士兵，然后对外扬言皇后生了皇太子，又派元徽飞奔到尔朱荣府上报喜。当元徽感到尔朱荣府上时，尔朱荣正在跟元天穆赌博。为了表示自己的喜悦，元徽摘下尔朱荣的帽子顶在手指头上旋转着，向他表示祝贺。再加上殿内文武信使得知喜报后也都来催促尔朱荣，尔朱荣便信以为真，和元天穆一起入了朝。孝庄帝没想到事情这么顺利，有点惊慌失措。中书舍人温子看见了说：“陛下的脸色好像不太正常啊。”为了掩饰内心的恐慌和不安，孝庄帝赶紧命人上酒，并大饮起来。又下令让温子起草赦诏，温子一挥而就，拿着就走出了宫殿。恰巧遇上上殿的尔朱荣，尔朱荣问：“这是什么文书？”温子镇定自若的说：“圣旨！”尔朱荣连看都没看就走了进去。孝庄帝在明光殿东墙下西向坐，尔朱荣、元天穆在宝座前西北面南向坐。元徽进殿后刚拜了一下，尔朱荣就看见光禄少卿鲁安、尝食典御李侃等人抽出寒光闪闪的刀从东门闯了进来。尔朱荣迅速起身来到孝庄帝面前，想劫持孝庄帝作为人质，没想到孝庄帝早有准备，事先将刀藏在台阶下，顺手拿起刀就杀了尔朱荣。

鲁安等人趁机上前一阵乱砍，尔朱荣与元天穆双双见了阎王。尔朱荣的儿子及车骑将军尔朱阳睹等三十名随从，也都被伏兵所杀。孝庄帝得到了尔朱荣的手版，上面夹着几折奏折，记的都是些皇帝左右要除掉或留下的人名，不是尔朱荣心腹的人均在赶出之列。孝庄帝看后，冒了一身冷汗，说“还好今天杀了他，倘若让他活过到明天，后果不堪设想啊！”

一场风雨就这样结束，宫廷内外欢声雀跃，人们奔走相告。

第44章　李世民初建霸业

神武肃公窦毅的女儿是唐公李渊的妻子。窦氏一共为李渊生了李建成、李世民、李玄霸、李元吉四个儿子和一个女儿，女儿最后嫁给了太子千牛备身临汾人柴绍。

李世民聪明过人，机智勇猛。隋王朝的混乱不安让他暗下决心一定要平定天下。于是，他不断结交有识之士，广散资财聚集宾客，爱戴拥护他的人越来越多。李世民的妻子是右骁卫将军长孙晟的女儿，右勋卫长孙顺德又是长孙晟的族弟。长孙顺德和右勋侍刘弘基当年为了为了逃避辽东战役，投靠了当时在晋阳做官的李渊。通过李渊，他们二人与世民的关系也很好。左亲卫窦琮是窦炽的孙子，逃亡在太原，平日里他与李世民不太和，常常心生猜忌。李世民却心胸宽广。对他有意的特别照顾，甚至默认窦琮可以在自己府上来回走动。窦琮心里的石头这才落了地。

晋阳宫监裴寂和晋阳令刘文静二人住在一起。望着城上的烽火，裴寂叹息道："现在的我穷成这个样子，生不逢时又赶上社会如此动乱，我可指望什么活下去啊？"刘文静听后笑着说："社会朝什么样的方向发展我们可以预测嘛，况且我们二人关系这么好，有我在你就把心放在肚子里吧！"刘文静后来认识了李世民，很佩服他的才能就和他结为兄弟。刘文静对裴寂说："李世民不是一般人，有着汉高祖刘邦一类人豁达的性格，魏武帝曹操一样威武的神态，别看他年纪轻轻，将来一定能成大气候。"裴寂对刘文静的话根本没当回事，左耳朵进右耳朵出。

刘文静与造反的李密有亲戚关系，所以受到牵连，被关押太原监狱。李世民去探望他，刘文静说："如今天下大乱，想要天下安定，恐怕只有像汉高祖、汉光武帝那样人。"李世民说："你怎么知道当今社会没有这样的人呢？我想多半是因为大家缺乏识别的慧眼吧！我特意来看你不是因为咱俩交情好，而是真的有要事和你商量。不知道你有什么打算？"刘文静说："就目前形势来看，陛下南下巡游江、淮去了，李密率领的大军又逼近东都，各地揭竿而起的人我想也要数以万计。

若这个时候，能有一个人拥有天子风范的人站出来，那天下安定就指日可待了。为了躲避盗贼，太原百姓都搬到了城内。我作过几年县令，也认识一些有识之士，假如把他们聚集起来，加上百姓怎么也有十万人。同时，依令尊的威武气势，本身就统领几万军队，号令一声无人不从！我们通力合作，率领这些兵力趁机发兵号令天下，不用半年时间，江山霸业定会是我们的。”李世民笑道：“其实我也是这么想的，只是想听听你的意见，没想到不谋而合了。”于是李世民就暗中筹集兵力。李世民怕父亲不答应，就没敢告诉他。犹豫了很久，还是没敢告诉他。

李渊和裴寂是世交，关系一直很好！还常常在一起把酒言欢，有时候甚至彻夜不归。刘文静打算让裴寂找个合适的机会向李渊说明这一切，于是就引见裴寂和李世民结交。李世民拿出自己的私房钱几百万，让龙山令高斌廉与裴寂玩赌，渐渐输给裴寂，裴寂非常高兴，由此每天与世民在一起交游往来，情谊日深。李世民把自己的意图告诉裴寂，裴寂许诺劝说李渊。

正逢突厥人侵犯马邑，李渊派高君雅率兵与马邑太守王仁恭同力抗击突厥人。王仁恭、高君雅与突厥交战不利，李渊怕一起被治罪，非常忧虑。李世民乘机屏去左右的人劝说李渊：“如今主上昏庸无道，百姓困顿贫穷，晋阳城外都成了战场，大人要是恪守小节，但下有流寇盗贼，上有严刑峻法，您的危亡就要来到了，不如顺应民心，兴起义兵，转祸为福，这是上天授予的时机。”李渊大吃一惊说：“你怎么说这种话，我现在就将你抓起来向国家告发！”说着就取来纸笔，要写状表。世民慢慢地说：“我观察天时人事到了如此地步，才敢说这样的话如果一定要告发我，我不敢辞死！”李渊说：“我哪里忍心告发你，你要谨慎，不要随便说！”第二天，李世民又来劝李渊：“大人现在奉命讨伐乱贼，可盗贼如今这么猖獗，讨伐的完吗？到最后不还是死罪一条。况且世人都说咱们李家的人跟图谶上的预言很吻合，这就是为什么李金才被朝廷以莫须有的罪名灭族的原因。如果大人真的能将贼乱消灭干净，我想即使功劳再大也不会受什么奖赏，就是怕大人的处境却越来越危险！大人不妨仔细考虑下我昨天说的话，没准是个万全之策。”李渊叹息说：“你说的话我昨晚考虑了一夜，说的很在理。这次看来不管是家破人亡还是变家为国我都由你了！”

先前，裴寂偷偷用晋阳的宫人侍奉李渊，和他一起喝酒。兴起之时裴寂说：“世民他暗自招兵买马，正在谋划举兵之事。正是因为这样我私自让宫女侍奉您，恐怕事情败露出来，一起获罪被诛杀，为此才定下这应急之计。现在大家都愿意协助世民完成大业，不知道您意下如何？”李渊说：“我知道我儿子的这个谋划，事已至此我也没有异议，我也听大家的。”

由于李渊与王仁恭抵御突厥的进犯失败，隋炀帝派人将他们押往江都。李渊害怕极了，李世民与裴寂等又劝说李渊：“炀帝昏庸无能是确信无疑了，您再这么效忠隋朝下去也没什么好处，这次进军失利本来就是将士们的错，现在却牵连到您，而且炀帝已经派兵前来羁押你们了，情况紧急请您赶紧定夺。况且晋阳军队兵强马壮，各种物资准备也十分充分，您还有什么顾虑？关中一带的豪杰门都起来造反，但他们却没有一个强大的领袖投靠，大人要是能大张旗鼓地向西进军，我想将他们招至麾下应该是易如反掌。又何必坐以待毙，眼睁睁看着朝来的使者将你杀害了呢？”李渊赞同了他的话，并积极安排战略部署。刚要起兵，炀帝又下令赦免了李渊和王仁恭并官复原职。李渊起兵的计划只好暂时延后。

李渊任河东讨捕使时，认识了夏候详的孙子夏候端。由于夏候端擅长占卜星象以及给人相面，李渊便打算让他做自己的副手。夏候端对李渊说：“据我观测，最近玉床星摇动，帝座星不稳，岁星又居参宿的位置，这就预示着天下必有人要起兵谋反。我个人觉得大人很有潜力。当今圣上爱猜忌又残忍，对李姓家族的猜忌则更胜一筹。如今李金才已经死了，大人要还想不出个变通之法，那就等着做李金才第二吧！李渊心里非常赞同他的说法。等到李渊留守晋阳，鹰扬府司马太原人许世绪也劝李渊说：“图谶的预言里有您的姓氏，民间流传的一些歌谣有您的名字，况且您手上握有重兵，把守的也都是有利位置，举兵起义必能成就一番事业，如果还这么毫无行动，那只能是坐以待毙，还望大人三思！”行军司铠文水人武士，前太子左勋卫唐宪，唐宪的弟弟唐俭也都纷纷劝说李渊起兵。唐俭说：“您招抚了位居北方的戎狄，又在南面聚集了很多有识之士，想通过这样的举措来赢得天下，大有商汤和周武王的风范。”李渊说：“你们将我和商汤、周武王相提并论，实在是让我惭愧，即使我打算举兵，从根本上只不过是为了个人生存，至于什么拯救乱世这样伟大的意义，我还真没想过。至于是否真那样做，我还要再考虑考虑。你们暂时先注意下言行，别节外生枝。”由于这时李建成、李元吉还都镇守在河东，所以李渊迟迟不能决定。

刘文静对裴寂说：“古语有言，先发制人而后发制于人，为何唐公迟迟不起兵，难道你们没劝他早日行动吗？身为宫监却知法犯法，竟然用宫人侍奉宾客！要是朝廷发现了，处死您也就罢了，难道还要殃及唐公吗？”裴寂听后心里很害怕，屡次催促李渊起兵。李渊让刘文静故意下令，征发太原、西河、雁门、马邑等地二十岁至五十岁的男丁全部入伍，并在年底之前集结到涿郡前去攻打高丽。这一招果然奏效，老百姓更加慌乱起来，想造反的人与日俱增。

当汾阳宫被刘武周攻占后，李世民又对李渊施加压力：“大人作为当地的官员，现在却眼睁睁看着盗贼偷了证据逃跑，要是不赶紧想办法，只怕很快就大祸临头了。”李渊于是召集各路将领说：“由于我们防守不利，汾阳宫被刘武周占据。朝廷要是怪罪下来那可是灭门的大罪啊，找你们来就是商量下对策！”王威等人吓的脸色苍白，向李渊跪求解决的办法。李渊说：“朝廷规定，军队的前进或停止必须要上报，受上级掌控。如今数百里之内有贼人，而江都却远在三千里之外，道路又险要，处处还不断有别的盗贼涌现，消息不灵通的我们就这么死守肯定是不行。可进退两难，大家说说怎么办吧？”王威等人都说：“大人您在朝廷的地位大家都清楚，要是一举一动还要上报朝廷，那肯定来不及；如果真的要死守的话，那我们大家就都听你差遣。”李渊假装很为难又无法推辞的样子，说：“既然大家这么信任我，那我建议先征集军队。”于是他派李世民与刘文静、长孙顺德、刘弘基等人各自募兵。百姓们似乎等这一天已经很久了，好多人从很远的地方前来投奔，不到十天的时间就征募了一万多人。李渊秘密派人去河东召李建成、李元吉，去长安召柴绍。

王威、高君雅对李渊的大肆招兵感到怀疑，就对武士说：“长孙顺德、刘弘基二人逃避征役罪该处死，如今让他们率军只怕不合适吧？”于是他们打算把长孙顺德、刘弘基关起来。武士说：“他俩毕竟是唐公的宾客，那样做我怕会引起不必要的麻烦。”王威听后就没再采取行动。留守司兵田德平本来想劝王威等人，就招募兵丁之事详细调查下，武士说：“这件事由唐公全权负责，他们俩也都是听唐公安排，能起什么作用呢？”田德平也作罢。

晋阳乡长刘世龙偷偷对李渊说：“王威、高君雅他们想去晋祠祈雨，我觉得这样做不太合适。”五月十四日夜，李渊派李世民在晋阳宫城的外率兵事先埋伏好。十五日早晨，李渊与王威、高君雅坐在一起处理政务，刘文静带着刘政会走了进来并声称有密事报告。李渊便示意王威等人上前取状纸。刘政会不给，说：“状纸上关于告发的是副留守的事，只允许唐公一个人过目。”李渊假装吃惊地说：“这是真的吗？那我就看看状纸上都写了些什么。”他先大概浏览了一番，然后一边看一边说：“王威、高君雅暗中勾引突厥人入侵。”高君雅立即火冒三丈，捋起衣袖大骂道：“很明显，这是想造反的人要置我于死地。”李世民早就在大路上埋伏好了人马，而刘文静就与刘弘基、长孙顺德等人一起，把王威、高君雅抓进了监狱。十七日，晋阳遭到突厥几万兵马来犯，突厥的轻骑从外城北门进入，从东门出去。李渊命令裴寂等人加强防备，还下令把各城门都打开，上演了一处空城计。突厥人搞不清楚虚实，不敢擅自行动。大家都认为是王威和高君雅勾结突厥人，于是李渊将二人斩首示众。李渊的部将王康达率一千余人应战突厥，结果全军覆没。为了安定军心，李渊派军队夜里悄悄出城，第二天则敲锣打鼓的从别处开进城内，俨然一副援兵到来的架势。突厥人感到莫名其妙，两天之内没采取行动，之后才大肆抢掠而去。

第 45 章　江都叛乱

隋朝末年，瓦岗农民起兵造反，一时间天下大乱。隋炀帝仍然继续到处巡游，到达江都后，他的生活愈加荒淫无度。

当时，宫殿中专设了一百多间奢华至极的房间，安置随行的美女，隋炀帝每晚都会找不同的美女陪伴。每天，隋炀帝都会和萧后以及随行的美女们一起享用美食，开怀畅饮，经常喝到烂醉。在酒后隋炀帝常比喻自己是长城公陈叔宝，萧后是沈后。

事实上，隋炀帝的心情并不像表面上那样开心。有时候，隋炀帝会在下了早朝之后，独自一人，穿着便服，走遍行宫的每一处，不到天黑都不会停下来，唯恐没有看全周围的美景。

隋炀帝自己会算卦看相。一次酒后，他照着镜子，同身边的萧后说：“也不知道谁会砍下我这样一颗好头颅？”听到这话，萧后非常惊讶，隋炀帝笑道：“人世间的富贵贫贱本来就是不停地在轮换更替，没什么大不了的，趁现在尽情享乐吧！”

看到天下动荡，隋炀帝便不想再回长安，考虑迁都丹阳，据守江东。对迁都一事，朝堂上文武群臣争论不休。内史侍郎虞世基等人同意迁都，右候卫大将军李才则极力反对。大臣李桐客称，江东地域小，环境差，老百姓负担不起朝廷的奉养，恐怕早晚有一天会造反叛乱。御史认为这种说法是在诽谤朝政，就弹劾了他。至此，再也没有大臣反对迁都之事。隋炀帝随即下令建造丹阳宫，准备迁都。

在隋炀帝的御林军中，大多数骁果卫都来自关中。骁果卫看到隋炀帝打算迁都，不再回长安，加上当时江都的粮食已经所剩无几，将士们愈发的思念家乡，开始不断地有骁果卫逃跑。隋炀帝派兵追杀了带着部下逃跑的郎将窦贤，仍然无法改变这种状况。

隋炀帝对此事头疼不已，决定把骁果卫交给自己信任的虎贲郎将司马德戡来统领。司马德戡看到骁果卫人心涣散，担心自己如果无法阻止骁果卫的逃跑，最终还是会被隋炀帝所杀。他便找到同为虎贲郎将的好友元礼和裴虔通一起商量，各自联络同僚，计划到时候和骁果卫一起逃走。后来参与此事的人越来越多，大家毫不避嫌地公开商量逃跑的事情。宫中的一个宫女将这件事报告给了隋炀帝，隋炀帝却认为宫女不该关心此事，一怒之下便把那个宫女给杀了。后来，又有人把这件事告诉了萧后，萧后说：“天下局势到了今天这样，已经是无可挽回，什么都不用告诉皇上了，免得他担心！”从此，再没有人向隋炀帝报告宫外的情况。

在参与逃跑的人当中，虎牙郎将赵行枢和将作少监宇文智及的私交很好，勋侍杨士览又是宇文智及的外甥。于是，这二人告诉宇文智及，他们计划三月十五那天一起往西逃跑。宇文智及听后很高兴，非常赞同。宇文智及告诉他们，隋炀帝虽然昏庸无道，但他毕竟还是皇帝，你们一旦逃跑，只怕会和窦贤的结局一样。现在天下英雄并起，是天要灭隋，如果趁此机会起事，定能成就一番帝王之业。

司马德戡等人同意宇文智及的观点，但是要求首领要由右屯卫将军、宇文智及的兄长——许国公宇文化及担任。宇文化及没什么本事，又胆小怕事，当被告知此事时，竟然吓得脸色苍白，浑身直冒冷汗。但最终，宇文化及还是听从了众人的安排。

司马德戡派人去散布消息，说："陛下得知骁果卫要叛逃，准备在宴会上用毒酒把骁果卫都毒死。"骁果卫听说这个消息后，军心大乱，加快了逃跑的计划。三月初十这天，狂风四起，天昏地暗。司马德戡把骁果卫中所有的军官聚集在一起，说出了自己的计划，军官们都表示愿意听从调遣。晚饭后，司马德戡从马厩中偷出了御马，私下里磨好了兵器。当晚，刚好轮到元礼、裴虔通和唐奉义值班。元礼和裴虔通负责大殿，唐奉义则负责城门，几人说定各殿门和城门都不上锁。半夜时分，司马德戡带领数万骁果卫在东城集合，按照计划点火为号，与城外的宇文智及等人呼应。宫城外，宇文智及和鹰扬郎将孟秉劫持了巡夜的候卫虎贲冯普乐，带领一千多人占领了各主要街道，分兵把守。隋炀帝看到一片火光，外面又人声嘈杂，就问身边的人发生了什么事。裴虔通在一旁说："没什么事，是放置草料的地方失火了，宫人在救火呢。"当时，宫廷内外相互之间消息不通，隋炀帝也就相信了。

燕王杨倓察觉事情不太对劲儿，就从芳林门旁边的水闸钻进了宫。到了玄武门前，杨倓谎称自己得了中风，想进殿，在临死前见皇帝一面。裴虔通看到这种情况，立刻把杨倓抓住，关了起来。

第二天，天还没亮，司马德戡命令裴虔通，把各宫门的守卫都换成自己的人马。而后，裴虔通又带领几百名骑兵从宫门赶到成象殿，当班的卫兵看到后，高声大喊有贼。裴虔通没有办法，只得掉头回来，把所有的宫门都关掉，只留下东门，命令殿中的守卫出来。守卫们都纷纷把武器留在殿中，鱼贯而出。右屯卫将军独孤盛看到这些人，觉得很奇怪，就问裴虔通："这是谁带的兵？他们这是在干什么？"裴虔通答道："将军，事情已经走到这一步了，也不关您什么事，您还是不要插手好！"独孤盛一听，破口大骂裴虔通："老匹夫，你这说的是什么话！" 独孤盛也顾不得穿上铠甲，拿起兵器就和身边的十几个人厮杀在一起，最终寡不敌众，被叛兵杀死了。

千牛独孤开元带领手下数百名宫殿守卫跑到玄览门前，请求："陛下，末将所带领的士兵，手中都有武器，完全能抵挡叛贼。如果陛下能亲自带兵平叛，军心自然就安定下来了。不然的话，恐怕在劫难逃啊！"喊了几遍，隋炀帝也没有应答。渐渐地，士兵四下里散去了。后来，叛军捉住了独孤开元，又被他忠心为主的行为所感动，最后还是把他给放了。

很早以前，隋炀帝曾经挑选了几百名身手矫健的官奴，称为"给使"。这些官奴被隋炀帝安排在了玄武门，以备突发情况。隋炀帝给予给使的待遇很优厚，甚至会把宫女赏赐给他们。宇文化及等人对此早有准备，他们暗自联络了司宫魏氏作为内应。魏氏在宫中深得隋炀帝信任。在起事的这天，魏氏假传圣旨，让给使全体出宫。所以，当时玄武门内没有一个给使，宛若空门。

司马德戡率领士兵进入玄武门，攻入内城皇宫。隋炀帝听到这个消息后，大惊失色，慌忙换了衣服往西逃跑。魏氏在内打开了左门，裴虔通和元礼带兵进入阁中，涌入永巷，追问问隋炀帝的下落。有宫女指出了隋炀帝的藏身之处。校尉令狐行达拔出刀，冲上前去。隋炀帝非常害怕，躲在窗户后面问："你真的要杀我吗？"令狐行达答："末将不敢，只是想请陛下返回长安而已。"说完上前扶着隋炀帝走了出来。

隋炀帝还是晋王时，裴虔通是隋炀帝的亲信，经常跟随在他的左右。隋炀帝看到裴虔通，问："你不是我的老部下吗？你有什么不满？

为什么要背叛我？”裴虔通答道：“臣不敢，是将士们太想家，我只想恳请陛下，能带领将士们返回京城。”隋炀帝说：“朕本打算等长江上游的运米船到了，立刻返回长安。既然如此，那朕现在就跟你们回去吧！”裴虔通闻言，便带兵将隋炀帝看守起来。

第二天早上，孟秉率领铁甲骑兵前去迎接宇文化及。宇文化及被吓得浑身发抖，说不出话来。有人上前参见，他只会坐在马鞍上，低着头，连声说：“罪过。”宇文化及来到宫城门前时，司马德戡出宫门迎接，引他进入朝堂之上，尊称宇文化及为丞相。

裴虔通对隋炀帝说：“陛下，现在文武百官都在朝堂上等您，您应该亲自去慰劳一下众臣。”裴虔通牵来战马，逼着隋炀帝骑上去。隋炀帝嫌马鞍和笼头太破，一定要换成新的，才上马。

当裴虔通手提大刀，牵着隋炀帝坐骑的缰绳走出宫门的时候，参加叛乱的士兵欢声雷动。宇文化及看到隋炀帝，对身边的人说：“还让这家伙出来干什么？赶紧弄回宫里杀了算了。”隋炀帝走到众人面前，环视一周，问：“内史侍郎虞世基在哪儿？”马文举答道：“已经被砍头了。”随后，隋炀帝被带回了寝殿。司马德戡和裴虔通等人站在隋炀帝的旁边，亲自看管。隋炀帝看到此情形，叹息道：“我到底犯了什么罪，以至于落到这步田地？”马文举说：“陛下，您怎么能说自己没有罪过呢！您背弃宗庙，不管国事，不停地到处巡游，对外不断用兵征讨，自己生活极尽奢华荒淫。盗贼蜂起，百姓生活困苦，年轻男子都死于战争，妇女儿童无处安身，死于沟壑野外。朝堂之上，奸佞当道，不接受臣子的进谏。”隋炀帝辩解道：“我承认，确实有负于天下百姓，但是你们这些文武大臣呢？你们享受着俸禄和爵位，富贵至极，为什么还要造反叛乱？今天这件事，到底谁是主谋？”司马德戡正色道：“主谋不止一个人！普天下的人都对你心存怨恨！”

宇文化及派封德彝到隋炀帝面前宣读他的罪过。隋炀帝问他：“封德彝，你可是士人，怎么能做这样的事呢？”封德彝羞愧得红着脸退了出去。

隋炀帝最疼爱的小儿子赵王杨杲，当时才十二岁，在隋炀帝身边哭闹不止，被裴虔通一刀砍死，鲜血溅满了隋炀帝的衣服。众叛将商讨决定要杀掉隋炀帝。隋炀帝说：“身为天子，自然有天子的死法，怎么能随便对天子动刀呢？把毒酒拿来！”马文举等人不允许隋炀帝用毒酒自尽，令狐行达强行按着隋炀帝坐了下来。隋炀帝知道自己别无选择，只好从身上解下了一条练巾交给令狐行达，令狐行达就用这条练巾绞死了隋炀帝。

隋炀帝知道自己迟早有一天会遭遇不测，便经常把毒酒带在身边。他还对身边的美人说：“如果有一天，有人叛乱，杀进宫来，你们先喝下毒酒，我随后也喝。”如今，真的有叛乱发生，隋炀帝找人要毒酒时，身边的人都逃走了，竟然一点儿毒酒都没找到。

萧后带着宫女拆下床板，钉成棺材，装殓了隋炀帝和赵王杨杲的尸体，停在西院的流珠堂中。

当初隋炀帝外出巡游时，蜀王杨秀都会被囚禁在骁果营中随行。宇文化及杀了隋炀帝之后，便打算立杨秀为皇帝。经过商议，大家认为这种做法不行。于是，宇文化及下令杀了蜀王杨秀和他的七个儿子、齐王杨暕和两个儿子以及燕王杨倓。为了斩草除根，随行的隋朝宗室和外戚，无论长幼全部被叛军杀死。只有秦王杨浩因为平时和宇文智及有交往，才保住了性命。

齐王杨暕，小名阿孩，在隋炀帝面前不得宠，父子两人关系一直不好，互相猜忌。隋炀帝一听有人叛乱，就问萧后：“不会是阿孩吧？”当宇文化及派人到齐王府邸去杀他的时候，杨暕还以为是隋炀帝的命令，对来人说：“放开我，我没有造反！”杨暕被叛军拉到街上，乱刀砍死。直到死，杨暕也不知道到底是谁要杀自己。最终，父子之间的误会也没能消除。

在叛乱中，内史侍郎虞世基、御史大夫裴蕴、左翊卫大将军来护儿、秘书监袁充、右翊卫将军宇文协、梁公萧钜等人及其儿子被乱军所杀。

宇文化及逼迫萧后下令，让秦王杨浩称帝。杨浩没有实权，只负责签署诏令。宇文化及安排他住在偏远的宫殿里，并派专人负责看守。宇文化及自任大丞相，统领百官，总理朝政。宇文智及担任左仆射，内史令由宇文士及担任，原来的黄门侍郎裴矩升任右仆射。

随后，宇文化及率领十万余人往西，准备由水路返回长安。行军中，宇文化及的仪仗规矩完全比照皇帝的规模。

第 46 章　李建成的如意算盘

唐高祖李渊做了皇帝之后，后宫增添了很多妃嫔。在李渊晚年，这些妃嫔为李唐王朝增添了二十多位小皇子。

妃嫔们见高祖年事已高，纷纷暗中与年长的皇子们结交，为自己谋求日后的靠山。太子李建成、齐王李元吉和妃嫔们的关系很好，二人经常拿奇珍异宝笼络后宫嫔妃，让她们在李渊面前为自己说好话，以此换取高祖的信任和宠爱。民间曾传说这两位皇子和尹德妃、张婕妤之间有私情。但是，宫禁森严，不论这个传说真实与否，如今我们都已无处考证。

当时，秦王李世民和齐王李元吉分别住在承乾殿和武德殿后院。皇宫和皇子们各自的住处之间没有门禁限制，随时可以出入。秦王和齐王遇见太子时，只是按照兄弟之间的长幼顺序，行家礼。太子、秦王和齐王进出皇宫时，没有什么限制，可以随身佩戴着刀剑等武器，骑马出入皇宫。

那个时候，太子所下达的命令叫做令，秦、齐二王所下达的命令称为教。虽然在称呼上有区别，但实质上和高祖下达的诏敕具有同等的权利。这让相关部门的官员很是头疼，不知所措。最后，大臣们只能按照命令下达的先后顺序来执行。

在诸位年长的皇子中，唯有李世民注意和后宫内的妃嫔们保持距离，从不刻意讨好、奉承她们。妃嫔们对此很不满，怀恨在心，时常在李渊面前说李世民的坏话。

李世民带兵攻占洛阳后，接管了隋朝的皇宫和国库。高祖派贵妃到洛阳，接收国库内的奇珍异宝，顺便挑选前朝的宫女，补充后宫。贵妃等人到达洛阳后，找到李世民。她们提出想偷偷从国库里拿几件宝贝，私藏起来，还想为自己的亲戚在洛阳谋个官职。李世民说："我接管国库中的时候，已经把所有的物品都登记造册，然后上报给了长安。因此，库中的东西一件都不能外流。至于说官职，只有那些对国家有功，或是有能力的人才能成为朝廷的官员。不是随便什么人都能做官的。所以，各位娘娘提出的要求，我恐怕无能为力。"拒绝了她们。此事过后，妃嫔们对李世民愈发怨恨。

淮安王李神通随秦王四处征战，功勋卓著。李世民把几十顷良田分给他作为奖励。在此之前，张婕妤的父亲觊觎那块地很久了，正通过自己的女儿向高祖请求要这块地。于是，高祖下令，把那片地赏给了他。但是，李神通仗着李世民的命令早于皇帝的旨意，坚决不让出田地。张婕妤向高祖哭诉："陛下，秦王无视您的敕令，抢了您赏赐给我父亲的那块田地，然后赏给李神通了！"高祖勃然大怒，把李世民叫到跟前，质问他："朕是皇帝，难道朕的旨意还不如你的命令管用吗？"几天后，高祖和左仆射裴寂说到此事，向他抱怨道："朕这个儿子，长年在外带兵征战，身边聚集了很多谋臣。时间一长，被那些书生带坏了，已经变得和以前不一样了！”

尹德妃的父亲叫尹阿鼠。他依仗自己的女儿是高祖的宠妃，平日里飞扬跋扈，横行霸道。就连朝廷的官员，他都不放在眼里。有一次，他家的家仆看到杜如晦骑马从门前经过。几个人上前，把杜如晦从马上拽了下来，大声喝问：“大胆，你是什么人？知道我们主家是谁吗？经过我家门前，竟敢不下马！”杜如晦被狠狠地揍了一顿，一根手指也被打断了。

当时，杜如晦在秦王李世民的府中任职。尹阿鼠知道后，非常害怕李世民对李渊说出此事。于是，他找到尹德妃，让她先在李渊面前诋毁李世民。尹德妃对李渊抱怨：“陛下，秦王太过分了，竟然纵容自己的部下欺负我的家人！请陛下为臣妾做主！”高祖听后，怒气冲冲地训斥李世民：“你是怎么管理手下的？他们连我妃嫔的家人都敢欺负，还有什么人是他们不敢欺凌的？”李世民很无奈，只得不断地向高祖解释这件事。可是，高祖始终听不进去，不肯相信李世民的辩解。

平日里，高祖会带着妃嫔们在皇宫里举办宴会。有时，李世民会在高祖身边陪同。每到此时，李世民想到早逝的母亲没能看到父亲一统天下，心情会变得很低落，有时还暗自落泪。高祖发现李世民的举动后，不明原因，非常不开心。

妃嫔们见此情形，纷纷向李渊表示：“陛下为国家辛苦操劳一生。如今江山一统，天下太平，陛下时常休息娱乐一下也是应该的。可秦王每次都这样情绪低落，叹气落泪，分明是对我们不满，怨恨我们。陛下，您年事已高，万一哪天您突然撒手仙去。我们孤儿寡母可怎么办？秦王容不下我们，肯定会把我们都杀了。好在太子为人宽厚，有仁爱之心，对您又非常恭敬孝顺。即使陛下百年之后，也一定能照顾我们母子。”说完，妃嫔们坐在一起伤心落泪，泣不成声。高祖见状，心情变得很低落。从那以后，高祖愈发信任李建成和李元吉，与二人的关系日渐亲密。对于李世民，高祖不再考虑改立他为太子的事情，并逐渐疏远了他。

公元624年，唐高祖武德七年，这一年的夏天特别炎热。六月，高祖李渊决定到仁智宫去避暑。二十四日这天，发生了一件事，打断了唐高祖李渊愉快的避暑假期。庆州都督杨文叛变了。

很早以前，李元吉就极力劝说李建成，要尽早除去李世民。他说："太子，如果你不忍心，那我替哥哥下手除去他。"有一次，高祖到齐王的府中探望，李世民随行。李元吉让自己的护军宇文宝藏在卧室里，打算对秦王下手。李建成本性比较宽厚，心肠有点儿软。当他知道李元吉要刺杀李世民后，极力劝阻，制止了齐王的行动。李元吉对此很不满意，生气地说："我完全是为了您考虑，这么做对我有什么好处！"

太子东宫中，有一支特殊的卫队，号称长林兵。平时，太子安排他们驻扎在东宫的左右长林门。这支队伍有两千多人，都是李建成私自从各地找来的勇士。除此之外，李建成暗地里派可达志与燕王李艺联系，从他那里调来了三百名骁勇善战的幽州骑兵。李建成本打算把这些人作为低级军官，混编入自己的东宫卫队。可是，这些骑兵刚刚被安顿在东宫东面的坊市里，就有人告发了他们。高祖为此事把太子狠狠的骂了一通，把可达志流放了。

叛变的庆州都督杨文曾是东宫的近卫。李建成待他很亲近，也非常信任他。李建成让杨文暗中留意招揽勇士，往长安输送。

高祖去仁智宫避暑之前，他下令让太子坐镇长安，秦王和齐王随御驾同行。临行前，李建成找到李元吉，让他趁这次机会除掉李世民。他说："生死成败，就在今年见分晓了！"李建成命郎将尔朱焕和校尉桥公山前往庆州，押运大批盔甲给杨文。当二人走到豳州的时候，给高祖送去了密报。上面说太子送盔甲给杨文，命他起兵叛变，自己则在京城接应。与此同时，一位名叫杜风举的宁州人也跑到仁智宫，向高祖告发太子要谋反。高祖怒气冲天，亲笔下诏，借口别的事让李建成立刻到仁智宫来见自己。

李建成接到诏书，知道事情败露，心中恐惧，不敢去见高祖。府中的官员纷纷献计献策。詹事主簿赵弘智劝太子，让他免去仪仗，不带随从，立刻到高祖那里负荆请罪。太子舍人徐师则劝他一不做二不休，索性占据长安，就此发兵起事。李建成考虑再三，决定前去认罪。刚走了不到六十里路，刚走到北魏毛鸿宾的栅堡附近时，李建成把随行的官员留在那里。随后，带了十多个人，马不停蹄地的赶往仁智宫。李建成见到高祖后，跪在李渊的面前，趴在地上磕头，承认自己的罪行。他还把自己猛地摔出去，差点昏死过去，以此来谢罪。但是，高祖正在气头上，没有原谅他。

当天夜里，高祖赐给李建成麦饭，把他安置在帐篷里，由殿中监陈福看管。高祖派遣司农卿宇文颖迅速前往庆州，传唤杨文。杨文见到宇文颖，了解当前的情况后，随即起兵反叛。高祖随即下诏，让左武卫将军钱九陇会同灵州都督杨师道，共同讨伐杨文。

二十六日，高祖召见秦王李世民，就此事征求他的意见。

李世民说："杨文竟然如此狂妄，敢公然举兵叛乱！不过，父皇，可能他现在已经被自己的手下制服，或者已经被自己的部下给杀了。即便情况不是这样，父皇也不必多虑，直接派人带兵剿灭他就是了。杨文那小子成不了气候！"

高祖考虑了一下，说："不行，这件事牵连着你大哥，朕担心会有更多的人响应杨文。朕希望你能亲自去一趟。等你平叛回来，朕就改立你为太子，到时候让李建成去做蜀王。我没办法像隋文帝那样残忍，杀了自己的儿子。你要答应我，如果他能安心做一个臣子，你要留他一条性命。即便他不安分守己，蜀地那里部署的兵力不多，你对付他也会容易点儿。"

仁智宫作为避暑的皇家行宫，修建在山里。高祖害怕自己被追随太子的叛贼围攻，带领皇家卫队连夜从南面出山。刚走了十几里的时候，碰到了陆续前来的太子东宫的官员。高祖命令他们三十人站成一队，交给军队分开看管。到了第二天，高祖才重新回到仁智宫。

李世民带兵出发后，很多人为太子求情。在外朝，封德彝想尽一切办法为太子开脱。在后宫，嫔妃们和李元吉也不断地为李建成说情。最后，高祖被说服，改变了主意，派太子返回长安，继续驻守京城。

最终，高祖把这件事的所有罪责推到了太子中允王珪、左卫率韦挺和天策兵曹参军杜淹的身上，把这几个官员流放到巂州。对于太子李建成，高祖只是以没有注意团结兄弟作为理由，训斥他一顿，就此了事。

第 47 章　秦王李世民

李唐王朝建立后，突厥一直是关中地区西北方向最大的威胁。这年的七月，突厥频繁出兵侵犯。边境的州县告急，高祖连忙调兵遣将，前往救援。

面对这种情况，高祖忧心忡忡，希望能找到一个好的解决办法。有臣子上书说："陛下可以想想，突厥部落为什么多次出兵突袭关中？究其原因，还不是因为长安人口稠密，经济富庶。假如我们迁都，然后一把火烧了长安，那么突厥自然也就不会再出兵侵犯了。"高祖觉得这个想法不错。他派遣中书侍郎宇文士及到樊州、邓州一带，寻找合适的地方，准备迁都。

高祖作出这个决定后，大家对此事看法不一。太子、齐王和裴寂赞同高祖的这个决定。但是，大臣萧瑀等人觉得此事这么解决很不妥当，又不敢向高祖进言阻止。最后，李世民劝高祖说：“从古至今，突厥人始终是历朝历代的一个祸患。父皇英明神武，建立了自己的王朝。如今，我大唐疆土广阔，拥有精兵百万，所向披靡。怎么能为了躲避突厥人的侵扰，就随便迁都呢？这样做只会让陛下的子民感到耻辱。臣民们会怎样看待陛下？后世人也会因此而嘲笑陛下！汉朝的霍去病只不过是一名将军，却能决心灭掉匈奴，为国家除去大患，何况我还是个藩王！恳请陛下让儿臣带兵前去征讨突厥！要不了几年，我一定活捉突厥可汗颉利，把他绑到父皇面前！如果儿臣没办法灭掉突厥，到那时，父皇再迁都也不晚啊！”

高祖听了很高兴：“说得很好！”

在一旁李建成问：“那个时候，樊哙曾打算带领十万人，深入到匈奴内部作战。秦王不是要采用樊哙的战略吧？”

李世民回答：“那时的情况与现在不同，我会采用别的方法与突厥作战。樊哙那小子有什么了不起的！不是说大话，我会在十年内平定漠北！”于是，高祖决定留在长安，不再迁都。

但是，李建成不肯罢休。他联络后宫嫔妃，先后在高祖面前诬蔑秦王：“陛下，其实，只要给突厥人财物，他们就不会侵扰边境。秦王这么积极地要求带兵讨伐突厥，肯定有阴谋！说不定，他是想趁此机会，把兵权抓到自己的手里，然后篡权夺取皇位！”

几天后，高祖去长安南面的围场打猎。李建成、李世民和李元吉陪同前往。高祖要求他们三人比赛打猎。李建成有一匹胡马，被养的膘肥体壮。但是，唯一的缺点就是那匹马总爱尥蹶子。李建成打算让李世民骑这匹马，就对秦王说：“三弟，你马术好，试试这匹马吧！它跑起来，速度很快，还能一跃跳过很宽的溪水。”李世民很高兴，接过了这匹马。

李世民骑着这匹马追逐野鹿的时候，这匹胡马毫无征兆，突然尥起后蹄。李世民顺势跳下马，退了几步才站稳。等胡马站稳了，李世民才又骑上去。这样的情况连续出现了三次。李世民对身后的宇文士及说：“看来，太子是要借这匹胡马杀我啊！但是，主宰人生死的是命运，太子伤不了我！”

李建成听说这番话后，随即让嫔妃向高祖诋毁秦王：“陛下，听说秦王说自己，由天命保佑，要我做天下的主人，我怎么会随便就死去呢！”高祖听后，怒不可遏。他先是叫来李建成和李元吉二人，随后又把秦王叫到跟前，怒斥他：“天子是由天定的，不是什么人能通过谋划就能得到的。你就那么急不可耐得想做皇帝吗？”李世民闻言，跪在高祖的面前，取下头上的王冠，趴在地上叩头，请求高祖把自己交给相关部门，派官员查证实情。但是，高祖仍然怒气冲冲。正在这时，恰巧有人奏报，说有突厥侵犯边境。高祖赶紧压下怒气，换了脸色，劝慰秦王一番。他让李世民把王冠戴好，然后同他商量如何应对突厥。

这一年闰七月，在第二个七月的二十一日，高祖下诏，令秦王同齐王率军从豳州出发，抗击突厥。每次有战事时，高祖第一个想到的就是让秦王带兵去征讨。可是，一旦战争结束，他对李世民的猜忌就更重了。

当时，突厥的颉利突利两位可汗带着自己所有的军队，兵营相接，向唐朝大举进攻。李世民带兵前去阻击。行军路上，连续的降雨阻断了粮食的补给。长时间的行军让全军官兵疲惫困乏，兵器也都破损生锈了。朝廷内外对这种情况都十分担忧。

八月十二日，一万多突厥骑兵突然出现在豳州城西，在五陇阪摆开阵势，准备进攻。看到突厥大军来势汹汹，唐军的将士们方寸大乱。

李世民对李元吉说：“现在突厥大军逼到我们阵前，大军不能显示出丝毫的胆怯，我们要出城，与突厥人面对面打上一仗。四弟，能和我一起并肩作战吗？”

李元吉害怕了，对秦王说：“二哥，还是谨慎些好。突厥军队人强马壮，怎么能轻易主动出战呢？万一打败了，后悔就来不及了！”

李世民见状，便不再强求：“那你就留在城中坐镇吧，我一个人带兵前去！”

李世民挑选了一百多名骑兵，一路飞奔，来到突厥阵前。李世民大声说：“你们的可汗和我国签过盟约，并结有姻亲关系。现在，你们为什么要违背约定，进军侵犯我国？我是大唐的秦王！如果可以，让你们的可汗单独出来和我比武。如果可汗让你们大家一起上，那我带来的这些部下也奉陪到底！” 颉利可汗听李世民这么说，有点儿摸不透李世民的意图，笑了笑，不说话。

李世民带领士兵向前移动了一段距离，派士兵转告突利可汗：“我们以前订过约定，无论谁有危难，都要相互救援。你现在出兵攻打我，这算怎么一回事？你怎么能完全不顾我们的情分呢！”突利可汗没回答。李世民又向前移动，准备渡过前面的河沟。颉利看到李世民毫无顾忌的带兵前行，又想到刚才李世民说与突利曾有盟约，当即起了疑心。他立刻派人对李世民说：“秦王不必再往前走了。我这次带兵前来，只是想和您确定补充原来的盟约而已，并没有其他的意思。”随后，颉利大军向后撤了一段距离。

此后数日，雨越下越大，一直没有停下来。李世民对麾下的将领说：“在作战中，突厥人最擅长的就是弓箭。可是最近一直阴雨不断，空气潮湿。弓箭上用的胶黏性会降低，弓弦的弹性会减弱，弓就不好用了。突厥人没了弓箭，就像鸟没了翅膀一样。现在，敌军长途奔袭而来，远离故土，身心疲乏。而我们有锋利的兵器，住在房子里，吃得好，睡得好。情势对我军十分有利，这么好的机会不利用，还在等什么呢！”

于是，这天夜里，李世民突然出兵，冒雨进军。秦王此举让突厥全军上下震惊不已。同时，李世民暗中派人找到突利，向他分析利害关系。突利听后，欣然表示愿意听从秦王的调遣。面对李世民的逼近，颉利准备迎战，但突利对此坚决反对。颉利察觉事情发生了变化，可又无可奈何。最终，颉利让自己的堂叔阿史那思摩和突利一同前往，拜会秦王，表示愿意同大唐停战，重新修好。李世民接受他们的请求。随后，突利主动请求，想和秦王结拜兄弟。李世民答应了他。两人盟誓后，突利离去。

在秦王成功阻击突厥后的第二个月月初，阿史那思摩代表突厥部族入京朝见。高祖亲自招待他，好言安抚，并封阿史那思摩为和顺王。三十日，高祖派遣左仆射裴寂回访，出使突厥。

第 48 章　玄武门之变

秦王眼见自己与哥哥李建成、弟弟李元吉的隔阂越来越深，开始为自己的将来寻找安身之地。他发现洛阳的地理位置非常好。一旦长安有突发情况，便可以退守洛阳。于是，李世民派遣行台工部尚书温大雅驻守洛阳。与此同时，他又让王府的车骑将军张亮、自己的亲信王保等人带领一千多人赶往洛阳。张亮和王保等人到达洛阳之后，依照李世民的吩咐，暗中结交各路英雄好汉和有才能的人，等待时局变化。张亮等人还提供大量的财物，随意让这些人使用。李元吉知道后，向朝廷告发张亮意图谋反。张亮被司法部门带走调查，但是张亮面对质询，始终一言不发。朝廷对此没有办法，最终，张亮被放回了洛阳。

一天夜里，李建成叫李世民和自己一块儿喝酒。李建成准备了毒酒，打算害死李世民。刚喝了一半，李世民突然觉得心脏一阵疼痛，口吐鲜血。淮安王李神通见状，立刻扶着李世民回到西宫。高祖听说后，来到西宫，看望李世民。高祖对李建成说："你弟弟平时就不爱喝酒。以后，你别再叫他夜里陪你喝酒了。"高祖安慰李世民说："世民啊，当初，是你第一个站出来，提出了反隋的计划。也是你，南征北战，消灭了众多的敌人。这些功劳朕都记得。刚称帝的时候，我就打算把你立为太子。但是，你自己坚决不同意。现在，建成是长子，又做了那么长时间的太子。朕也不忍心就这么收回他的权力。朕看你们兄弟之间的矛盾越来越大，很难和睦相处。如果再让你们都住在长安，肯定还会有争斗。我决定让你去行台，到洛阳居住。以后，陕州以东的地区都归你管理。朕还打算效仿汉朝的梁孝王的先例，赐给你天子旌旗。"李世民听到高祖这么说，心中暗喜。但是，表面上伤心落泪，表示不愿离开长安，想继续留在高祖跟前尽孝。高祖说："别太难过了。如今天下都是我们家的，何况洛阳距离长安很近。如果朕想你了，随时都可以去洛阳。"

看到李世民即将前往洛阳，李建成和李元吉商量："一旦李世民到了洛阳，他手里就有了土地和军队，就等于有了自己的势力，对他也就不好控制了。如果他还在长安，那么他也就只是自己一个人，对付起来也比较容易。"于是，两人暗中安排，让人写密折给高祖，说："自从得知秦王要去洛阳后，那些追随秦王的人都特别兴奋。这样看来，一旦秦王去了洛阳，肯定不会再回来了。"李建成和李元吉还找到一些高祖十分信任的官员。让他们在高祖面前分析李世民此行的利弊，劝高祖改变决定。最终，高祖被说服了，改变了主意。秦王去洛阳的事情就这样被终止了。

李建成和李元吉不肯就此罢休。二人又联合嫔妃们，不断地在高祖面前诋毁李世民。这些话说得多了，高祖渐渐相信了他们的言论，准备惩罚李世民。这时，陈叔达对高祖说："请陛下三思，这些年，秦王为大唐立下了汗马功劳，人人皆知，不能轻易废黜秦王。而且，秦王性子烈。臣担心，一旦陛下对他过分斥责，秦王可能无法排解心中的忧愤。万一秦王因此患上不可预测的疾病，到时候，陛下，您可是连后悔都来不及了！”高祖思量再三，最终没有处罚秦王。

李元吉又暗中请示高祖，想找借口杀掉李世民。高祖说：“他的功劳那么大，天下几乎全是他打下来的。而且，他也没什么大罪，拿什么理由杀他呢？”李元吉说：“秦王占领洛阳后，迟迟不肯返回长安。他在洛阳城内，还到处散发财物，树立自己的威望，加之他违背陛下的诏令。这些行为不是造反，还能是什么！现在最重要的是要尽快除掉他，您又何必担心无法找到一个合适的理由！”高祖没有答应他。

看着秦王的处境日渐危险，王府中的官员都焦虑万分，不知该如何是好。房玄龄对长孙无忌说：“现如今，秦王和太子之间的矛盾已经不可化解。一旦太子得手，不单单是秦王府要遭殃，更重要的是大唐王朝的存亡都会有问题。与其任人宰割，不如劝秦王仿效周公处理管叔与蔡叔的举动，安定国家。现在形势危急，生死关头，还是要早做决定啊！”

长孙无忌说：“你也这么想，真是太好了。这个想法，我也想了很久，只是不敢说出来。我现在就去告诉秦王。”

随后，长孙无忌把房玄龄的想法告诉了李世民。李世民立刻把他找来，商量如何解决当前的危机。房玄龄说：“大王，您的功劳无人可比。大唐的基业应该由您来继承。现在，您对身处的危机心怀忧虑，这表明上天正在帮助您啊！希望您能早做决定，不要再犹豫了！”房玄龄和杜如晦向李世民提议，应当找机会杀掉太子和齐王。

当时，很多英勇善战的将领都聚集在秦王府。李建成和李元吉想拉拢这些人，为自己所用。李建成找到左二副护军尉迟敬德，私下里送了一车金银器物给他。他还写了一封信给尉迟敬德：“非常仰慕将军的才干，希望您能转投到我府上来，这样我们之间的交情会更加稳固。”尉迟敬德推辞了他们的邀请，回信说：“我出身贫寒，在隋朝末年那样一个动荡不安的年代，沦落为叛贼。死一万次都不能消除我身上的罪行。后来，我遇到了秦王。他给我重新改过的机会，还让我在秦王府中任职做官。秦王对我的再生之恩，我永生难忘，只有以死报答他。我在太子殿下面前没有一点功劳，怎么敢平白无故的接受您这么多的赏赐。假如我接受殿下的馈赠，与您私下里交往。这就表明我对秦王不忠心，是一个见利忘义的人。殿下，我想您也不会愿意要一个对自己不忠的属下吧！”李建成看到回信后，怒不可遏，随即断绝了两人的来往。

后来，尉迟敬德把这件事告诉了秦王。李世民对他说：“我知道，你的忠心像石头一样坚固。即使太子给你一座金山，也不会动摇你的心意。下次，如果太子再送你什么东西，就直接接受，我信任你！而且，我们将计就计，还能顺便了解太子打算怎么对付我们，这岂不是一个绝佳的计策吗？现在，你这样回绝太子，我担心会有祸事降到你的头上。”

过了没多久，李元吉准备在晚上派人刺杀尉迟敬德。尉迟敬德知道后，躺在屋里，把门窗都打开，等待杀手。结果，刺客到他的院子里好多次，始终不敢进屋。李元吉看刺杀不成，便陷害尉迟敬德。于是，高祖把尉迟敬德关进监狱，准备杀了他。李世民再三向高祖求情，这才保住了他的性命。

后来，李元吉又在高祖面前陷害了左一马军总管程知节。程知节被贬黜京城，到康州去做刺史。程知节对秦王说：“大王，您的身边已经快没有能帮助您的人了。您自己一个人又能撑多久呢？为了大王，我绝不离开长安。恳请大王早做决断！”李元吉还想收买右二护军段志玄，但被段志玄毅然回绝。太子和齐王商量：“秦王身边的众多谋臣中，最有谋略的就是房玄龄和杜如晦。必须要想办法把他们从秦王身边弄走。”最终，李建成和李元吉诬陷成功，房玄龄和杜如晦被高祖赶出了京城。

到这时候，只有长孙无忌还留在秦王府。长孙无忌连同自己的舅舅高士廉、右候车骑将军侯君集和尉迟敬德等人，不断地劝说李世民要想办法回击，除掉李建成和李元吉。李世民一直犹豫，拿不定主意。

正在此时，突厥郁射设带几万骑兵进入边境，包围了乌城，并在黄河以南驻扎下来。太子向高祖极力推举李元吉带领各路人马征讨突厥。高祖应允了太子的请求，让李元吉带领右武卫大将军李艺和天纪将军张瑾等人，前去乌城解围。李元吉随即向高祖要求，让秦王府的尉迟敬德、程知节、段志玄和右三统军秦叔宝等人随自己出征。李元吉还借机巡视秦王的军队，挑选了很多骁勇善战的士兵，加强自己军队的战斗力。

太子宫中的率更丞王晊私下里告诉李世民："我听太子对齐王说，'你现在拥兵数万。秦王手下的得力战将和勇猛的士兵都已经在你的军队里了。为给你饯行，我会和秦王一起到昆明池。你事先在帐篷里埋伏好人手，直接杀了他。禀告父皇时，就说秦王是突然得病死的。这样一来，父皇应该不会怀疑。随后，我会安排大臣进言，让父皇把政事交给我处理。等你掌握了尉迟敬德等人后，再把他们处理掉，全部活埋。到时候，看还有谁敢不服！'"

李世民立刻把这番话告诉了长孙无忌等人。长孙无忌等人纷纷劝李世民，一定要赶在他们前面，想办法应对这件事。

李世民感叹道："自古以来，骨肉相残都是一件罪恶的事。我知道他们要害我，但是我想等他们行动以后，再以此为理由对付他们。这样应该也是可以的！"

尉迟敬德说："大家都是普通人，谁都不愿意随随便便的去死。现在，大家誓死豁出命来，也要追随拥护大王，这是天意。眼看灾祸要降临，您仍然对此事无动于衷，毫不担忧。您即便不看重自己，也要为国家社稷着想啊！如果您还是犹豫，不愿意采纳我的建议，那我就要准备逃走了。我是绝对不会跟着您，不还手，任人宰割的！”

长孙无忌也劝说秦王：“大王，如果你执意不听敬德的办法，事情就真的无可挽回了。不光是尉迟敬德等人要离开您，我也不能再辅佐您了，我会随他们一起离开！”

李世民还是有些犹豫，说：“这件事还是再商量商量吧！我认为我的想法也不能完全摒弃。”

尉迟敬德见状，赶忙说：“大王，您在这件事上拿不定主意，是不对的。面对危难，犹豫不决，这不是果敢的表现。而且，大王在外面召集的八百多名勇士，已经手拿兵器，身披铠甲，悄悄入宫了。条件已经具备，起事是大势所趋。大王是无法阻止这一切的！”

李世民还是有些担心，便去问幕僚们的想法。

大家纷纷表示：“齐王这个人乖张凶残，他是不会甘心只作臣子的。听说护军薛实曾对齐王说，‘您的名字可以合成一个唐字。将来，您肯定能继承帝位，主持宗庙的祭祀。’齐王听后，十分高兴，说，‘一旦除掉了秦王，太子很容易对付。’现在，太子和齐王的计划还没有成功，齐王已经有取代太子的想法了。像齐王这样，对权力贪得无厌，什么事情他做不出来呢！即使二人的计划成功了，恐怕到那时，天下已经不属于大唐了。大王，以您的才能，处理这二人就像弯腰拾草一样简单。千万不能为了恪守一般人的节操，而把江山社稷放在一边啊！”

李世民还是犹豫，下不了决心。

众人说：“大王，您觉得虞舜是怎样的人呢？”

李世民答：“是远古的圣人。”

大家又说：“如果虞舜在疏通水井的时候，被父兄埋在井里，那么他就变成井底的一捧泥土了。如果虞舜在收拾粮仓的时候，被父兄放火烧死了，那么他就变成粮仓上的一把灰烬了。如果是那样，怎么会有后来的太平盛世，恩泽天下呢！正是因为虞舜心中想的是天下啊！

所以，在父亲用小棍鞭打自己的时候，他忍了下来。当父亲要用大棒打自己的时候，则选择了逃走。”

李世民想通过算卦来决定是否起事。正在这时，幕僚张公谨走进来。一把抢过龟甲，扔在地上。他对李世民说：“大王，只有遇到困惑，很难做决定的时候，才会去占卜。当前的这件事是一定要做的，还用占卜它干什么呢！大王，难道占卜的结果不好，您就不能行动，只能任人鱼肉吗？”

最终，李世民下定了决心，和众人一起制定了行动的计划。

李世民让长孙无忌偷偷地联络房玄龄等人，让他们秘密地来见自己。房玄龄等人回信说：“当初，皇帝下达命令，不让我们再辅佐您。现在，如果我们私自去见您，一定会因此被杀头。请大王恕罪，我们不能接受您的教令！李世民对此非常生气。他对尉迟敬德说：“房玄龄与杜如晦这么说，是打算背叛我吗？”李世民取下自己的佩刀，交给尉迟敬德，说：“您去看看情况。如果他们真的不打算过来见我，您就直接把他们的头颅带回来吧！”

尉迟敬德找到长孙无忌，二人一起去见房玄龄等人。两人对他们说：“现在，秦王已经制定了行动的计划。你们抓紧时间，想办法回秦王府，共商大计。为了安全起见，我们要分开回去。”他让房玄龄与杜如晦装扮成道士，随长孙无忌回府。自己则绕路回到秦王府。

六月，初一。这天出现了奇异的天象。白天的时候，金星出现在天空正南方的午位。

初三，再次出现了这一奇特的天象。傅奕向高祖秘密上奏此事，说：“陛下，从天象上看，金星反复出现在秦地的上空，这是秦王应为天下之主的预示。”高祖把傅奕的密折转交给了李世民。与此同时，李世民私下向高祖上奏李建成、李元吉二人与后宫嫔妃私通。他还对高祖说：“我绝对没有对不起自己的兄弟。但是，现在他们却设计要杀我，好像是要替窦建德和王世充报仇。如果我死了，就永远见不到父皇了。而且，要是我就这么死去，在地下见到王世充等叛贼，实在是天大的耻辱！”高祖听了李世民的这番话，十分惊讶。他看着秦王，说：“明天，我就把他们叫来，质问此事。早朝的时候，你早点儿过来。”

初四，李世民安排人马埋伏在玄武门，然后和长孙无忌等人一起上朝。张婕妤探听到李世民上书给高祖的内容后，慌忙派人把这件事告诉李建成。李建成找到李元吉，就此事商量对策。李元吉说：“我们就以生病为借口，不去上朝。暗地里，召集好自己的兵马，静观事态的变化，再作行动。”李建成说：“不用担心军队，早就准备好了。现在，我们俩应该进宫，参见父皇，亲自去查探情况。”随后，两人一同前往玄武门，打算一起入宫上朝。此时，朝堂上已经聚集了裴寂、萧瑀、陈叔达等大臣。高祖准备就秦王所说的那件事，亲自审问李建成和李元吉。

当李建成与李元吉走到临湖殿的时候，察觉气氛有些不对。二人立刻掉头，打算返回各自的府邸。李世民追上来，和二人打招呼。李元吉拿出弓箭，回身准备射杀李世民。但是，他几次都没把弓箭拉满，没有射中。李世民拉开弓，一箭射死了李建成。随后，尉迟敬德带着七十名骑兵赶到。李元吉被尉迟敬德手下的一名军士射中，掉下马来。

李世民的战马受惊，跑进树林。李世民被树枝挂下马，摔在地上，站不起来。李元吉跑过来，一把夺过李世民手中的弓，打算勒死他。尉迟敬德迅速赶过来，大声呵斥制止他。李元吉站起身来，打算走到武德殿，去面见高祖。尉迟敬德追过来，射死了他。

李建成已死的消息传到东宫，翊卫车骑将军冯立不禁叹息道：“我之前受过太子的恩惠。现在太子死了，我岂能为了避免自己受牵连，就对太子的事不管不问呢！”于是，冯立召集了副护军薛万彻和屈直府左车骑谢叔方。三人带领太子和齐王府中两千精兵，奔向玄武门。

李世民的幕僚张公谨，膂力过人。他看到冯立等人要带兵冲向玄武门。自己一个人奋力关上了宫门，把冯立等人拦在了门外。当时掌管宿卫军的云麾将军敬君弘，率军驻扎在玄武门。看到此场景，敬君弘打算带兵出战。身边的人急忙劝阻："将军先不要忙着出战。现在事情的结局还不明朗，咱们还是静观其变的好。即便您坚持要出战，那也要等到把士兵们召集好了，再列阵出战也不晚啊！"敬君弘没有听属下的建议，他和中郎将吕世衡大喊着，带兵直接冲向了敌兵。最后，一行人全部阵亡。

薛万彻等人与驻守玄武门的士兵交战了很长的时间。薛万彻召集士兵，大喊要领兵攻打秦王府。所有人都大惊失色。正在这时，尉迟敬德提着李建成和李元吉的首级，走了出来。东宫和齐王府的人马看到后，纷纷逃走。薛万彻带着数十名骑兵，逃往了终南山。

冯立杀了敬君弘后，对自己的部下说："我这也算对太子有所回报了。"随后，冯立扔了手中的武器，逃走了。

玄武门前一片混乱的时候，高祖带着大臣，正在海池里划船。李世民让尉迟敬德去负责高祖的安全。高祖看到尉迟敬德手提长矛，身着盔甲，走到自己的面前，大为震惊。

高祖问他："出了什么事？你怎么这身打扮？来这里干什么？"

尉迟敬德答道："回禀陛下，太子和齐王谋反。秦王被逼无奈，带兵杀了他们。秦王害怕陛下受惊，让我来保护皇上。"

高祖一听，赶忙问身边的裴寂等人："竟然出现这样的事。众位爱卿认为朕现在该怎么办？"

萧瑀和陈叔达答道："陛下，当初您打算起兵反隋的时候，太子和齐王并没有参与。而且，他们二人对大唐的功劳也不大。后来，二人看到秦王众人中很有威望，又战功卓著，便起了谋害之心，密谋反叛。现如今，事情败露，二人终被秦王诛杀，也算死有余辜。秦王对国家的功劳最大，又是民心所向。如果陛下立秦王为太子，让他来处理朝廷内外的事物，国家就不会再出现这样的祸事了。”

高祖说：“爱卿说得好！朕一直都是这么想啊！”

当时，玄武门前的交战还在持续。尉迟敬德请求高祖下令，所有军队一律听从秦王的指挥。高祖答应了他的请求。高祖让天策府司马宇文士及到东上阁门外，颁布自己的亲笔敕令。大家听到敕令后，便稳定下来了。高祖又命令黄门侍郎裴矩到东宫，开导安抚那里的将士。后来，这些人放弃了自己的职位，都离开了。

高祖把李世民叫到自己面前，好生安抚他。高祖说：“这段时间，我听信了很多谗言，犯了曾母误听曾参杀人后，丢弃织具逃走的错误。你受苦了！”李世民听到高祖这么说，跪在地上，趴在高祖的怀里，失声痛哭。

玄武门之变后，李建成和李元吉的儿子因此事遭受牵连。最终，他们被宗室除名，全部诛杀，无一幸免。

当时，东宫和齐王府中还留有一百多名李建成和李元吉的亲信。李世民麾下的诸位将军认为应该把他们都杀掉，家产充公。尉迟敬德不同意这么做，极力劝阻：“事情的主谋已经被诛杀，这就足够了。如果我们连他们的手下都不放过，势必会导致反抗，引发新的纷争。这样不利于时局的稳定！”于是，众人停止了对李建成和李元吉党羽的追杀。

当天，高祖颁布了赦免天下罪犯的诏书。诏书宣称，这次叛逆的罪责由李建成和李元吉二人全部承担。二人的党羽，一律不予追究。由秦王接管国家的一切政务。

初五，冯立和谢叔方返回了京城。李世民自薛万彻逃亡后，多次派人找他。最后，薛万彻也返回了长安。李世民感叹道：“他们都是对自己主上非常忠心的人，都是有情有义的人啊！”随即赦免了他们。

初七，李世民被册立为太子。高祖颁布诏书说：“从现在开始，朝廷内外以及军队的一切大小事物，都由太子决断，然后再报告给朕。”

至此，这场大唐初期的权力之争，以秦王的全面胜利而告终。

第49章　长孙皇后

公元626年，八月初九，唐高祖李渊退位。李世民继承大统，成为唐朝史上第二位皇帝，太宗皇帝。八月二十一，皇妃长孙氏被李世民册封为皇后。

长孙皇后非常注意自己的行为，即使时间非常仓促，她也让自己的一举一动都遵守礼法。李世民还是秦王的时候，与太子和齐王之间有矛盾。长孙皇后时常入宫，在高祖面前尽孝，恭敬地对待高祖的妃嫔们，以此来弥补高祖与秦王的关系。长孙皇后此举对秦王的帮助很大。

作为皇后，长孙氏生活俭朴。她常常以身作则，对衣物车马之类的物品不提要求，只要够用就行。太宗非常看重她，有时还会和她讨论政务上的赏罚。每到这个时候，长孙皇后就会婉言推辞。她说：“臣妾只是个妇道人家，怎么能随便过问国家大事呢！俗话说得好，‘假如在早上打鸣的是母鸡，那么这户人家很快就会倾家荡产。’”太宗一再征求她的意见，长孙皇后始终不作回答。

长乐公主是皇后的亲生女儿，太宗对她十分的宠爱。长乐公主出嫁时，太宗特意向相关部门下达敕令，要求给公主准备的陪嫁必须是皇姑永嘉长公主的两倍。魏徵就此向太宗皇帝劝谏：“当年，汉明帝在给皇子们分封采邑的时候，曾说过，‘我的儿子怎么能比过先帝的儿子呢？’下令给自己儿子的封地只有楚王、淮阳王封地的一半。现如今长乐公主的嫁妆，竟然是长公主的两倍。您这样做岂不是和汉明帝的做法背道而驰吗？”太宗听后，觉得很有道理，采纳了他的意见。

后来，太宗把魏徵的劝谏告诉了皇后。皇后听后，感慨不已：“以前，臣妾一直弄不清楚，陛下为什么老是称赞魏徵。现在，臣妾明白了。身为臣子，能以礼仪之法阻止君王徇私情。魏徵的确是难得的栋梁之才啊！陛下，我与您是多年的夫妻，您对我恩宠有加。可是每次我与陛下说话，都要注意观察您的脸色，不敢轻易乱说话，害怕冒犯了您。更何况那些朝堂上的大臣呢！他们能对陛下直言进谏，陛下一定要听取他们的建议。”

随后，长孙皇后向太宗请求，派人给魏徵送去四百匹绢和四百缗钱作为赏赐。并转告魏徵：“您的正直我早有耳闻，今日能够亲自领略，实在是名不虚传。今天特意把这些东西赏赐给您。希望您不要改变，继续保持这样忠君为国，直言进谏的心意。”

有一天，太宗罢朝后，提前回到宫中，生气地对皇后说：“这个乡巴佬，气死朕了，以后一定找个机会把他给杀了！”皇后忙问太宗，是谁惹怒了他。太宗说：“是魏徵这个老顽固。他不给朕留一点儿面子，经常在朝堂上羞辱我。”皇后听后，默不做声，退了出去。

过了一会儿，长孙氏换上皇后的朝服，站在院子当中。太宗很奇怪皇后的举动，忙问她这么做的原因。皇后回答道：“臣妾这是在向陛下道贺啊！臣妾曾听说，如果君主开明，那么做臣子的就会很正直。现在，正是因为陛下是开明的君主，魏徵才敢在朝堂上直言说出自己的见解。这难道不是可喜可贺的事情吗？”太宗听后，恍然大悟，平息了怒气。

长孙皇后从小喜欢读书，还经常与太宗交换彼此对历史事件的看法。皇后还会在讨论过程中，提出许多好的建议，并借机出言规劝皇帝。

有一次，太宗心情不好，就把火气撒在宫女身上。皇后看到后，装作自己也非常生气，向太宗请求，由她来处理这件事情。随后，长孙皇后下令，把那名宫女关押起来。等到太宗的心情恢复了，皇后才出面为宫女解释开脱。从那以后，后宫里再没有滥用刑罚的事情出现。

豫章公主出生不久，生母就过世了。皇后把她抱到自己的身边，亲自抚养，当作亲生女儿一样看待。后宫妃嫔中，不论谁生病，长孙皇后都要亲自去看望。她提供自己的药物，让生病的妃嫔服用。后宫之中，没有人不爱戴尊敬长孙皇后。

长孙皇后为太宗生了三个儿子。皇后每次见到几位皇子，都训诫他们：生活要节俭，为人要谦虚。有一次，太子的奶娘，遂安夫人向皇后请求，为太子增加一些日常的用品。皇后回绝了她，说："作为一国的储君，首先要考虑的是如何树立自己的德行，如何为国家效力。没有必要在日常用度上花费心思！"

李世民得了一种病，很长时间都没有治愈。皇后一直精心照顾太宗，时常昼夜陪伴。太宗患病期间，皇后把毒药放在衣带里，随身携带。她对太宗说："陛下如果有什么意外，我绝不会一个人独活。"

长孙皇后常年患有气喘病。有一年，太宗带皇后到九成宫巡游。柴绍等人有急事禀报，深夜求见。太宗连忙穿上盔甲，从宫阁里走出来，问询情况。皇后虽然身体不适，但仍然紧随太宗身后。侍臣们纷纷劝皇后休息，皇后说："皇上现在心神不宁，我又怎么能安心休息呢？"长孙皇后因此病得更重了。

太子看到皇后久病不愈，对她说："用了那么多药，您的病情也不见好转。我打算请求父皇，大赦天下，让俗人出家，为母后祈福。"

长孙皇后反驳道："人的生死是早已注定的，不会随人的心意而改变。我从来都没有做过什么坏事。假如积德行善能增添福祉的话，我已经有了。如果不象你说的那样，那么祈福只会给国家带来不好的影响。大赦是国家一项重要的决定，不能随便发布。何况你父皇认为道教、佛教祸国殃民，从来不喜欢在这上面花费精力。怎么能让皇上为了我去做一些他从来都不喜欢做的事呢？如果你执意要这么做的话，不如现在就让我死去！”

看到母亲反对自己的做法，太子没有把此事告诉太宗。后来，私下里，太子和房玄龄交谈，提到了自己和皇后的这番对话。房玄龄把此事回禀了太宗。太宗听后，悲痛不已，决定要大赦天下，祈求皇后能康复。但最终，太宗在皇后执意劝阻下，此事就此作罢。

后来，皇后病危时，房玄龄已经被太宗罢官。诀别时，皇后对高祖说：“陛下，房玄龄跟着您多年，一直尽心尽力。而且，他心思缜密，做事谨慎，从未泄露过朝廷的机密。如果他没有大的过错，您还是让他回到朝堂上，继续侍奉您吧！陛下对我恩宠有加，还赐给我的亲属爵位，让他们得以享受朝廷的俸禄。但是，如果他们自身没有什么才能，恳请陛下不要让他们担任重要的职务，那样会使他们惹上灾祸。陛下只要让他们作为外戚，定时来觐见皇上就好。臣妾生前没有做什么对人有益的事，死后更不要做害人的事。陛下不可以浪费钱财，为我修建陵墓。只要以山为墓，随葬一些瓦木，臣妾就知足了。希望陛下能一如既往地亲君子，远小人。陛下要尽可能的接受臣子们的进言，远离谗言。陛下还要减轻徭役，减少出游和狩猎。这样，即便我死了，也没有任何遗憾了。不用让儿女们再来看我了，见面只会增加伤感，心神不宁。”长孙皇后从衣带中取出一直藏着的毒药，交给太宗。她说：“您生病的时候，我就决定会誓死追随陛下。我绝不做第二个吕后。”

公元636，六月二十一日，长孙皇后在立政殿中去世，谥号文德皇后。

长孙皇后生前，搜集了大量自古以来有关女子得失的故事，整理编写成共三十卷的《女则》。长孙皇后还写过一篇文章。在文中，她针对汉代明德马皇后纵容外戚势力膨胀，进行了批驳。后宫尚仪局的司籍在皇后去世后，把《女则》一书呈现给了太宗。李世民看到此书，悲痛欲绝。他把书交给身边的大臣传看，说：“皇后所著的这本书，完全可以成为流传后世的典籍。朕知道生死由命，也知道不该沉浸在哀伤中。只是朕失去了皇后这样的贤内助，再也无法在后宫中听到那样的规劝，心中始终不能释怀啊！”太宗随后下诏，房玄龄官复原职，重回朝堂。

十一月，太宗命段志玄将军和宇文士及带兵护送长孙皇后的灵柩，出萧章门，前往昭陵安葬。

太宗在为皇后题写的碑文中说道：“皇后生前非常节俭。去世前，要求不让厚葬。皇后认为，盗墓贼的目的就是要盗取墓中的宝物。如果没有宝物的话，盗墓贼自然也得不到什么了。朕非常同意皇后的观点。整个天下都是君王的，不一定非要把东西放入自己的陵墓中，才算是拥有。此次借九山作为皇后的陵墓，由一百多名工匠花费几十天完成。墓中不随葬金银珠宝。随皇后下葬的人俑、车马和器具，一律用陶土和木材制成，只是形似。对于这样的陪葬品，盗墓贼也不会再动心思，所有人都省心了。后世子孙当以此为榜样。”

太宗时常思念长孙皇后。于是，太宗在后花园中搭建了一个观望台，时常向昭陵方向眺望。太宗曾让魏徵陪同自己登上观望台，让他向远处观望。魏徵向远处看了许久，然后对太宗说：“臣年老眼花，看不到。”太宗指着昭陵，让他看。魏徵说：“我以为陛下让臣登高台是为了眺望献陵。如果是让臣看昭陵，臣早就看到了。”太宗听闻此言后，悲伤地留下了眼泪。随后，太宗让人拆掉了这座观望台。

第50章　猖狂的男宠

武则天晚年，张昌宗、张易之两兄弟依仗武则天的宠爱，大肆排除异己，陷害忠良。很多大臣因为看不惯张氏兄弟的作为，惨遭诬陷，宰相魏元忠就是其中之一。

魏元忠在到京城任左台大夫之前，曾在洛州做过长史。魏元忠到洛州任职前，洛阳令张昌仪仗着兄长的权势，目中无人。每次去洛州拜见长史，张昌仪不是按照规定，站在庭下等候召见，而是直接走进长史办公的大厅。魏元忠上任后，对于他的这种行为，毫不姑息，直接喝斥他站到庭下。

在洛阳的街市里，张易之的家奴飞扬跋扈，横行霸道。魏元忠直接让人用刑杖将其击毙。

后来，魏元忠入朝，作了宰相。有一次，武则天让张易之的弟弟，岐州刺史张昌期到长安觐见。武则天想任命张昌期到雍州做长史。朝堂议事时，武则天问几位宰相："众爱卿认为何人能担任雍州长史一职？"

魏元忠说："臣以为，在众多官员中，薛季昶最适合这个职务。"

武则天说："薛季昶一直以来都在京府做官。朕想让他接任另外的职务。你们觉得张昌期怎么样？"

众人都说："陛下英明，他正是合适的人选。"

只有魏元忠不赞同："张昌期绝对不可能胜任！"

武则天问他为什么如此肯定。魏元忠答道："陛下，张昌期非常年轻，对治理之道还不熟悉。在他做岐州刺史之前，恰逢岐州的百姓大批外逃，所剩无几。人口少，自然好管理。但是，雍州地处京城附近，人口众多，事务繁杂，不易治理。而薛季昶熟悉事务，又精明能干。张昌期无法与之相比。" 武则天听了魏元忠的解释，就不再说什么了。

魏元忠曾向武则天当面进言："自先帝起，臣蒙朝廷重用。如今臣身为宰相，却没有竭尽所能为国家效力，导致陛下身边有小人弄权。这都是臣的过错啊！" 武则天听了，非常厌烦。张易之兄弟因此对魏元忠怀恨在心。

有段时间，太平公主最宠爱的人是司礼丞高戬。当时，刚好武则天生病，身体不适。张昌宗对此非常恐慌。他担心如果武则天去世，魏元忠一定会除掉自己。于是，张昌宗在武则天面前诬陷魏元忠。张昌宗称，魏元忠曾私下和高戬商量：“如今陛下年事已高，我们只有倚靠太子，才是明智之举、长久之计。”武则天听他这么说，非常恼怒。她即可下令逮捕魏元忠和高戬，入狱关押。武则天打算让二人和张昌宗当面对质。

张昌宗偷偷找到凤阁舍人张说，许诺给他高官厚禄，让他出面证明魏元忠的确对高戬说了那样的话。张说答应为他作伪证。

第二天，武则天把太子李显、相王李旦和几位宰相叫道朝堂上。她让魏元忠当着众人的面，与张昌宗对质。两人唇枪舌剑，互不相让。一时难以作出判断。这时，张昌宗说：“陛下，张说曾经听到魏元忠说过那些话。请允许张说前来说明情况。”

武则天让张说前来觐见。当张说走到朝堂外的时候，凤阁舍人宗璟对他说：“对一个人来说，最重要的是名誉和道义。任何人的所作所为都骗不过鬼神。您万万不可为了自身的安危，而偏袒恶人，陷害忠良！即便您因仗义执言而被流放，那也是值得骄傲的。假如有意外的情况出现，我会进去支持您。为了忠义，我愿意与您一起赴死。勇敢地去做，能否名垂青史，就在今日！”

殿中侍御史张廷则对他说：“孔子说过，‘早晨明白了真理，即便当天晚上就会死去也知足了。’”

左史刘知几也对他说：“千万不要让您的言行在历史上抹下不光彩的一笔。不要让自己成为子孙的耻辱！”

张说来到朝堂。武则天询问他相关问题，张说没有立刻作出回答。魏元忠见状，很担心，对他说：“你难道要和张昌宗一起陷害我吗？”张说斥责魏元忠说：“作为宰相，说出的话怎么像市井小人呢！”旁边的张昌宗不断地催促张说作证。

张说对武则天说：“陛下，您看在您面前，张昌宗就敢这样明目张胆的逼迫臣，更不要说在朝外了！当着众人的面，臣会把实情告诉陛下。臣没有听过魏丞相说那样的话！是张昌宗找到我，威逼我为他作伪证！”

听他这么说，张昌宗和张易之赶忙大声说：“陛下，张说和魏元忠曾密谋造反！” 武则天急忙追问。二人说：“之前，张说称魏元忠是当朝的伊尹和周公。陛下，伊尹把太甲流放在外，周公做了摄政王，独揽朝政。这不就是要谋反吗？”

张说答道：“这兄弟二人真是孤陋寡闻啊，只听说过只言片语，哪里明白伊尹和周公的品行！那时，魏元忠刚晋升为宰相，穿上了紫色朝服。我身为郎官，前去祝贺。魏元忠对去祝贺的人说：‘自己没什么功绩，蒙陛下这般重用，觉得很惭愧，诚惶诚恐。’当时我对他说：‘您享受着三品大员的俸禄，承担伊尹和周公那样的责任，有什么惭愧的呢！’自古以来，伊尹和周公作为最忠诚的臣子，万人敬仰。陛下难道不希望自己任命的宰相，能像伊尹和周公那样吗？假如我按照张昌宗的意思做，肯定能获得高官厚禄。如果站到魏元忠那一边，很快就会被满门抄斩。臣怎么会不明白这个道理呢？但是，臣害怕以后会被魏元忠的冤魂弄得日夜不宁，所以不敢不说实话。”

武则天听后，说：“张说是个小人，反覆无常。他应当和魏元忠一样，被关进监狱问罪。”

几天后，武则天就这件事，再次召见张说。他的说法和上次的一样。武则天勃然大怒，让河内王武懿宗连同另一位宰相一块审问他，张说的回答没有变化。

朱敬则进言，为魏元忠和张说辩解：“魏元忠的正直忠诚，众人皆知。张说入狱也没有明确的罪名。如果陛下就这样将二人治罪，臣担心陛下会失去民心。”

苏安恒也为二人上奏章，他认为："陛下刚登基的时候，大家都觉得您善于纳谏。如今，陛下上了年纪，反倒越来越喜欢阿谀奉承了。魏元忠被罢官下狱后，老百姓惶恐不安，民众认为陛下亲近奸佞之臣，远离贤良忠臣。很多大臣害怕违背张易之等人，会毫无价值的死去，所以在朝堂上一言不发。但是，他们经常在自己的家中担忧朝廷的现状，唉声叹气。现在，赋税劳役很重，百姓的生活越来越不好。加上奸佞之徒的为所欲为，陛下不适当的赏赐和刑罚。臣担心，长此以往，民心动荡，引生变故。如果有人在皇宫内起兵，到大明殿夺取陛下的皇位。到那时，陛下用什么抵挡呢？"

后来，张易之等人看到了这本奏章，恼怒不已，打算除掉他。幸亏有朱敬则、凤阁舍人桓彦范和著作郎魏知古的多方周旋，极力保护，苏安恒才保住性命。

最终，魏元忠被武则天贬为高要县尉。高戬和张说二人则被流放到岭南。

魏元忠在离开长安时，去向武则天辞行。他说："陛下，臣已经老了。这次离开长安，多半会死在外面，恐怕再也见不到陛下了。不过，总有一天，陛下一定会想起我。"

武则天追问他为什么这样说。魏元忠指着武则天身旁的张易之、张昌宗，说："这两个人，迟早会酿出一场祸患。" 张易之兄弟二人立刻走到武则天面前，捶胸顿足，向她哭诉魏元忠诬陷他们。武则天见状，长叹了一口气，说："魏元忠，你走吧！"

殿中侍御史王晙又要上奏，替魏元忠申辩。宗璟劝他："魏元忠好不容易保住了性命。你现在上奏，万一再惹怒了陛下，您这不是给自己招祸吗？"

王晙说："魏元忠对朝廷忠心耿耿却被降罪。我是出于正义，才要为他申冤。即便我因此被贬，也不后悔。"

宗璟感慨道："我没能为魏元忠洗脱冤屈，真是有负于朝廷啊！"

魏元忠离开的那天，太子仆崔贞慎等八人在郊外为他饯行。张易之化名柴明，递上了一份密告。密告中说："崔贞慎等人与魏元忠密谋造反。" 于是，武则天让监察御史马怀素立刻审查这件事。她对马怀素说："状子上写的事情都是真的。你大概审一下，然后尽快把处理意见呈报给朕。"

马怀素接手案子没多久，就来了好几拨太监，奉命前来催促。这些太监们对他说："案情非常清楚，您为什么要拖延那么久，不赶紧作出判决呢？"马怀素奏请武则天，想让告密的柴明出面，与崔贞慎等人对质。武则天说："朕也不知道他在哪儿，你按照状子写的去审讯就行了，还找那个柴明干吗？"

后来，马怀素把查明的实情上报给了武则天。武则天气冲冲地问他："你这是在替那些反贼遮掩吗？"

马怀素答道："臣不敢包庇谋反的人！魏元忠身为宰相，被贬出京。崔贞慎等人作为朋友，在城外为他践行。这就是事情的真相。臣实在不能就此诬陷，说他们这样是在密谋造反。汉朝时，梁王彭越因谋反，被砍头示众。但是，梁大夫栾布仍然对着彭越的首级，汇报自己出使的情况。对与栾布的这一举动，汉高祖并没有降罪。现如今，魏元忠只是被贬职，出京赴任。陛下就要杀掉这些为自己朋友送行的人吗？陛下控制着臣子们的生死，如果您觉得这些人有罪，可以直接惩罚他们。但是，陛下把这件案子交给臣来办理，我只能据实上奏。"

武则天又问他："以你的意思，这些人全部无罪？"

马怀素答道："臣愚钝，确实没发现他们有什么不轨行为。"

武则天原本是要严惩这些太子身边的官员。听了马怀素的这番话，她考虑再三，打消了最初的念头。由于马怀素的公正和仗义执言，崔贞慎等人才得以免遭张氏兄弟的诬陷。

第51章　女皇去世

到了公元705年，武则天已经做了十五年的武周皇帝。这个掌控大唐帝国政权长达半个世纪的女人，步入了耄耋之年。这年的大年初一，武则天下令大赦天下，改元神龙。但是，这些举动，都没能阻止她身体的衰老。武则天病倒了，而且病得很重。

在这期间，张易之和张昌宗两兄弟在宫中把持了朝政。看到这种情况，张柬之和崔玄便召集中台右丞敬晖、司刑少卿桓彦范以及相王府司马袁恕己私下商议，准备除掉张氏兄弟。

张柬之找到右羽林卫大将军李多祚，问他："敢问将军，是谁给了您今天这样的荣华富贵？" 李多祚哭着答道："是先帝，高宗大帝给的。" 张柬之对他说："现在，张氏兄弟已经威胁到了先帝儿子的性命。将军难道不打算救太子于水火之中，以此来回报先帝对你的恩惠吗？" 李多祚指天发誓，对张柬之说："如果此事对朝廷有益，即便粉身碎骨、抛家弃子，我也听从您的调遣。"随后，李多祚、张柬之和崔玄等人制订了详细的行动计划。

当年，朝廷命张柬之前往荆州，接任都督府长史杨元琰的职务。闲暇之余，两人到长江上泛舟。当船走到江心，两人说起了武则天称帝，改国号的事情。杨元琰情绪激昂，表达了自己想要恢复大唐的意愿。张柬之作了宰相后，向武则天举荐，让杨元琰做了右羽林将军。同时提醒他："还记得当年在长江泛舟，您在江心时说的话吧？右羽林将军这个职位可不是随便让您做的啊！"

随后，张柬之连续任命了桓彦范、敬晖和右散骑侍郎李湛为左、右羽林将军，掌握了禁军的指挥权。这一系列的任命引起了张氏兄弟的猜测和恐慌。于是，张柬之让张易之的党羽武攸宜出任右羽林大将军一职，这才消除了张易之等人的怀疑。

没过多久，姚元之从灵武回到了长安。张柬之和桓彦范听到这个消息，兴奋不已，说："此事就快成功了！" 于是，二人一起去找姚元之，并把制订好的计划告诉了他。桓彦范还把这件事告诉了自己的母亲。母亲表示支持，并勉励他说："自古忠孝不能两全。你是朝廷的官员，自然应该以国家大事为先，最后在考虑家里的小事。"

太子李显每天都要从北门进宫，朝见武则天。桓彦范和敬晖特地去拜见太子，偷偷地把计划告诉了他。太子对计划表示赞同，允许他们行动。

二十二日，张柬之、崔玄、桓彦范与左威卫将军薛思行等人带领五百多名左右羽林兵到达玄武门。与此同时，李多祚、李湛和内直郎、驸马都尉王同皎去东宫迎接太子李显。

太子担心有诈，不敢出宫。王同皎说："当初，先帝让殿下继承皇位，但是，后来殿下被无故废黜，遭到幽禁。无论是神明还是大唐的子民都为之愤慨。此事已经过去二十三年了。现在上天顺应民心。驻守北门的羽林军和朝臣们相互配合，同心协力，决心诛灭佞臣，恢复李唐社稷。恳请殿下随臣等到玄武门，满足众人的愿望。"

太子答道："你说的不错，奸佞小人的确应该被除去。但是，现在陛下正在病中，现在你们这样的举动，岂不是会惊吓到天子！请大家以后再做这件事吧！"

李谌说："殿下，众位宰相和将帅为了朝廷，把自己的身家性命跑到了脑后。难道殿下忍心让他们遭受鼎镬那样的酷刑吗？请您到玄武门，亲自制止他们吧。"

太子听到这话，才从东宫走出来。太子被抱上马，并在众人的陪同下，走到玄武门前。王同皎斩断门栓，陪着太子进入皇宫。

此时，武则天正在迎仙宫里休息。在迎仙宫的走廊上，张柬之带人杀掉了张易之和张昌宗。然后，张柬之与众人一起进入了武则天居住的长生殿，来到皇帝床榻前。

武则天见状，大吃一惊，从床上坐起来，问："怎么回事？是谁要犯上作乱？"张柬之回答说："陛下，张氏兄弟密谋造反。奉太子的命令，臣带人把他们杀了。由于担心消息可能被泄露，臣没有事先禀告陛下。臣等带兵在皇宫内诛杀叛贼，让陛下受惊了，请陛下恕罪！"

武则天在人群之中看到了太子李显，便问他："是你让他们这么干的吗？既然他们已经杀了张氏兄弟，没什么事，你就回东宫吧！"

桓彦范上站出来说："太子还回东宫干什么呢？当年，先帝让陛下照顾太子。现在，太子年龄已经不小了，却一直呆在东宫。上天和百姓都希望帝位重归李氏家族。大臣们正是因为感念太宗和先帝的隆恩，才拥护太子，诛杀乱臣贼子。恳请陛下顺应天意民心，传位给太子！"

武则天在殿中的群臣中，发现李义府的儿子——李湛，质问他："李将军，你也参与诛杀张易之了吗？朕平日里待你们父子不薄啊，没想到你也背叛朕了！"李湛听了这话，羞愧地说不出话来。

武则天看着崔玄，问他："其他人都是通过举荐才晋升的，唯独你是朕一手提拔的，你怎么也和他们在一起呢？"

崔玄答道："陛下，臣这么做，正是在报答您对我的赏识啊。"

随后，张昌期、张同休、张昌仪等人被捕，全部斩首。他们和张易之、张昌宗二人的首级都被放在洛阳天津桥的南边，以示众人。

同一天，为了防止突发事件，袁恕己跟着相王李旦率领的南牙兵马，对张易之的党羽的进行了抓捕。韦承庆、房融和司礼卿崔神庆等人均被逮捕入狱。

二十三日，武则天颁布诏书。朝廷政务交予太子李显处理，大赦天下。太子任命袁恕己为凤阁侍郎、同平章事。另派十名使者携带皇帝的玺书，奔赴各州进行安抚。

二十四日，武则天把帝位传给太子李显。

二十五日，唐中宗李显即位。

中宗登基后，下诏大赦天下，只有张易之的党羽们除外。中宗还下令，酷吏周兴等人造成的冤假错案，全部清理，平反昭雪。那些冤案受害人的子女中，如果有成为官府奴婢或是被流放的，全部赦免。

相王李旦被加封为安国相王，任太尉、同凤阁鸾台三品；太平公主也被封为镇国太平公主。除此之外，以前被流放或沦为官奴的李氏皇族及其子孙，都被唐中宗恢复了皇族身份，并根据实际情况，授官封爵。

二十六日，武则天离开皇宫，搬到上阳宫居住。李湛留在武则天身边，负责警卫。

这一年的冬天，十一月二十六日，一代女皇武则天在上阳宫孤独的死去。留下了一块“无字碑”，供后人评说自己的一生。

第52章　奇谋

唐僖宗中和二年，阡能的势力逐渐强大，一路烧杀抢掠进入蜀州境内。陈敬任命押牙将高仁厚为都招讨指挥使，带领军队五百人去取代长期以来没有立功的杨行迁。

就在出发的前一天，从早晨到中午一个卖面的人多次出入军营，巡逻的士兵怀疑这人是阡能的间谍，于是把他抓起来审问。结果那人果真是间谍。高仁厚命令解开捆绑他的绳索，对他进行询问，态度非常和蔼。原来那个人是某个村子的，并不是甘心情愿地为阡能效力，只是父母妻子全被阡能囚禁在狱中，阡能要挟他，让他刺探官军情况，得到证实就宽恕他的家人，否则就全部杀掉。高仁厚说："我相信你，也不忍心把你杀了！现在我放你回去救你的父母和妻子，只是你要按我说的告诉阡能。你就说：'高仁厚明天就会发兵，所带的军队没有多少人马，只有区区五百人。'但我救了你们一家人，你要为我偷偷向营寨的人传话说：'陈敬仆射知道你们都是善良的人，不得已才被贼人控制，十分同情可怜你们。高仁厚要来拯救你们，使你们所受的冤屈得到洗刷。你们要在高仁厚来的时候扔掉兵器，向他投降，高厚会叫人把'归顺'二字写在你们的背上，让你们回归故里。只有阡能、罗浑擎、句胡僧、罗夫子和韩求这五个人是想要杀掉的，老百姓一定不会牵连到的。'"

那个人说："尚书您都清楚老姓心里想的事，对百姓宽容仁慈，百姓都会非常高兴地去听命！这些话在百姓中间传递，会像河流入川一样不可阻止的。等您到来，老百姓一定会像婴儿见到慈爱的母亲那样投奔而来，阡能失去援助，立刻就会被逮捕！"于是，高仁厚派他回去了。

高仁厚第二天率领军队出发，赶到双流，出来迎接他的是把截使白文现。高仁厚把栅栏堑壕环视一遍，气愤地说："阡能那些人都是耕种土地的百姓，你们耗尽一年的时间，用尽一府的军队，却不能抓获，现在看到你这里如此牢固的栅栏堑壕，大概也可以无忧无虑地留养贼寇以便向朝廷邀功请赏了！"便命令杀了白文现。监军营救好久，才留下白文现一条性命。高仁厚下令平掉所有的栅栏堑壕，只留下五百士兵，负责这里的守卫工作，其余士兵全都跟着他走，又把各个营寨的士兵集合起来。

听说高仁厚将到，阡能派罗浑擎设置五个营寨在双流的西面地区，带领一千多人到野桥箐一带，设下埋伏，用来阻挡官军。刺探到这一军情，高仁厚带兵包围罗浑擎的军营，下令先不要动手，而是派人脱下军装，偷偷潜入贼人军营，像昨天对那个间谍说的一样传话给他们。贼寇听后很高兴，呼喊着扔掉兵器脱下铠甲请求投降，下拜的人非常多。高仁厚抚恤劝导这些来降的人，把“归顺”二字写在他们的背上，然后让他们返回贼寇营寨，对那些还没有投降的人讲清楚，于是营寨内剩下的人都争先恐后地跑出去向高仁厚投降。罗浑擎见形势不妙，只得越过堑壕狼狈逃跑，结果他的部属把他抓住送到高仁厚那里，高仁厚说：“和这个蠢货没什么说的。”便给罗浑擎上刑，将他送往官府。高仁厚下令烧掉贼寇的五个营寨和全部铠甲武器，只将缴获的旗帜留下，前后总共有四千人投降。

第三天早晨，高仁厚把投降的人集中起来，对他们说：“我原打算立即把你们放回家，可是我的心思还没有被前面道上各个寨子的百姓知道，有的人还不了解我的心思，现在借助你们走在前面，当经过穿口、新津寨这一带的时候，展示你们背上的‘归顺’二字给那里的百姓，告诉他们投降的情况，等延贡后，我就把你们放回去。”于是找来缴获的贼寇的旗帜，然后倒着挂起来，每五十个人为一组，扛着旗子大声呼喊：“大唐王朝的军队来到这里了，罗浑擎已经被活捉送去官府了。你们住在寨子里的人，立即出来投降，马上就可以像我们一样成为朝廷的良民了！”官军抵达穿口时，句胡僧十一个营寨的人都争着跑出来投降，句胡僧惊慌失措，拔出剑来，想阻止他们，大家捡起地上的瓦片石头，狠狠地打句胡僧，一起抓住他献给高仁厚，句胡僧的五千手下全都投降了。

第四天早晨，高仁厚把贼寇营寨烧毁，让投降的人拿着旗子，走在前面，像从双流出发时情形一模一样。抵达新津，韩求十三个营寨中的人都出来投降。韩求的手下把跳入深堑的韩求钩了上来，发现韩求已经一命呜呼，便把他的脑袋砍下来送给高仁厚。官军将士要把营寨烧掉，高仁厚阻止了他们，对他们说投降的人还没有吃饭。让人在烧营寨前，先将财物粮食运出来。新投降的人点火做饭，与先前投降传话给他们的人一起吃饭，整夜都没有停止欢歌笑语。

第五天，高仁厚先放了双流、穿口投降的人，让新津投降的人拿着旗帜在前面走，并且告诉他们说："到了邛州境内，也可以把你们放回去。"罗夫子在延贡设有九个营寨，前一天晚上他的部属看到新津的大火，就已经无法安定下来了。当新津投降的人到达后，罗夫子的手下全部投降，罗夫子扔下寨子逃向阡能的军营。

第六天，逃到阡能的军营后，罗夫子与阡能一起谋划动用全部兵将进行决战，天快黑了，计策还没有商量好，高仁厚带着在延贡招降的人赶来，阡能、罗夫子骑上战马在营寨四周察看，想派兵出战，手下没有一个听从号令的。高仁厚带领手下步步紧逼，第二天早晨，知道大唐官军已经接近，各个营寨都积极地呼喊着往外跑，有人想抓阡能立功，阡能被逼得走投无路，见到一口井，就跳了下去。众人把他抓住，他还没有死。同时又有人去抓罗夫子，罗夫子知道无法逃脱，便自杀了。大家砍下罗夫子的脑袋，提在手里，用绳子绑着阡能，驱赶着他迎接官军。众人见到高仁厚，围着高仁厚的马泣不成声，说道："老百姓受屈辱太久了，只能自己承受这份痛苦。自从间谍把你的意思告诉给大家，老百姓就度日如年地盼望官军到来。现在终于把您等来了，我们又重见光明了。"到处都是欢呼的声音。高仁厚又分别派遣将领到其它地方的贼寇营寨招降。高仁厚出兵一共才六天，却消灭了五大贼寇。每打下一个县镇，他就补授镇遏使，做好安抚召集百姓的工作。

陈敬将韩求、罗夫子的脑袋挂在市上，又把阡能、罗浑擎、句胡僧钉在城西，七天后凌迟处死他们三人。张荣本来是安仁的进士，参加科考很多次却一直没有被录取，最后投奔阡能，为阡能做些出谋划策，掌管文书，起草书信檄文一类的工作。阡能失败后，张荣做诗苦苦哀求高仁厚，结果被高仁厚送到官府，钉在马市处死。除此之外，其余的再没有一个人遭到杀戮。

十二月，高仁厚被朝廷任命为眉州防御使。

陈敬在邛州张贴告示，宣称不追究阡能等人的亲朋党羽的罪责。不久后，邛州刺史报告将阡能的叔父阡行全家三十五人抓获，关在监狱里，请求处死他们。陈敬就此事向掌管文书的吏员唐溪询问，唐溪说：“告示已经贴出，阡能亲友的罪责将会被免除，可是邛州刺史还是逮捕阡行全一家，这肯定有其他的原因。现在若是杀掉阡行全一家，既会让您失信于百姓，还会导致阡能的党羽再次纷纷起兵谋反！”陈敬认为唐溪的话很对，于是派押牙将牛晕前往邛州，在州门口将百姓召集起来，释放了阡行全一家人，并顺便询问他们被刺史抓起来的缘由。原来是刺史想要收买阡行全家里肥沃的田地，但阡行全坚决不卖，因此刺史便怀恨在心。陈敬叫来邛州刺史，要治他的罪，邛州刺史被吓得死去了。后来，阡行全听说由于唐溪的一番话使他们全家免于被治罪，暗地里送给唐溪一些钱财。唐溪生气地说：“这没有我什么事，都是太师陈敬仁慈开明，你是在送祸给我呀！”他全部退回阡行全送来的钱财，轰走了阡行全派来的人。

第 53 章　书生的对策

唐昭宗景福元年，王建围困彭州，对彭州发起猛烈攻击，很久也没有攻下，当地百姓都逃到高山深谷中藏起来。王建各个营寨的士兵每天出去抢掠，称此为“淘虏”。得来的百姓财物，先由将领们挑选好的，剩余的由士兵们瓜分，把这种事情看得很平常。

新律人王先成，本来是个书生，遇到天下大乱，便投笔从戎，他揣测各位将领中最为贤明的是北面营寨的王宗侃，就去劝王宗侃说：

“彭州本来隶属西川，陈敬、田令孜割出四个州交给杨晟，将观察使的位置授予杨晟，与他们共同抗拒朝廷命令。现在朝廷已经平灭陈敬、田令孜，而彭州仍然属于杨晟，彭州的人民都知道西川是他们的大府，而他们的官长是检校司徒王建，所以王建领兵当初到达彭城一带时，当地百姓都逃往高山深谷躲避起来，并没有进入城内归附杨晟。他们这样做，是在等待着王建的招抚。现在王建军队已经到达很久了，没有对百姓发布招抚劝降的命令，相反纵容军中士兵像如强盗般一再大肆抢掠，他们追逐百姓的家畜财产，抢夺百姓的财物，把妇女以及年老体弱的人分给士兵，任凭他们驱使，使这里的父子兄弟遭受骨肉分离之苦，心中充满怨怒。躲进山谷中的那些人，忍受酷暑暴雨与毒蛇猛虎的残害，生命垂危，想诉苦都找不到地方。检校司徒王建对彭州百姓不管不顾，开始时认为杨晟不是他们的官长而不遵从的那些人，恐怕会改变初衷想念杨晟了。”

王宗侃很伤心，不由得向前移动他所坐的床询问王先成，王先成对他说：“还有比这更为危险的事：现在，每天早晨各个营寨六七百人出动，到深山抢掠百姓财物，返回时天已经黑了，一点守寨防备的意识都没有。彭州城内没有能人才会如此，万一有能人为杨晟谋划，让他乘我军空虚时出击，事先埋伏下一千精壮人马在彭州城门里面，当登上城楼望到王建营寨的士兵离开营寨走远时，便派出弓弩手、炮手各一百人，在营寨的一面发动攻击，紧随着派五百名苦力，身背柴草土石把堑壕填满把道路垫好，然后派精锐军队全力攻打，并且放火焚烧王建的营寨；又从彭州城的另外三面突然发兵，各个营寨自己都忙不过来，更没有时间相互救援，彭州城内增派军队相继杀出，如此，王建必然失败！”王宗侃十分惊慌，他说：“的确有可能发生这种情况，该如何解决呢？”

为便于禀告王建，王先成请求分条开列写成状文。王宗侃马上命令王先成起草。王先成起草的状文大意是：“我王宗侃只是统管北面的营寨，或许所禀告的事能够听从，但今天所禀告的事，必须是围攻彭州城的王宗裕、华洪、王宗瑶和我四面相通一齐行动，请求命令西川军队的使牙检举全都施行。”

事情共有七条：

第一，请求对山谷中的百姓进行招抚。

第二，请求禁止各营寨的士兵，一概不准出去搜掠百姓。树立石碑在各营寨的旁边，方圆七里之内允许打柴放牧，有敢超越石碑的绝不饶恕。

第三，请求设置能容纳几千人的招安寨，用来安顿招来的百姓。招安将领我请求从手下挑选谨慎干练的人担任，令他带领三十人手持武器日夜守卫。

第四，必须委派一个人总管招抚百姓这件事，现在既然已经发了招安的榜帖，各个营寨一定是分头派士兵到山谷中招抚百姓，看到这种情形，躲藏在那里的百姓都会感到害怕，一定不肯出来投降！必须有恰当的方法，才能招抚山谷中的百姓，希望颁下文告委任我王宗侃专门负责这件事情。

第五，请求对四面营寨的指挥使下达严格的命令，将从前线抢来的彭州百姓全都集中到营寨的广场上，有父子、兄弟、夫妻自己相互认出来的，就让他们团聚，注明人数登记在册，分部送到招安寨，有人大胆妄为，哪怕只隐藏一个人，也要立即处斩；并请求命令成都府中的各个营寨，让他们也严格搜索，发现以前从军队前线送回来的百姓，适当地发给粮食钱财，全都分部送回招安寨。

第六，请求在招安寨中设立九陇行县，由从前的南郑县令王丕暂时担任九陇行县县令一职，设置曹局招抚安顿百姓，将这些百姓中身强力壮的子弟挑出来，发给他们文告，让他们自己进山去招他们的亲人。

第七，彭州的土地适于种麻，这里的百姓在没有进山时藏起了大量的麻，应当让县令明确告诉百姓，让他们回去将藏起来的麻挖出卖掉，换取粮食钱财，这样肯定会逐渐恢复旧业。”

接到状文后，王建大为欢喜，立方命令按照状文施行。第二天，营中军士看到王建发布的告示，威严的军令使得没有人敢于违抗。第三天，在山谷中躲藏的百姓竞相出来，奔向招安寨，招安寨盛不了，就开辟地盘扩展寨子。集市也逐渐出现，百姓又拿出收藏的麻贩卖。招安寨的人民看到自己村落不再遭受被残暴抢掠的厄运，逐渐辞别九陇行县县令，重回到家乡操持旧业。招安寨一个多月的时间就全都空了。

第 54 章　李克用勤王

唐昭宗乾宁二年，河东节度使李克用向唐昭宗上表说王行瑜、李茂贞、韩建派兵侵犯京城，杀害朝中大臣，请求对他们进行讨伐，于是便大规模地发动蕃族和汉人的军队向南开进。他又发征讨檄文给王行瑜、李茂贞、韩建三位节度使，使得王行瑜等人十分恐惧。李克用率军到达绛州，绛州刺史王瑶紧闭城门进行顽强抵抗。李克用发动进攻，只用十天时间就攻下绛州，在军营的大门杀了王瑶，并把城内进行抵抗的一千多人全部杀掉。李克用七月初一到达河中，王珂在路上迎接他。

匡国节度使王行约在朝邑作战失败，于是便放弃同州逃跑，初四那天到达京城长安。王行约的弟弟王行实当时担任京师左军指挥使，他领兵与王行约一起大肆抢掠长安西市。王行实上奏唐昭宗，说贼人已经攻下同州、华州，李克用率领沙陀人马即将赶到，请昭宗外出避难。枢密使骆全初五那天上书请昭宗出巡凤翔。唐昭宗说：“李克用给朕送来表章，说他率军先驻扎在河中。即使李克用真的到来，朕也有对付他的办法，你们只管各自安抚好自己的军队，让他们不要动摇骚动。”

右军指挥使李继鹏，原本叫阎，是李茂贞的养子，他与骆全谋划把唐昭宗劫持到凤翔。得知此事后，中尉刘景宣与王行实就想把昭宗劫持到赴州。孔纬对刘景宣进行当面驳斥，认为皇帝轻易离开长安宫殿是不对的。近傍晚时，李继鹏一本又一本地上奏，请求昭宗出巡凤翔。见李继鹏要抢先把昭宗劫走，王行约便带领他的左军攻打李继鹏的右军，造成很大的混乱。听到外面混乱，昭宗在捧日都头李筠的护卫下，登上承天楼，想谕令制止他们。李筠遭到李继鹏指挥的凤翔军队攻打，昭宗险些被飞箭所伤，被身边的侍卫搀扶着下楼去。李继鹏又放火焚烧宫门，天空都被烈火浓烟遮住了。昭宗便紧急召令当时正驻扎在京城的盐州六都军队入宫护卫，左、右两军平时都很惧怕他们，在盐州六都军队到达后，都撤退离开了。长安城内到处抢劫掠夺，局面非常混乱，昭宗与各王以及亲近人员躲到李筠的军营中，神策军护跸都头李居实也领兵随后赶到。

昭宗听人传言王行瑜、李茂贞要亲自来到长安迎接皇帝，担心被他们控制，初六，在李筠、李居实两都军队的护卫下，从长安城南面的启夏门向南山跑去，夜宿莎城镇。几十万百姓追随昭宗的车驾，等到了南山的谷口时，有三分之一中暑而死，流亡的百姓夜里又受到盗贼的抢掠，整个山谷都是哭喊的声音。昭宗仓促离去，朝廷百官大多没有跟上，只有户部尚书、判度支及盐铁转运使薛王李知柔最先赶到，昭宗便命他暂时掌管中书省事务及兼任置顿使。

初七，崔昭纬、徐彦若、王抟到达莎城，李克用进入同州。昭宗初九到了石门镇，命令薛王李知柔与主管枢密院的刘光裕回京布置守卫皇宫事宜。十一日，李克用派节度判官王敬上书文对昭宗的起居情况进行问候。十二日，内侍郗廷昱奉昭宗之命带着诏令去李克用的军营，昭宗命令李克用与王珂各派发一万骑兵，一起到新平郡讨伐王行瑜，又下令让彰义节度使张带领泾原军队把凤翔的李茂贞控制住。

李克用派遣军队向华州发起进攻。韩建登上华州城楼，大声对李克用说："我没有得罪李公，你为什么要率军攻打我？"李克用派人告诉说："你身为大唐的臣子，却干出逼迫驱赶皇帝的事情，这样做太不对了！"这时郗廷昱恰巧赶到，他告诉李克用，王行瑜率领军队到达兴平，李茂贞带领三万军队也已到达，都想带走唐昭宗。于是李克用解除对华州的围攻，带领军队到渭桥安营扎寨。

薛王李知柔被昭宗任命为清海节度使、同平章事，仍然暂时担任京兆尹、判度支，并充任盐铁转运使，等到平乱反正后再到岭南镇所赴任。

昭宗到达南山十几天，追随唐昭宗的百姓每天都惊慌失措，大呼小叫。昭宗派延王李戒丕到河中敦促李克用发兵。李克用的军队二十七日从河中出发。唐昭宗把供奉官张承业派到李克用的军营。同州人张承业曾多次奉唐昭宗的命令去李克用那里办事，昭宗趁便把他留在李克用的军营，用来监视李克用。八月初五，李克用兵发渭桥，派手下将领李存贞为前锋。初七，李克用将永寿攻下，又派史俨带领三千骑兵到石门保护唐昭宗。初九，李克用派遣李存信、李存审会同保大节度使李思孝向在梨园寨的王行瑜发动攻击，把王行瑜的将领王令陶等人逮捕，送到昭宗那里。李茂贞兵败后十分恐惧，他将李继鹏杀死，把头颅送到石门镇，并上书朝廷，请求治他的罪，并且派出使者向李克用求和。

昭宗再次派延王李戒丕、丹王李允传旨给李克用，命令先联合军队全力讨伐王行瑜，暂且赦免李茂贞，等到消灭了王行瑜，朝廷会再与李克用商量如何处置李茂贞。昭宗并且命令延王李戒丕、丹王李允拜李克用为兄长。

第55章　石敬瑭造反

后晋天福元年，石敬瑭想试探一下末帝的意图，多次上书称身体多病，无法继续担任职务，请求朝廷解除他的兵权，将他调到别的镇所。末帝与执政大臣商议后，同意了他的请求，把他调到郓州镇守。房、李崧、吕琦等人都向末帝极力劝谏，认为那样做不对。末帝犹豫了很久也没有决定该怎么办。

五月初二夜里，李崧有急事请假在外，只剩下薛文遇一个人值夜班，末帝和他一起探讨河东的事情。薛文遇说："俗谚说在道路当中盖房，三年也盖不成，这种事情只能由您决定。群中大臣只顾着自身，不可能什么话都说！依我看，河东的事移不移镇都要反，只是时间问题，不如先下手把他解决了。"末帝记得以前有术士说国家今年将得到贤人辅佐，安邦定国，他认为术士所说的这个人就是薛文遇，听到他的话后高兴地说："我明白了，不论结果如何，我决定这样做。"说完后，立即命令薛文遇写出封授官职的草稿，交给学士院草拟任命书。初三，末帝把石敬瑭任命为天平节度使，由马军都指挥使、河阳节度使宋审虔出任河东节度使。下达任命书后，文武官员听到念石敬瑭的名字，吓得脸色都变了。

初六，末帝任用建雄节度使张敬达担任西北蕃汉马步都部署，催促石敬瑭赶快去郓州。石敬瑭很疑惑害怕，不知道怎么办好，便和他的将佐商量说："当初我第二次来河东，皇上曾当面答应我，说让我终身担任这个职务，不再派人来替代我。现在忽然又让我移镇，肯定是和今年过春节时皇上对公主所说的那样！我如果接受任命，不举兵造反，朝廷就会先发制人，置我于死地，我怎么能束手就擒，死无葬身之地！今天我要用上表称病的方法来观察朝廷对我的意向，如果朝廷宽容我，我就臣服他；如果他发兵讨伐，我也不会坐以待弊的。”

幕僚段希尧一向为人直率，他极力反对这样做。石敬瑭清楚他的为人，并没有计较。节度判官华阴人赵莹劝石敬瑭听从朝廷命令；观察判官平遥人薛融说：“遣兵作战是军人的事，我这个书生可不懂。”都押牙刘知远说：“军中兵将追逐明公很久了，他们都极力拥护你；现在正占据着地利的优势，况且兵强马壮，如果起兵，给各路节度使传发檄文，统一国家的帝王大业就可以完成，怎么能因为一道朝廷命令便前去送死！”

掌书记洛阳人桑维翰说：“当初皇上即位时，明公您入朝祝贺，皇上怎能不懂得蛟龙不可放回大海的道理？然而到底还是再次让您统领河东，这正是天意要帮助您。先帝死后，皇上以旁支庶子的身份登基，没有得到群臣百姓的依附。您是明宗的爱婿，可是现在皇上却把您当成叛贼，低头服从是不会得到宽恕的，只能努力想办法自己保全自己了。契丹一向和明宗关系良好，现在他们的部落在云州、应州，离我们非常的近，您如果真能讨好他们，万一发生什么紧急的事情，他们很快便能赶来，这样还担心办不成事吗？”石敬瑭因此下定决心起兵造反。

以前，朝廷不信任石敬瑭，任用羽林将军宝鼎人杨彦询担任北京太原的副留守。石敬瑭打算起兵造反，便通知了他。杨彦询说：“河东现在的军马和粮草，能够和朝廷抗衡吗？”石敬瑭手下的人听后很生气，请求把杨彦询杀了。石敬瑭说：“我不会允许有人伤害杨副史的，你们不用再说了。”

初十，昭义节度使皇甫立向朝廷奏报，称石敬瑭叛乱了。石敬瑭上书称：“皇帝不是先皇的亲生儿子，不应该继承皇位，请让许王李从益登基。”末帝撕碎了石敬瑭的书信，并扔到地上，用诏书回答他说：“你同鄂王李从厚的关系很亲密，天下人没有不知道卫州的事情的，没人会听许王的话！”十四日，末帝下令，将石敬瑭的官爵削夺。十七日，末帝任命张敬达兼太原四面排阵使，作用安国节度使安审琦为马军都指挥使，河阳节度使张彦琪为马步军都指挥使，任命右监门上将军武廷翰为壕寨使，任命保义节度使相里金为步军都指挥使。十八日，任命张敬达担任太原四面兵马都部署，任命义武节度使杨光远担任副部署。十九日，又任命张敬达主持太原行府的事情，任命前彰武节度使高行周担任太原四面招抚、排阵等使。

张敬达率领三万兵将在晋安乡安营扎寨。二十日，张敬达奏报，说西北先锋马军都指挥使安审信叛乱，投奔晋阳。安审信早就和石敬瑭有来往。过去，雄义都指挥使马邑人安元信带领六百余人在代州驻守，得到代州刺史张朗的照顾。安元信为报恩，暗中劝说张朗道：“我看石敬瑭举兵造反一定能够成功，您为何不暗中派人去找他，向他表达心意，这样可以使自己得到保全。”张朗没有听从，此后两外人便互相猜忌。

安元信打算杀了张朗，但没有得逞，于是他便带领自己的手下投奔安审信。安审信率领他手下的几百骑兵会合安元信，对百井进行大肆抢劫，然后投奔晋阳。石敬瑭问安元信道：“你为什么要舍强而归弱呢？”安元信回答说：“我不是术士，并不会观星识气，我只是根据对形势的判断来做决定罢了。帝王统治天下的根本就是信誉。现在皇上不信任您，对待至亲且尊贵的人都这样，对待疏远而卑微的人就更不必说了！他很快就会灭亡，根本不算强啊！”石敬瑭听后很高兴，把军事重任交给他掌管。振武西北巡检使安重荣在代北驻守，也率领步骑兵五百人投奔晋阳。

第 56 章　周世宗大败北汉

后周太祖显德元年三月初九，后周世宗任命冯道护送太祖的灵柩到山陵，任命郑仁诲为东京留守。

后周世宗十一日从大梁出发，十六日到达怀州。世宗想日夜不停地快速前进，控鹤都指挥使真定人赵晁有一些想法，私下讲给通事舍人郑好谦听。赵晁说："现在贼寇的气势正处于强盛时期，应该沉稳冷静，慢慢地打败它。"郑好谦向世宗报告此事，世宗听后生气地说："这话是谁说的！一定是受到什么人的指使，你说出那个人就饶了你，否则一定杀了你。"郑好谦如实回答，世宗下令将他和赵晁二人一起关押在怀州监狱。

十八日，世宗来到泽州，在州城东北住宿。不知道后周世宗到达，所以北汉主经过潞州时没有发动进攻，而是领兵向南去了。当晚，军队在高平城南驻扎。后周前锋部队在十九日与北汉军队相遇，于是发起攻击，打得北汉军队连连后退。世宗想一举消灭北汉，害怕敌军逃跑，于是催促各路兵马全力前进。北汉主率领中军在巴公原排开阵势，杨衮率军在西边，张元徽率军在东边，阵势十分严整。这时后周河阳节度使刘词率领的后续部队还没有到达，大家感惶恐不安，但世宗意志更加坚决，命令樊爱能、何徽率领右路军队在东，白重进与侍卫马步都虞候李重进率领左路军队在西，向训、史彦超率领精锐骑兵居中，殿前都指挥使张永德率领禁兵在世宗身边保卫。世宗骑着披有铠甲的战马亲自到阵前督战。

看到北周军队人数少，北汉主认为自己必定能获胜，后悔把契丹军队召来了，他对众将说：“我独自率领汉家军队就能够破敌，召来契丹人有什么用！今天不但可以打败周军，扬我军威，而且还可以让契丹见识一下我们的能耐。”众将都认同他的话。杨衮策马向前，把北周军队观望一番，退下来对北汉主说：“对手不简单，不能轻率地发动进攻！”北汉主扬起两颊长须说：“请您不必多说了，机不可失，失不再来，请看我出战！”杨衮见北汉主不听自己的话，有些不高兴，沉默不语。这时东北风大作，很快就转成了南风。北汉枢密副使王延嗣以为风向转变是在帮助北汉，就派司天监李义禀报北汉主说：“现在可以开战了。”北汉主听从了。枢密直学士王得中拉住北汉主的战马劝谏说：“李义罪不容诛！风向这样根本不是在帮助我们啊！”北汉主说：“我意已决，你不要胡说八道了，否则杀了你！”说完，他指挥东面军队首先推进，命令张元徽率领一千骑兵对北周右路军队发起攻击。

樊爱能、何徽在刚一交战时就带着骑兵逃跑了，右路军队溃败，步兵一千多人丢盔弃甲，嘴里呼喊着万岁向北汉投降。看到形势危急，后周世宗亲自带着贴身亲兵不顾危险，到阵前督战。宋太祖皇帝赵匡胤当时担任后周警卫将领，看到世宗亲自督战，他对同伴说：“主上冒着这么大的危险督战，我们更要拼命才行！”又对张永德说：“贼寇并不难对付，只是气焰嚣张罢了，我们全力作战，击败他们是很容易的！您手下有许多能左手射箭的士兵，请带兵找一个地势高的地方，然后登上去向下出击作为左翼，我领兵作为右翼，咱们两面出击，狠狠攻打敌军。国家安危存亡就掌握在我们手中。”张永德听从赵匡胤的话，二人各自率领二千人参加战斗。宋太祖皇帝以身作则，奋勇杀敌，士兵们受到鼓舞，拼死战斗，个个以一当百，打得北汉军队溃不成军。内殿直夏津人马仁对手下说：“我们怎么能让皇上受到敌人攻击！”说完后，他骑马纵横驰骋，连续杀死数十名敌人，士气更加高涨。殿前右番行首马全对世宗说：“贼寇已经不行了，将要被我们抓捕，希望陛下不要妄动，慢慢观看众将如何来敌。”立即率领数百骑兵向敌阵冲去。

得知后周世宗亲临战阵，北汉主重赏的方式催促张元徽乘胜进兵。张元徽领命前去，因不小心坐骑摔倒被后周士兵杀死。张元徽死后，北汉军队士气大受打击。这时南风渐强，后周士兵奋勇杀敌。北汉军队抵挡不住，吃了大大的败仗，北汉主亲自高举红旗收集军队，但溃败之势仍然无法制止。杨衮惧怕后周军队，不敢去救北汉主，又对北汉主的大话十分痛恨，便带领军队撤退了。

樊爱能、何徽率领几千名骑兵，一路向南逃跑，快刀出鞘、冷箭上弦，抢劫军用物资。负责运送物资的人都想保命，便四散而逃，有很多人跑丢了，还有很多人死了。后周世宗派身边大臣以及贴身侍卫前去，阻止他们抢劫，但全然无用，有的使者还被军士杀死。军士扬言：“契丹大军来到，官军失败，其余的人已经变成俘虏了。”刘词在路上与樊爱能等人相遇，不顾樊爱能等人的劝阻，领兵北上。当时北汉主还剩一万多人，把山涧当成障碍布阵。接近傍晚，刘词到达，又与其它军队汇合，一起进攻，北汉军队又被击败，后周军将王延嗣杀死，一直追到高平才停止，山谷中布满了尸体，有很多的皇帝专用物品以及军需、用具，各种牲畜被丢弃。

当天傍晚，后周世宗安营在野外，把投降敌人的步兵全部杀死。樊爱能等人听说北周军队取得大胜，与士兵又逐渐返回，有的到天亮还没有赶到。二十日，世宗在高平整顿人马，挑选几千名北汉投降的士兵，组成效顺指挥，由前武胜行军司马唐景思率领，守卫淮上，剩下的二千多人放回北汉。后周世宗二十三日到达潞州。

从高平起，北汉主戴上斗笠，穿上粗布衣服，骑着由契丹得来的黄骝骏马，带领骑兵一百多人从雕窠岭逃跑。夜里的时候又迷路了，于是就俘虏了村民作向导，结果反而走错了方向，朝晋州走去，一直走了一百多里才发觉，于是将向导杀死。北汉主日夜向北逃跑，连吃饭也不得消停。北汉主疲惫困乏，加上连日鞍马劳顿，几乎被拖垮，勉强才能够进入晋阳。

后周世宗打算将樊爱能等人杀掉，以整肃军纪，但始终没有下定主意。二十五日，世宗白天躺在行宫的帐篷中休息，张永德陪在旁边，世宗问他该如何处理此事。张永德回答说："樊爱能等人平时无功，白当了一方将帅，看见敌人首先逃跑，着实该死。况且陛下正想平定四方，雄霸天下，如果不立军法，即使有勇猛的武士，众多的军队，也无济于事！"世宗把枕头扔到地上，大声叫好。世宗立即派人将樊爱能、何徽以及属下军使以上的军官逮捕，共有七十多人，责问他们说："你们是历朝的老将，上阵打仗不在话下；如今遇到敌人就逃跑，没有别的原因，就是想将朕出卖给刘崇罢了！"随即杀了他们。何徽以前守卫晋州有功，世宗本打算赦免他，但马上又想到军法既立，不能废弛，于是一并杀了他，赐给小棺材送回老家安葬。从此以后，军法使那些骄纵的将领和懈怠的士兵感到畏惧，姑息养奸的政令也都消失了。

二十六日，世宗对高平战役中的有功人员给予赏赐，任命李重进兼忠武节度使，向训兼义成节度使，张永德兼武信节度使，史彦超为镇国节度使。张永德对宋太祖皇帝赵匡胤的智谋与勇气极力称赞。后周世宗提拔赵匡胤为殿前都虞候，兼任严州刺史，任命马仁为控鹤弓箭直指挥使，马全为散员指挥使；其余将校军官共几十人都得到升职，士兵也有被提拔担任军主、厢主的。又把被囚禁的赵晁释放了。

二十八日，世宗任命符彦卿为河东行营都部署兼知太原行府事，任命郭崇为副职，任命李重进为马步都虞候，向训为都监，史彦超为先锋都指挥使，率领步骑兵二万人从潞州出发。并且命令王彦超、韩通从阴地关进入，会合符彦卿，一起向敌人进军。又将刘词任命为随驾部署，保大节度使白重赞为副职。